飲食文化概論

第四版

Introduction to Dietary Culture

張玉欣◎著

四版序

邁向第四版的《飲食文化概論》，再回頭看前三版的內容，似乎也看到臺灣餐飲業與餐飲教育過去近二十年的發展歷程，個人十分幸運也能參與其中。

臺灣這幾年來的餐飲市場相當活絡，自2018年出版的《米其林指南——台北》，正式引領臺灣餐飲業走向國際市場，也促成國內外之餐飲專業人才的交流頻繁。臺灣民眾對於臺北米其林提供的相關資訊更是趨之若鶩，餐飲的專業逐漸受到尊重，臺灣民眾在龐大的餐飲資訊刺激下，更需要在餐飲知識與文化內涵有所提升。

聯合國教科文組織在2013年12月宣布日本的和食與韓國的泡菜製作正式被列爲世界非物質文化遺產後，2019年公布的全世界二十六座美食城市（gastronomy city），不僅提供觀光客新的旅遊選擇與關注，更是讓每座城市的飲食文化發展能夠深化與保存。飲食文化或是飲食歷史被世界各國關注的程度與日俱增，食物遺產透過文化觀光的包裝加深觀光客學習到訪國家或地區的食物文化都將是未來的潮流。

四版的內容除了更新時效性的資訊外，主要改寫第九章的飲食文化潮流，希望將現今全球最關注的環保與飲食、新興食品介紹給讀者，讓學生在學習的過程中能與全球同步。飲食文化概論與世界飲食文化已成爲餐飲科系必修的科目，希望臺灣熱愛餐飲的學子們在學習廚藝之餘，也能夠在食物當中注入其文化的新生命，賦予菜餚更多的文化元素。希望配合社會趨勢的《飲食文化概論》第四版，能提供學生更多學習上的新知識。

張玉欣 謹識

目　錄

緒　論

學習目標

★認識飲食文化

★對飲食文化產生興趣

 第一節　飲食文化的產生

食物（food）一詞，根據字典的定義，意指「是爲了維持生活與成長，所提供之必需的營養的一種本質」。世界上各種動物都會爲了能讓自己的身體健康並順利地成長，而重複地消耗這些必須食用的「食物」，而這些動物在每次的飲（餵）食行爲中也會依據類似的食用模式來進行。人類之所以會產生不同於動物的飲食文化，主要是人類與動物兩者的飲食行爲具有差異性。

人類是屬於非餵食（feeding）的動物，人類是用吃食（eating）的方式來吸收營養，吃食與餵食是不同的，也就是人類與動物最大的區分。人類不僅尋找或獵食食物，他們也發明並利用耕作來提高這些所需食物的庫存量。食物對所有人類的成長是最有效用的物品，因此也發展出人類的飲食喜好，甚至還能夠訂出人類用餐的時間。除此之外，人類也烹調食物，將當中可食用的食物內容變得更加豐富而多變，選擇性也慢慢地增加；人類也使用食器吃飯，並創造出更多樣化的器皿來因應不同的飲食功能；人類更會因爲飲食情境的不同，及與何人用餐而決定分食的標準（Pamela Goyan Kittler, 2000）。

日本國立民族學博物館館長石毛直道教授則以群體及個體的飲食行爲，來說明人類之所以異於動物的理由：

> 「人類是要想去做菜的動物」、「人類是會共食的動物」。所謂的共食是一起吃飯，而其他動物的飲食單位永遠是個體，但是人類不管是地球的任何一個地方，都會與家族、與朋友分享食物，從而產生飲食的規則或飲食禮儀（石毛直道，2001）。

由上述各個學者的討論分析，可以說人類之所以有飲食文化，乃

導因於人類是「吃食」的動物，並且能自行生產所需的食物，進一步烹煮食物，並發明食器來進行飲食的行爲，並將飲食提升到情境的境界，創造出用餐的環境與時間，從而產生飲食的規則與文化。

第二節　飲食文化的定義

一、文化的意義

廣義的「文化」指的是一個群體或個體所接受的價値、信仰、態度和習慣。文化的行爲模式則會因地區或社會經濟的狀況產生種族隔離或地區化而被強化。文化是經由學習而產生，不是與生俱來的；是經由一代代的延續過程所衍生出來的，我們稱之爲「對某種文化的適應性」（enculturation）。文化是一種社會的特性，與許多的行爲有關，包括食物的喜好、穿著、語言、家庭結構與一般地區性的連結。

若從文化的角度來看食物的喜好，在文化的適應上或是同化的過程中，飲食都是在最後的時候才會被改變，它不同於語言或是穿著打扮，能馬上適應當地環境。尤其是一般人們吃飯的主要地點多半是在自己的家中，這部分是無法被觀察的，也較難獲知其改變的內容。當一群人到達一個新的環境，他們對新食物的接受度也不可能瞬間呈一直線的快速爬升，畢竟傳統食物對人類而言，是屬於較根深柢固的，要侵入並進而改變它是不容易的（Pamela Goyan Kittler, 2000）。如中國大陸北方習慣吃麵食、南方以米食爲主的文化，都是無法輕易改變的。

二、影響飲食的因素

影響人類食物喜好的因素可說是相當的複雜，大環境的食物生產狀況與政治、經濟，皆會影響整個人類的生活型態。Pelto（1981）以家庭結構為中心，進行放射性擴散介紹其相互影響的層面（**圖1-1**）。一般會相互影響家庭結構的因素包括：

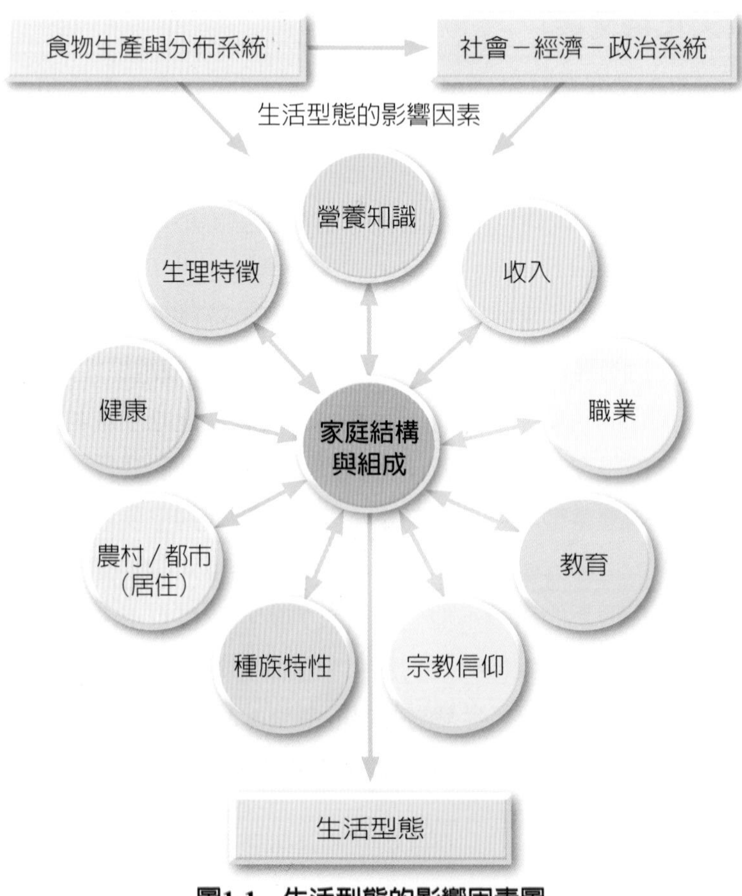

圖1-1　生活型態的影響因素圖

資料來源：G. H. Pelto (1981).

(一)生理特徵

如依性別來區分生理特徵，即可十分明確知道其飲食的偏好。例如女性多偏好含鐵食物，爲自己的身體補血；而男性則因勞力等因素所需消耗的熱量較多，所以澱粉是主要飲食不可缺少的部分。

(二)營養知識

人類因爲能吸收到不同的營養知識，因此能因身體營養的需求而進食某些特定的食物，如衛生福利部推廣的三低一高食物（低膽固醇、低熱量、低脂肪、高纖維）；但缺乏或不在意營養需求的個體，則偏向依照自己的喜好從事飲食行爲。

(三)收入

收入豐渥的個體會以提升用餐的品質與情境爲主要考量，所以較易至飯店或餐廳消費；而收入相對較少的人們則會以成本考量爲優先選擇，如選擇路邊攤販或回家烹煮食物。

(四)職業

人們所從事的職業影響飲食喜好亦甚鉅。如餐旅產業的從業人員三餐飲食，多由工作場所直接供應；而白領階級則多採以外食爲主；從事營養工作的營養師亦會將職業上所學應用在飲食行爲上。

(五)教育

教育程度與內容亦會影響每個人的飲食喜好，家庭教育與學校教育都會影響每個人對食物的選擇。當然，其因此所獲得的知識與營養的認知、飲食習慣的正確與否都有所關聯。

(六)宗教信仰

當人類出生在某一家庭中，他的飲食即跟隨著這個家庭的規則有所限制的進行，如一貫道的食素。另外，也會隨著宗教的教義進而改變自己的飲食習慣。

(七)種族特性

臺灣原住民的飲食內容與漢人截然不同，此即源自個人所屬的種族來決定。各族群對食物的意義認同即有不同，因此會產生不同的飲食習慣與文化，如臺灣阿美族對食野草這件事，較漢人瞭解。

(八)農村／都市（居住）

居住地區無論是位居於農村社會亦或都市型態，都會影響個人飲食的喜好。如農村的人們多食用自給自足的蔬菜及飼養的家禽類；而都市的飲食偏好方便性、多元化與國際化。

(九)健康

當人類生活的需求已自「溫飽」的層次提升至心理需求的水準，也就會對食物是否能夠提供自身更多的營養、維持身體的健康爲主要飲食考量，因此有許多人會針對特定的食物或挑選健康食品來保持甚至設法延長自己的壽命。

內政部於民國108年公布民國107年簡易生命表，國人平均壽命爲80.7歲，其中男性77.5歲、女性84歲，雙雙創歷年新高，也都高於全球平均水準。相較於全球平均壽命，臺灣男、女性平均壽命都高於全球平均水準，低於日本、瑞士、西班牙、新加坡等國家。

三、飲食文化的意義

(一)Marion Bennion的看法

所謂的「飲食文化」，指的是由我們所發展、決定我們自己飲食的方式與喜好的程度；我們所食用的食物也會因其他途徑與其他地區的食物結合起來，發展出與我們的飲食習慣截然不同的另一項飲食文化（Marion Bennion, 1995）。

(二)科學的角度

若是從科學的意義上來講，任何一個國家及民族的飲食文化，係指這個國家及民族的飲食食物、飲食器具、飲食的加工技藝、烹飪方法等飲食方式，以及以飲食爲基礎的思想、哲學、禮儀、心理等。前四種指的是飲食自身的規律及基本特徵，後者則屬於飲食的意識型態（萬建中，1995）。

(三)石毛直道的看法

日本的石毛直道教授則對「飲食文化」的解釋爲：廣義的食物文化應包括食品生產（環境）—食品加工（料理）—飲食行爲—食後生理（營養學）。第一項與最後一項的研究會與自然科學領域重疊，所以不涵蓋在飲食文化的範疇，而將中間的食品加工（料理）與飲食行爲兩項，定義爲「飲食文化」，就是要從廚房與餐桌看飲食、看世界，而其中的世界則包括空間與歷史。

(四)中國人的角度

以中國人的角度來看飲食文化的定義，這是屬於較狹義、針對中國飲食來解釋：「飲食文化」是人類古老、燦爛文化的重要組成部分，其歷史悠久，光彩奪目。我國從地下考古發掘可以上溯數十萬年，有文獻記載的，一般是從夏、商、周三代開始。盤庚遷殷（西元前1384年）以前缺乏可信的史料，到了周朝共和元年（西元前841年）我國有了史官，並且採用天干、地支紀年的方法，一年不斷地記載史事，其中也包括飲食文化。我國飲食文化綿延不斷，歷代都有所發明、創新，同時兼容並蓄國內外的飲食文化，形成豐富多彩、獨具特色的民族風格（王東風，1987）。

(五)萬建中的看法

另一位中國大陸學者萬建中教授有不同的闡述：人類的發展，一要生存，即種族的延續；二要溫飽，即飲食。當華夏民族種族的繁衍不再受到威脅，人們就將大部分乃至全部精力傾洩於對飲食的追求上，由於自然環境、物質生產及人文思想等諸種合力的影響，也造就了所謂的中國飲食文化。

因此綜合上述內容，「飲食文化」指的即是：

1.由人類所發展並決定我們自己飲食的方式與喜好的程度。

2.以空間和歷史的角度來涵蓋其範圍，包括：飲食食物、飲食器具、飲食的加工技藝、烹飪方法等飲食方式，以及以飲食爲基礎的思想、哲學、禮儀、心理等意識型態。

第三節　世界飲食區域分布

一、飲食文化區塊

世界上有著多種不同的種族，也各自孕育出不同且多樣的飲食文化。若要將世界劃分成幾個文化區塊，可以依飲食的方式來區分世界各地的飲食異同，即可容易分辨出其中文化的差異（石毛直道、鄭大聲編，1995）：

(一)手食文化圈

手食文化圈指的是主要以手就食的飲食文化區塊，其人口約占全球的40%，也是人類文化的主要根源，其範圍涵蓋了伊斯蘭宗教、印度教及東南亞多處的文化區塊。其使用方式不代表原始與落後，反

印度人用手抓飯

日本隸屬於箸食文化圈

而因其文化的強烈要求，使得此飲食文化深耕不變，其食用的方式反而要求得更加嚴格，例如：從事飲食行為之前，清潔的程序即有所要求，洗手的水與漱口的水即有所區別，在食用食物之時，須用右手的大拇指、食指及中指來食用，此為飲食的禮儀也是規定，而左手是專為如廁時用，絕不可以使用左手進食。

(二)箸食文化圈

中國因發明火，進而開始發展飲食的方式，而使用的「箸」，便是此一熟食文化下的產物。當然這種飲食方式，也間接影響到鄰近的日本、韓國與越南，但日本接受的主要是箸文化；而韓國則除了筷子文化外，也普遍使用湯匙。雖這統稱為箸食文化圈，但實際上各地還是略有些許的不同。如中國與日本使用的筷子多以木、竹等材質為主；但韓國則使用金屬的材質，甚至連飯碗也是以金屬為主。

(三)刀、叉、湯匙食文化圈

刀、叉、湯匙食主要是在十七世紀時因法國的宮廷料理而確定，當然此與所食用的食物和料理方式有很大的關聯性，至十八世紀則普遍都用刀、叉進食，湯則用湯匙食用，當然，食用麵包時，則是以手來進食。**表1-1**爲三大飲食方法文化圈的分類表。

另外，尚有另一區分世界飲食區塊之方式，則是以全球地理區域爲基礎，將全球區分爲亞洲、美洲、歐洲、非洲以及大洋洲五大區塊，各洲的飲食文化發展均以所屬地域爲基礎進一步分析。如臺灣地區目前有許多有關世界飲食文化的出版書籍，如2006年出版的《世界飲食文化》、2009年出版的《世界飲食與文化》，皆以此作爲分類基礎。另外2014年出版的另一本《世界飲食文化》則提出1492年的哥倫布大發現（Columbia Exchange）之理論，進而討論1492年之前與之後的飲食文化區域分布之差異。

表1-1　三大飲食方法文化圈

食法	機能	特徵	地域	人口
手食文化圈	攪拌 抓 捏 推	·伊斯蘭教圈 ·印度教圈 ·東南亞部分用餐禮儀之嚴格規定	東南亞 中近東 非洲 大洋洲	40%
箸食文化圈	攪拌 夾 推	·自中國開始用火時間算起 ·中國、朝鮮半島筷子與湯匙搭配使用 ·日本僅用筷子	日本、中國 朝鮮、臺灣 越南	30%
刀、叉、湯匙食文化圈	切 刺 撈	·自十七世紀法國宮廷料理中確定 ·麵包則是用手食之	歐洲、前蘇聯 北美洲 南美洲	30%

資料來源：石毛直道、鄭大聲編（1995）。

二、中國飲食文化的特性

中國菜在世界上擁有一席之地，而其烹調方式與程序之複雜，更讓外國人士歎爲觀止。加上歷史的累積，中國自有一套獨特的飲食文化，不斷地擴展並深深影響國外的飲食文化，形成另一套海外的中國飲食文化。

中央研究院院士李亦園教授曾提到，中國人做人與做事，都是爲了要達到均衡與和諧的完美境界，也因此指出，個體的內在均衡可用「飲和食德」來說明中國飲食之理念基礎。將「飲和食德」的邏輯理論與哈佛大學人類學系已故的張光直教授於1973年提出中國飲食文化之六大特性，做了相互的發揮與理解。

(一)廣泛的食物採擇

中國人在世界上對於能用來作爲食物的種類最多，對此李亦園教授則進一步解釋，即要在不同層次中追求均衡與和諧，所以盡可能利用各種不同地域、不同類別、不同性質的東西來作爲食物，以期達到最完美的均衡。

(二)飯與菜的對立

中國人會區分飯與菜，即主食與副食的對立觀念，而李教授也引申認爲是陰陽對比觀念的另一種表現。

(三)飲食調和：彈性與調適

貧窮的人每餐可能一、兩道菜即可溫飽，達到飲食合理的均衡；而貴如皇帝食用滿漢全席，兩者均同樣達到此境界，這即是中國人傳統所說的「飲和食德」的最根本理由。

(四)飲食信仰與禁忌

這一點是中國飲食文化最重大的特色，因講究均衡與和諧，才會產生許多飲食的禁忌與信仰。如各種季節性的食補、孕婦及坐月子的飲食限制，及其他生命禮俗所展現的飲食特色，均屬之。

(五)飲食的文化地位：實質與儀式

中國的飲食文化在文化的脈絡中占有重要的地位，均衡和諧即是中國文化的最高指導原則，而這一層的表現又以飲食行爲所展現出來最爲透澈，因此飲食在中國的文化當中占有極重要的意義與地位。

(六)地區差異性

中國幅員廣大，每個地區皆有自己的飲食特色，每個地方都有當地的風味菜，每個地區的菜都構成一個完整的單位，且每個地方的菜都有中國文化的基本原則——飲和食德，所以都被承認是中國菜，且各地區的特色招牌菜也多能被接受，甚至發揚光大，是融合而非分裂。

三、中國飲食文化的特徵

另外，萬建中先生也提到中國飲食文化有四大特徵：

(一)中國飲食的結構

中國以漢民族爲主體，就結構而言，是以植物性食物爲主，主食是五穀，副食是蔬菜，再加以少許的肉類；而少數民族則多以肉食爲主，形成兩邊巨大的差異。另外一點，即是中國飲食以熱食、熟食爲主，擇以生食冷食爲輔，這是在飲食結構上的另一特性。曾經在古籍中發現的文獻記載將是否熟食此一標準，視爲是華夷之分的標誌。

(二)中國的烹調技藝

中國的烹調技術歷史悠久、方法多樣化，使得烹調出來的產品也多變有看頭，與歐美國家多使用微波爐、烤箱等相較，中國飲食可謂博大精深，深知火候的拿捏、烹調器具的運用，也是形成中國特有飲食文化的關鍵點。

(三)中國地域菜系的構成

中國地域廣大，各地的自然條件、人文風俗均不甚相同，因此也造就出不同的飲食喜好。例如：黃河流域的人民普遍喜愛醃製品，口味較重，以齊魯飲食文化爲代表；長江流域的人民是以荊楚飲食文化爲代表，楚人飲食多遵循「大苦鹹酸，辛甘行些」來調和五味。這些逐漸形成的地方菜系造成中國飲食的豐富與多樣，構成中國的地域菜系。

中國八大菜系

(四)中國的傳統飲食慣制

中國的傳統飲食慣制指的是共食、餐食及食具三方面。從許多考古發掘的遺跡當中，都可以看出古代的炊間與共食的地方是統一的，這部分就與動物的個體飲食有所區別；而餐食制從殷代甲骨文即顯示有「大食」、「小食」之區別，即指一天的朝夕兩餐；當時採用兩餐制，後來才慢慢演化到現今的三餐制。食具方面則屬中國飲食文化當中最有特色的——筷子；在新石器時代即有用獸骨做成的筷子，但「箸」被當成是吃飯的工具，則是從戰國晚期開始。筷子的使用目前也多限於亞洲地區，歐美仍多以刀叉爲主。

參考文獻

一、中文

王東風編著（1987）。《簡明中國烹飪辭典》。太原：山西人民出版社，頁3。

李亦園（1993）。〈中國飲食文化的理論基礎與研究課題〉。《第一屆中國飲食文化學術研討會論文集》。臺北：財團法人中國飲食文化基金會。

林銀生等編著（1993）。《中國上古烹食字典》。北京：中國商業出版社，頁1-16。

萬建中（1995）。《飲食與中國文化》。南昌：江西高校出版社，頁3。

蘇龍麒（2013）。〈平均壽命增 臺灣將成高齡社會〉，2013年10月19日，中央社。

張玉欣主編（2014）。《世界飲食文化》。臺北：華立出版社。

二、英文

Gretel H. Pelto (1981). Anthropological contributions to nutrition education research. *Journal of Nutrition Education, 13*(1) suppl., S2-S8.

Marion Bennion (1995). *Introductory Foods* (10th ed.). NJ: Prentice Hall Inc., p.2.

Pamela Goyan Kittler & Kathryn P. Sucher (2000). *Cultural Foods: Traditions and Trends*. US: Wadsworth, pp.1-11.

三、日文

石毛直道（2001）。〈胃袋は考える〉。《經濟新聞》，平成13年10月16日。

石毛直道、鄭大聲編著（1995）。《食文化入門》。東京：講談社。

四、網站

人口資料局，http://www.prb.org

內政部統計資料，https://www.moi.gov.tw/files/news_file/ 107年第38週內政統計通報_生命表_1.pdf

Chapter 2

臺灣烹調文化與飲食習俗

學習目標

★認識臺灣飲食文化之背景

★對臺灣飲食文化產生興趣

★對本土飲食文化產生認同感

 第一節　歷史背景

臺灣自1624年被荷蘭人占領統治，至1662年明朝鄭成功打敗荷蘭之後，臺灣成爲中國領土的一部分。自明、清兩代以來，即有大陸人民陸續不斷移民至臺灣，其中以福建南部的泉州、漳州之移民湧入人潮最多，這一大批的閩南移民潮也將他們當地的飲食生活習慣介紹到臺灣，因此臺灣人的飲食內容與習慣基本上源自於此。臺灣雖自明代即明白屬於中國的領土，但形屬於島嶼的臺灣卻在歷史的流程中，不斷成爲衆多國家亟欲爭奪的海上大餅。歷經荷蘭、西班牙及日本統治的臺灣，雖然最後成爲一個政權、主權獨立的國家，其整體的飲食文化卻因整個殖民歷史的背景產生了多元的飲食文化，其中日治時代的殖民統治長達五十年（1895-1945年），許多當時所遺留下來的生活習慣，仍對現代的臺灣人民產生重要的影響。

回顧臺灣的歷史，臺灣的飲食除了受到明末大陸移民潮所帶來的閩菜色彩的菜餚影響外，日治時代日本人所引進的日式料理風潮也開始滲入一般的平民飲食當中；加上1949年國民黨失守大陸，許多外省軍團退至臺灣領土陣線所帶來的另一波外省菜系，將臺灣整體的飲食文化重新洗牌，創造出多元且獨特的臺灣飲食文化。

以下將臺灣自荷蘭占領時期至今做一飲食歷史的分期，便能更清楚看出整個臺灣飲食的轉變（**圖2-1**）。

一、物產開發期（1624-1662年）

此階段所指的是荷蘭占領臺灣的時期，這個時候的臺灣僅有臺灣土著及若干漢人在臺灣居住，過著原始的生活；加上荷蘭人占據臺

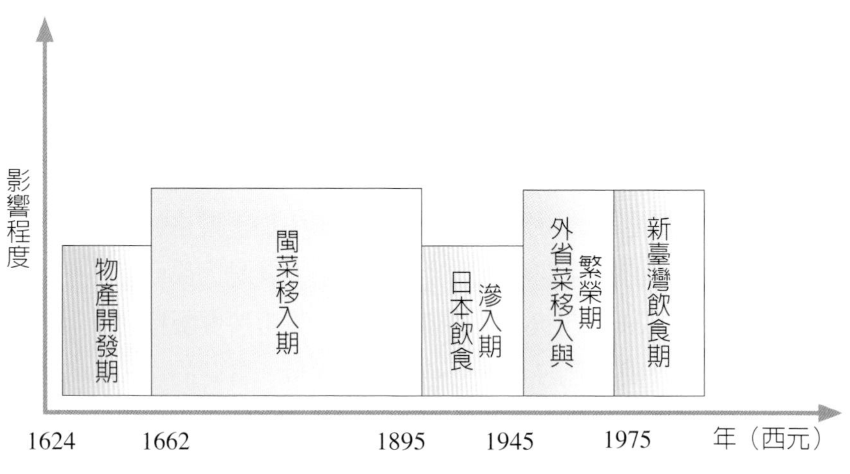

圖2-1 臺灣飲食歷史分期

灣主要是因應其當時的貿易地位，甚至最初的食糧供應都是靠日本與東南亞地區的接濟，臺灣可以說是未開發的原始地區。荷蘭人爲了臺灣產業能有所開發與推展，後來也獎勵漢人來臺居住並開發，至1662年，臺灣本島計有六百名荷蘭人、兩千名荷蘭軍人，以及三萬名大陸漢人移民至臺灣。荷蘭並自東印度引進一、兩百頭的水牛並訓練協助水稻耕作。之後，隨之而來的是臺灣糖業、稻米、鹿皮的產業興盛。但當時荷蘭並未在臺灣留下明確的飲食習慣與文化，僅自日本與荷蘭引進許多蔬果，像是芒果（當時稱爲「樣」）、波羅蜜（jackfruit）、釋迦（custard apple）、辣椒（當時稱爲番薑）以及荷蘭豆（snow peas）。

二、閩南菜移入期（1662-1895年）

此階段指的是明鄭時期（1662-1683年）與清朝（1683-1895年）的合併。在鄭成功擊退荷蘭之後，大陸的移民潮以漸進的方式進入臺灣，當中以福建的泉州、漳州人最多，至1905年，已有2,492,784名大陸人移民至臺。這些移民者也將福建菜的烹調方法與飲食習慣引入臺灣人的生活當中，當時的漢人基本上以飯爲主食，並且每日三餐是固定的飲食方式。在大陸漢人移臺開墾的年代，米飯與番薯是重要的主食，由於稻米的產量並不夠應付當時的需求，加上價格較爲昂貴，因此自汶萊所引進的番薯是相當重要的糧食，尤其是大部分平民老百姓的三餐主食（Cressey, 1963）。這些平民會將番薯與飯摻在一起煮成稀飯，有時部分較富有的人家也會吃番薯稀飯。當時的漢人也會煮一些菜來搭配，像是豬肉、蛋、蔬菜，或是魚等海鮮。早期漢人開墾時期，閩南菜的飲食模式是主要在臺漢人的飲食方式，福建人吃海鮮的習慣，自然也傳到臺灣（Rubinstein, 1999）。閩南菜可以說是後來臺灣菜的源頭。

三、日本飲食滲入期（1895-1945年）

在《馬關條約》下，臺灣割讓給日本，也開啓了長達五十年的日治時代。由於這個時期湧入大量的日本人，將其生活習慣、教育文化等都深耕臺灣，因此日本料理所應用的食材、用語與烹調法也開始進入臺灣人的飲食生活當中。根據《臺灣省通志》卷二〈人民志禮俗篇〉的記載：「西餐、日本菜均於日據時代才有之。」在日治期間，日本人不僅將日本料理與西餐介紹給臺灣人，在較大的縣市也開始開設了許多日本料理店與西餐廳。當然，這些餐廳在當時僅有臺灣本地的官紳階層、精英分子與日本人前往消費，一般平民百姓沒有能力也不敢靠近。

除了味噌湯或是壽司等簡單的日本家常料理外，其中影響臺灣最爲深遠的應當是自1921年引進的蓬萊米（Japonica）品種，以及1915年引進的烹飪用調味料——味精（Monosodium Glutamate, MSG）。前

鈴木商店（現今為日本味之素公司）引進味精至臺灣

者進而改變臺灣人的主食品種自在來米至蓬萊米，至今臺灣人仍以蓬萊米為主要的日常主食；後者則成為臺灣家庭料理中一直不可或缺的調味料用品之一。在第三章我們將會詳細介紹臺灣菜在日治時代的發展。

四、外省菜移入與繁榮期（1945-1975年）

隨著日本戰敗，由國民政府接管臺灣，至1949年國民政府軍在大陸戰敗並退守至臺灣。隨著蔣介石先生自大陸撤退至臺灣的兩百五十萬外省人，同時也將大陸各省的飲食習慣移植至臺灣，因此這些陸續開幕的食堂開始販售所謂的外省菜。而蔣中正先生與相關政要的外省背景與飲食偏好使得外省菜成為政治權力的中心，所有的黨政官要員都以外省菜餐廳與外省菜為社交的優先選擇。當然，外省與本省人的聯姻，也是促成外省菜系逐漸走入家庭並普及的重要因素。

外省菜從崛起發展至1960年已經相當蓬勃，之後十五年，江浙菜、粵菜、川菜、湖南菜等在這段期間一直穩坐「外省菜」的餐飲市場，如浙寧大東園菜館、浙寧東昇樓菜館、中華協記餐廳等以江浙菜為主的餐廳都在這段時間陸續開幕。在第三章將有詳述。

五、新臺灣飲食期（1975年-迄今）

1975年蔣中正總統病逝，1978年由蔣經國先生當選中華民國第六任總統，也開啓臺灣的新飲食生活。蔣經國先生在任時期，不僅個人常深入民間，促進各地方特產、小吃的繁榮；加上開放國人出國觀光，國際飲食逐漸進入臺灣餐飲市場。1984年美國第一家麥當勞進入臺灣市場，掀起中西飲食大戰，從此臺灣的飲食市場一直是處在國際多元化的飲食風格當中。

第二節　食烹器具的使用

臺灣早期的先民即因飲食的需要，使用很多的飲食器具，當然也在考古學家的研究與發掘之下，發現許多先民遺留下來的用具。此外，臺灣的原住民本身亦有許多自製的器物，加上大陸移民潮所帶來的中原人士使用的器具，以及日治五十年移入許多和風式的飲食器皿，在在讓臺灣整個歷史所呈現的食具豐富多元。本節將探討臺灣早期所應用的食器與烹器，希望能透過飲食器具的認識與介紹，進一步瞭解臺灣人的飲食生活。

一、食器

(一)碗盤

在明朝時期，臺灣人所使用的碗盤多來自大陸漳州、泉州移民所帶來的食具；到了清朝嘉慶、道光年間，臺灣才有南投、鶯歌、北投等窯業開始生產陶瓷碗盤。現今除了北投窯業已沒落外，南投與鶯歌陶瓷則愈趨發達。從過去遺留的文物中我們可以瞭解，碗盤的造型與彩繪亦可以看出使用者的背景，如臺灣傳統農家所使用的碗盤，是屬於粗獷平實的類型，反觀仕宦人家則較爲華麗。

(二)筷子與筷籠

臺灣舊時社會，由於貧富不均，用具精粗差距很大，例如筷子，由許多不同的質材製造，如銀製、象牙製、魚骨製、木製及竹製。較富有的仕紳們，多使用前三類的筷子，一般民家則由自己剝竹削製，使用的是竹筷。

筷子籠

資料來源：臺灣文獻電子報，第45期。

一般家庭都有盛裝筷子的容器，其實這種容器在早期的臺灣農村生活中稱爲「筷子籠」。當時的「筷子籠」是以磚製素燒，由五塊平板泥土，接成一個上方開口的長方體，製作成有鏤空的透雕花紋或吉祥圖案，底面數個小洞，主要是爲了濕筷子能夠透氣通風，多爲紅磚。素燒之後，又發展成爲「加釉的籠」，釉多黃色、醬色，到了日據時代則有彩色及其他動物造型的「筷子籠」，且改爲半圓筒狀。今日多採用塑膠製品，古老的筷子籠已不復多見。臺灣原住民早期則多使用雙手來進食，後來是平地的食具傳入，才逐漸開始使用筷子。

(三)飯桶與飯匙

「飯桶」是臺灣特有的食器稱呼，由於臺灣盛產稻米，因此盛飯用的器具絕對不能少。飯桶是由木板一片片圍攏起來，腹部與底部再

以竹圍起來，上加木板蓋；飯桶的兩邊有兩塊突出的手把，而飯匙則多用杉木以桃形雕刻製作。不過這類的木製飯桶光復後即被鑄鐵鍋所取代，之後更是被電鍋全部替代。

(四)湯匙

之前曾提到鶯歌與南投的陶瓷碗盤，而同一時期，也製造出許多的陶瓷湯匙。除此之外，還有銅與木兩種材質。尤其原住民在製作湯匙多以木雕爲主，也因祭祀時節或族內傳統等因素使用不同的湯匙，十分具有文化特色，如魯凱族的百步蛇圖雕湯匙。

二、烹器

在早期的臺灣多使用「灶」來烹煮食物。在鄉村因使用稻草、薪木來取火，所以灶是用土磚或紅磚砌成灶口；城市則因使用木炭、焦炭爲主，所以是用鐵製的機器灶。傳統的臺灣家庭廚房裡並沒有調理台、砧板台或擺菜的流理台面，所以灶面幾乎要攬起所有烹調準備工作的相關責任，而使用過後灶面上的餘熱，還可以用來清洗食器。

灶上的鍋子，依照尺寸來看，一般的灶直徑長約一尺八寸至二尺，因此鍋子的直徑約爲二尺二寸至二尺六寸。若碰到逢年過節之時，需要蒸粿粽或醃醬油時，則多用最大尺寸的鍋子，而且平日整個煮完一餐的過程中，多靠一把鐵鍋便可完成。下述將介紹利用「灶」的整個烹調過程（川原瑞源，1943）：

(一)第一階段

利用灶的第一階段可稱爲「火力促進期」，這時要先「煮飯」，在鍋子裡注入多量的水再放米，待其沸騰，此過程便可稱爲「煮飯」。米煮熟後，用飯匙將飯立刻撈到飯桶裡，稱爲「扣飯」。一般扣飯時會留下一半的飯粒在鍋中繼續煮成稀飯，這樣便一次就準備好飯、粥、米湯三樣東西。

(二)第二階段

第二階段爲「火力旺盛期」，這時灶的熱度最旺，因此可以將洗好的蔬菜進行燙或煮的動作。另外，若青菜是用快炒的方式，則炒過菜的汁液可以留下來做湯汁。

(三)第三階段

第三階段的火力較上一階段弱一點，此階段適合蒸煮東西，如利用竹編的蒸盤來蒸菜或蒸魚等。

(四)第四階段

第四階段的火力更弱，已經無法烹煮食物，只能用來保溫食物。有些家中有飼養豬隻，則會用來煮豬菜（豬的飼料）。

(五)第五階段

此爲最後的階段，這時的火已快熄滅，於是可以將一些水倒入，傳統上稱爲「載水」，這些熱水主要是用來洗滌食具或其他用具。

總括而言，傳統的臺灣鄉土生活，烹調器具十分簡單，靠基本的灶、鍋、菜刀及鍋鏟等即可完成所有的烹調工作；當然也還有蒸籠、甕等器具的使用。

另外，臺灣人也吃火鍋。《臺灣慣習記事》一書中提到：「黃昏時，艋舺金成號送來先前所訂之火鍋，該火鍋係以鐵皮製成，樣式如下：其屬臺灣式之火鍋，可做什錦魚鍋及什錦肉鍋等，任何東西均可以放進烹煮。如肉鍋，可混合放進鴨肉、雞肉、鮑魚、豬肚、栗子、白菜、海參、海老（即蝦）、芹菜、蘿蔔等約十種。魚鍋則以魚代肉，與日本火鍋相似，惟因附有火爐，故更爲方便。該火爐可放進酒

日據時代的臺灣式火鍋

資料來源：臺灣省文獻委員會編譯（1990）。

精或木炭，邊吃邊煮，溫熱無比，每個要價六十錢。」

第三節　烹調法

在早期的臺灣，除了餐廳有著多樣的烹調法外，一般家庭一直都是使用單純的烹調方法來烹煮食物，其中以炒、煎、爆等這三類方式應用最爲普遍。日本學者川原瑞源（1943）在日治時期對於這部分做了十分詳盡的研究與記載，從下述資料將可清楚瞭解臺灣早期的烹調方法：

一、炒

「炒」屬於經濟型的烹調方式，適合做各種材料，現今的外國人也喜歡買烹煮中國菜的「炒鍋」，嘗試自己在家中料理中國菜。臺灣本省人十分習慣加蔥、蒜或韭菜的細末當作佐料下鍋炒，待炒出香味後，再放入主料，所以爲什麼在傳統市場買菜，通常菜販還是會免費贈送一支蔥或是蒜，其實是由來已久。

接下來是「炒」的第二道手續，即加上第二類副料，如肉絲、干貝、蝦米等，這樣可以增加菜的香味，一般稱爲「配頭」。而調味料以鹽和醬油爲主，若有宴請客人，有些菜則會加上太白粉勾芡。炒出來的成品，基本要求通常是要合乎「新鮮」、「香脆」、「有咬勁」等。

二、煎

「煎」可以說是炸的延伸，但「煎」的烹調法較爲省油，操作較爲簡便，因此在臺灣的家庭裡，若可以選擇煎或炸兩種做法，一般人多是以前者爲主。一般家庭在烹調家禽或家畜之肉類，較少用煎的方法，但是魚類則多採用煎法。習俗上相信冷性的魚類用油煎可以除卻缺點，也可以去腥味而改變成芬郁的香氣。以下是幾種煎法的範例：

(一)魚類

1.乾煎：

(1)鹹魚：指一般的鹽漬魚，用水泡軟後再煎。

(2)熟魚：竹筴魚、當地出產小魚。

(3)抹鹽：將秋刀魚或較不新鮮的魚，用薄鹽敷漬後煎。

(4)生魚：鮮魚煎好盛入盤裡後澆醬油。

2.醬油：生魚用蔥段、薑絲一起煎，待魚肉已有七分熟度時，放進少量醬油與水煮沸後起鍋。

3.煮湯：將魚煎好之後淋上醬油，注入適當水量，沸騰後移入碗中。

(二)豆類

1.煎豆腐：指的是將豆腐切成薄片後煎，起鍋時再放入豆醬攪拌。

豆腐

2.煎豆干：將豆干切細後與其他材料混合，如肉絲或韭菜，再進行煎煮動作。

(三)澱粉類食物

1.麵粉：

(1)鹹類食物：麵粉與蝦米、肉末、蔥花混合後煎。

(2)甜類食物：麵粉可加砂糖並攪拌後煎。

2.番薯粉：

(1)蚵仔煎：蚵仔、蔬菜、甘薯粉稀釋混起來煎。

(2)兜番薯粉：多量的地瓜粉、蝦仁、少量蔬菜、蚵仔等混起來煎。是閩南人早期吃的年菜之一，臺語又稱「灮番薯粉」。其指將家人黏在一起，另一說則提到是將金錢帶（黏）進來。

(四)蛋類

1.煎蛋：蛋打散煎成薄片。

2.荷包蛋：即將蛋直接打入鍋中煎成荷包蛋。

3.蔥花蛋：蔥（亦可使用韭菜、芹菜）切末與蛋混合後煎。

4.蛋煎肉：肉與蔬菜切碎與蛋混合後煎。

5.蘿蔔蛋：將蘿蔔乾或蘿蔔絲切碎後與蛋混合後煎。

(五)其他

1.煎茄子：茄子煮軟切成圓片加少量蔥，煎好加醬油。

2.糯米腸煎：糯米灌入豬腸內切成圓片煎。

3.煎粿：可煎蘿蔔糕、米粿等。

三、爆

「爆」又稱爲「炙」，是用熱油炸煮的烹調法，可能是自日本所傳來的烹調習慣，因此日本所稱的「炸物」也慢慢在臺灣各地流行起來，如炸天婦羅、炸油豆腐或炸排骨等。因爲此種烹調法較浪費油，加上中國有常吃油炸食物會「過燥」而傷喉嚨的傳統顧忌，所以在中國家庭中較不多見。目前臺灣的宴席料理中，油炸食物僅占一、兩道。

臺灣的天婦羅

四、熬油

「熬油」是臺灣人烹調時常用的一種基本方法，意思是做菜時放入一點油脂的動作，可以讓菜餚增添味、香的功能。這種方法是一種簡單的調理法，尤其臺灣人對油的觀念很強，因此不管再貧窮，家中仍會自備一罐食用油備用。

臺灣人較愛使用豬油，多不用牛油，主要是因爲牛油的味道太重，據說豬油是補腎的佐料，也容易消化吸收。

臺灣人製造豬油的方法稱爲「豬脂採油法」，其方法是：將買回來的豬油用刀切成小塊，再放進鍋裡用火加熱。過一段時間，豬油就會慢慢增多，榨乾的豬油，我們稱爲「豬油渣」，許多傳統的家庭主婦都會將豬油渣拿來和青菜一起炒（川原瑞源，1943）。雖然現今許多家庭主婦會考量健康因素而使用其他油品，像是葵花油或橄欖油，但仍有少數家庭仍堅持使用豬油以保有食物美味，尤以客家人爲多。

第四節　傳統習俗

臺灣有許多傳統習俗、禮俗都與「吃」脫離不了關係，其中大部分是傳承自大陸的舊有習俗。以下將就婚禮習俗、年節習俗、祭祀信仰及喪禮習俗分別做介紹。

一、婚禮習俗

臺灣早期的移民多爲福建泉州人，以臺南、鹿港爲主要移民地區；而多爲鄉間地主與農民的漳州人則選擇較僻遠的鄉間，因此宜蘭、基隆等多爲漳州人所據，婚俗亦與南部有些許的不同。依照古禮，中國人結婚有訂婚和結婚兩道程序，但嚴格說來，訂婚並無宴席，只有結婚才有所謂的「結婚宴」。舉行婚禮時，依照慣例，女方家長是不能出席的，但因爲國民政府遷臺後，從大陸來的軍人多娶臺灣妻，由於男方父母不在，只好改請女方家長主持婚禮，所以現代才逐漸形成男女雙方家長皆出席婚禮的習慣。

依據結婚習俗，新娘出嫁常會看到有竹子隨行，此是藉「竹」的臺語發音與「得」相同，隱喻得後，有爲男方傳宗接代的意義，也藉竹子的茂盛來隱喻家族興旺之意。在臺灣因部分地區竹子較少，有時會看到有人用甘蔗替代，竹與甘蔗均有「節」，亦代表新娘有堅定的貞節操守。新娘自迎娶到回婆家下轎時，婆婆要先準備兩杯福圓茶，福圓要帶子，一杯十二顆，並且要將兩顆橘子圈上紅紙，放在茶盤上。由小男孩請新娘出轎，新娘要放一個紅包在茶盤上，小男孩拿走紅包後，將橘子拿到房間，橘子擺在床中間後，這張床就不能讓別人坐到。待新郎新娘坐定後，小男孩要端福圓茶給新郎新娘喝，喝過後不能將茶杯拿出去，要放在櫥櫃裡，目的是爲了制煞，等到歸寧回來才能倒掉。

習俗上說「新娘神最大」，也就是煞氣最重。福圓茶就是因爲有制煞的作用，要等到歸寧後新郎的煞氣不見才能倒掉。如果兩個煞氣都很重的新娘在途中相遇，兩個人要換花，才不會互相剋到。結婚宴席結束，新郎睡前要剝橘子皮，但不可分成兩半，剝皮後的橘子交給新娘，由新娘分成兩半，一人吃一半，暗喻男主外、女主內。習俗相信男人帶財、女人帶庫，要有財有庫相輔相成，才能賺能守。而新娘房要有門檻，讓新娘進門時跨過，否則要在門檻位置貼紅紙代替，用意在引門神看護，可以保佑新娘日後生產時母子平安。新娘子進門與新郎行婚禮後要坐在洞房內，夫妻同坐，面前要擺十二道菜，要喝酒，但新娘卻不能吃東西，只能拿起筷子，做做樣子而已；若是眞吃的話，便會被偷看的親朋好友知道，說新娘子很貪吃。

按照傳統習俗，女子出嫁那天是不准上廁所的，所以一整天都不准喝水，可是當母親的深怕女兒會渴得受不了，就會偷塞一、兩個桔子餅在新娘的肚兜裡，如果新娘口渴時，可趁人不注意時以衣袖遮蓋，偷嚼桔子餅以解渴；另外也會偷塞一些雞肝、腰子等食物，以彌補口腹之慾。

另外，值得一提的是婚宴所準備的菜色。早期的臺灣人結婚，「結婚宴」多以十二至十八道菜爲準，但必須是偶數。菜上到一半稱爲「半筵」，這時會來一道甜點，接著有一碗清水，是由主人來爲客人洗湯匙之用，但也有客人自己洗。休息片刻之後，即由新娘親手調製紅圓仔湯，最後則還要再上一碗甜湯，這是最傳統的流程，但現今的結婚宴席已逐漸簡化。但菜餚仍多以十二道爲主，而每道菜也意含祝福新人之意。

以宜蘭爲例：早期宜蘭因爲交通相當不便，而豐富的物產、農產都無法運出外地銷售，因此當地人的吃可說相當豐富，宴客時更是準備三十六道菜式，讓現場賀客可以大啖一番。到了1940、50年代，還是準備三十六道菜，但卻是相同的十二道菜重複上三次，祖父輩的吃過第一輪後，則由其子接力，再由孫子負責第三棒，非常的有趣。而宴後打包的習慣仍有例依循，因爲過去的交通不方便，客人可能需要再走一個晚上才能回到家，怕客人在途中肚子餓，所以主人都會習慣包一份點心讓客人帶走；另外還加送一支火把，作爲回家照明之用，不過現今很難再現三十六道菜的盛況。

二、年節習俗

(一)農曆過年

日治時代的臺灣，居民除了日本人與原住民外，大抵以福建泉、漳二州的漢人爲多，因此有許多飲食習俗與大陸閩南地區大致相同。例如在新年時，家家都會製作紅龜粿或發粿；初一早餐應食用「麵線」，代表長生，遇客人應說吉利話，如「吃紅棗給您年年好」、「吃甜甜給您大賺錢」；當天也有一些飲食禁忌：不炊新飯（只蒸過年炊的飯）、不煎甜鹹糕、不食粥（元旦吃粥，出遠門必下雨）。

有些地區則因爲地理環境的關係，影響到過年圍爐的時間。如有特殊環山地理位置的南投縣，每年農曆的除夕夜，是全家人圍爐團聚的日子，但是因爲南投地區偏僻，早期交通不便，出外的人再怎麼趕路，也要等到初一或初二才能返回家門，所以南投縣魚池鄉有些地方是在除夕夜先行過年，等到大年初一或初二的晚上才吃團圓飯，當時在地的居民也都習以爲常，不以爲意。但現今的交通較爲發達，已少

過年時應景的發糕

有這種初一或初二才團圓的景象了。

另外，以前臺灣南部在過年時有一個習俗，就是大門口普遍都會豎立一根甘蔗，表示有頭有尾的意思。

最後要介紹的是臺灣地區在春節期間最常食用的粿類食品。瞭解臺灣人食用粿類食品的意義，其實就對臺灣的年節食品認識了一半。**表2-1**包括了粿類的種類、使用目的、原料、製法及說明。

表2-1　臺灣地區正月粿類應用調查表

<table>
<tr><th rowspan="2">種類</th><th colspan="3">使用目的</th><th colspan="2">原料</th><th rowspan="2">製法</th><th rowspan="2">說明</th></tr>
<tr><th>俗意</th><th>供物</th><th>日期</th><th>主</th><th>副</th></tr>
<tr><td>甜粿</td><td>過年</td><td>神饌</td><td>元旦、正月初九（天公壽誕）、上元日</td><td>糯、粿</td><td>以紅糖為主，也用白糖</td><td>把糖溶化與穄揉合放在蒸籠，加些麥芽較不會變硬</td><td>軟的時候，有一點羊羹的風味，硬了以後耐久藏；食法：蒸、煎、炸等</td></tr>
<tr><td>發粿</td><td>發財</td><td>神饌</td><td>同上</td><td>穄米漿</td><td>麥粉
砂糖</td><td>把漿與砂糖溶合再加些麥粉、酵母，發酵後蒸之</td><td>類似麵包，蒸的較好吃，可以用煎的</td></tr>
<tr><td rowspan="3">菜粿（鹹粿）</td><td rowspan="3">點心用</td><td rowspan="3">地神以下之祭饌</td><td rowspan="3">元旦拜祖先二日、頭牙、請客用的食品</td><td rowspan="3">粳米漿</td><td>蘿蔔
菜頭粿</td><td>把蘿蔔弄成簽狀，或是細塊與米漿混合在一起煮成糊狀再蒸</td><td rowspan="3">味道各有千秋，吃法是蒸、煎，煮湯吃也不錯</td></tr>
<tr><td>芋頭
芋粿</td><td>同上</td></tr>
<tr><td>南瓜
南瓜粿</td><td>蒸南瓜，過濾後，其他同上</td></tr>
<tr><td>菜包</td><td>包財</td><td>地神以下</td><td>同上</td><td>糯、穄</td><td>糖少些；餡是花生、蘿蔔乾等</td><td>皮是糯米和一些糖，充分地揉過後把餡包起來，成饅頭形狀再蒸</td><td>很像日本的柏粿，大多是蒸著吃，煎的較少</td></tr>
</table>

資料來源：川原瑞源（1942）。

(二)端午節

端午節與中秋節、農曆新年並稱爲臺灣三大節日，家家戶戶都會掛上艾草、菖蒲及榕葉以避邪，特別是早期自大陸移民來臺者多無法適應臺灣的亞熱帶氣候，死於瘴癘者時有所聞，所以對端午這個避邪節日格外重視。

端午節除了傳統的划龍舟競賽、立雞蛋外，吃粽子可說是各地重要的飲食活動，「吃粽子」也在這時成了家人團圓用餐的主要因素。臺灣的粽子一般可分成下列幾種：

1. 北部粽：指的是臺灣北部習慣的做法。主要是將米浸泡於水中，瀝乾後用油炒香，炒到半熟用粽葉包上餡後蒸食。餡多爲香菇、豬肉、鹹鴨蛋、栗子、花生、蝦米等。
2. 南部粽：臺灣南部的粽子做法與北部略有差異，是用純白糯米浸泡水中，瀝乾後直接與肉餡以粽葉包裹，再用水煮至熟透。餡料與北部粽大致相同，統稱爲臺式粽子。

北部粽

資料來源：劉家肉粽。

3.外省粽：由於1949年撤退來臺的外省兵帶來許多的「外省粽」做法，所以只要非臺灣粽、客家粽者，均被稱爲外省粽，如湖南粽、裹蒸粽、南門市場當中受歡迎的湖州粽等。

4.客家粽：客家粽主要爲粄粽，就是鹹味粽，皮白而Q，十分特別。

5.鹼粽：主要是以糯米加上鹼粉製作而成，過去製作過程當中多少會加入少許硼砂，使煮好的米不黏粽葉，並晶瑩剔透剝取容易，但現今考量健康因素已不添加；以沾砂糖爲主要進食方式。但鮮少人知道鹼粽在早期的臺灣社會扮演相當重要的角色。由於鹼粽爲素食，因此多用於祭祀之用。

在日治時代，臺灣人在端午多準備鹼粽，除了當時因環境困苦、鹼粽是食材使用上最便宜的粽子外，另一方面是爲了拜拜。根據臺灣早期習俗，端午節拜拜都只能用鹼粽拜，因爲菩薩是吃素，而鹼粽是素的，因此成爲端午拜拜最重要的貢品。川原瑞源曾提到臺灣一個與粽子有關的重要古禮：「除端午節外，粽子與除夕的甜粿一樣，有將其贈與服喪中的親友的習慣。因爲喪家在守喪期間，不能準備祭神用的甜粿與粽子，否則便是大不敬。」因此，如果發現某些家庭在端午節沒有準備鹼粽，便表示該家庭有什麼事發生。所以像是家裡有人過世就不能自己買或包鹼粽，必須要由嫁出去的女兒或是親友贈送粽子。雖是古禮，但知道的人至今仍堅持遵守。

(三)中秋節

臺灣的中秋節主要承襲大陸的習俗，賞月吃的是月餅與當季瓜果。臺灣最著名的柚子稱爲「麻豆文旦」，是中秋賞月必吃的應景水果；雖然月餅是每年必備的食品，但臺灣在這幾年則選擇在農曆8月15日的晚上聚集烤肉，使得中秋烤肉成爲熱門的活動，每到中秋便是烤肉相關產品大賣的時候。烤肉也因此成爲中秋節的「傳統」習俗之一，屬於創新傳統（invented tradition）。

臺灣民間相傳未婚的少女只要在中秋夜裡偷得到別人家菜園裡的蔬菜，就表示她會遇到一位如意郎君。有一句俗話：「偷著蔥，嫁好尪；偷著菜，嫁好婿」所指的就是這一項習俗。

三、祭祀信仰

中元節是一個祭祀孤魂野鬼的節日，臺灣人稱孤魂野鬼爲「好兄弟」，所以中元節就是要「拜好兄弟」，整個祭祀活動又稱爲「普渡」。

頭城的「搶孤」活動在臺灣鼎鼎有名，事實上這些活動是「普渡」活動中的一環，普渡的正式說法是出自梵語的「盂蘭盆會」，是佛教徒一年一度祭拜孤魂野鬼，以免其無端騷擾陽間人民的一項祭典。在舉行搶孤儀式時，是由一位大和尚爬到祭壇的最高處，向四方丟擲饅頭，意思是要贈送給過路的孤魂野鬼，台下圍觀的群眾也可以爭搶饅頭並食用。而一般的大魚大肉祭拜習慣，亦漸漸被「看桌米雕」所取代。米雕是以麵糰爲原料，捏成各式物品後，再加以染色，由於是因應祭拜而生，因此在製作的題材上大多以牛、羊、豬、雞等家禽；海產類的魚蝦；蔬菜類的蘿蔔、苦瓜、香菇；水果類的香蕉、西瓜等爲主，應該說只要可以上桌祭拜的食物，都可以是米雕臨摹的角色。因此米雕在中元普渡反而成爲另一項供品展覽。

另外，臺灣人在祭典或祖先的祭祀日，也因供品的需要，常使用食具的擺設來凸顯整體的完美。如臺灣早期在拜玉皇大帝所供奉的牲品和禮儀，包括：每年正月初九，前一天臺灣漢人就準備祭品，男女老幼齋戒沐浴，在家設壇，用長凳把桌椅墊高，前排擺上酒杯三個，麵線、筷子、香爐、蠟燭台等物，後面再擺上五果及六齋。在祭祀祖先時也有類似的規定，其中與食器相關的是：盅筷須排在檯子三邊，像忌日饗是祭一位祖先，應用盅筷八副或六副，其中一副爲祖先用，其餘是留給陪客使用。排在檯上的是八副，上四副兩邊各兩副，六副的排法則是三邊各二副。其他時節等饗祭的是三代宗親，則要用盅筷二十四副或三十二副，排在檯上是二十四副的三邊各八副；三十二副的則是上十二副、兩邊各十副。要特別記得的是筷子一律要放在盅之右或左，不可一雙放在盅之左，一雙又放在盅之右，並且筷子應一樣長短，不可一長一短。

四、喪葬習俗

臺灣的喪葬習俗南北各地同樣有異，只有瞭解自己家族的宗教與祖先背景，才不至於鬧笑話。以臺北的喪葬風俗爲例：當丈夫過世，妻子不能到墳地送葬，只能送到門口，如果違反此規定，即表示這妻子想改嫁。在臺灣，在外面死去的人不能回家，所以常看到馬路上有喪家搭帳篷辦喪事，棺木擺在家門口的帳篷裡，那就表示棺木的人是死在外頭的，不能回家。在臺北，如果丈夫在外面過世，妻子吵著一定要在家辦喪事，這時只要死人從外面抬回，進家門前，教兒子端一杯茶面對亡者說：「爸爸，請您喝茶。」然後隨便任何一人接茶過來喝掉，即可把死人當活人送進屋內了。

臺北還有另一風俗，人死後的第一個清明節上墳時，視祭拜的人數，準備同數量的帶殼鴨蛋，拜祭完後，親人在墓前每人發一顆鴨蛋，吃完後把蛋殼擺墳上才走。這是一種咒術行爲，意思是把死的東西擺在那兒，把有生命的東西帶回去，這些多本於原始宗教心理。

在臺灣，有些習俗到處通用，例如父母親去世時，已出嫁的女兒都要照例送些祭物，泉州人會送靈厝，漳州人多送金山銀山，但是在濁水溪文化下的雲林人，則是要送「豬頭」就可以了。所以雲林當地的風俗，父母親常常會以「要吃你的豬頭，是不是要等死」的話，來責備不孝順的女兒。

參考文獻

一、中文

戶外生活圖書（股）臺灣製作群編著（1995）。《金馬澎湖最佳去處》。臺北：戶外生活。

王世禎（1992）。《中國民情風俗》。臺北：星光出版。

臺灣省文獻委員會編譯（1990）。《臺灣慣習記事》，第五卷上。南投：臺灣省文獻委員會。

石萬壽（1980）。〈臺南府城的行郊特產點心〉。《臺灣文獻》，第31卷第4期，頁70-98。

伊永文（1998）。《明清飲食研究》。臺北：洪葉文化。

吳文星（2000）。〈《認識臺灣（歷史篇）》對日本殖民統治時期社會變遷之編纂〉。《人文及社會學科教學通訊》，第10卷第5期，頁35-43。

李紀幸（1997）。〈日據時代以前（含日據時代）的臺灣甘蔗種植〉。《史化》，第25期，頁63-72。

李祖基（1998）。〈城隍信仰與臺灣歷史〉。《臺灣源流》，第12期，頁108-114。

周婉窈（2001）。《臺灣歷史圖說（史前至1945年）》。臺北：聯經出版。

林川夫主編（1980）。《民俗臺灣》（第一輯）。臺北：武陵出版。

林川夫主編（1980）。《民俗臺灣》（第二輯）。臺北：武陵出版。

林川夫主編（1980）。《民俗臺灣》（第三輯）。臺北：武陵出版。

林川夫主編（1990）。《民俗臺灣》（第五輯）。臺北：武陵出版。

林川夫主編（1990）。《民俗臺灣》（第六輯）。臺北：武陵出版。

林川夫主編（1990）。《民俗臺灣》（第四輯）。臺北：武陵出版。

林川夫主編（1991）。《民俗臺灣》（第七輯）。臺北：武陵出版。

林明德主持（2000）。《彰化縣藝文資源蒐集計畫——飲食文化研究調查》。臺北：財團法人中華民俗藝術基金會。

林衡道（1972）。〈臺南市的傳統飲食〉。《臺灣勝蹟採訪冊》（第一輯），頁36-47。南投：國史館臺灣文獻館。

林衡道（1977）。〈臺灣民俗論集〉。《臺灣文獻》，第28卷第2期，頁48-

55。

林衡道口述，楊鴻博整理（1998）。《鯤島探源：臺灣各鄉鎮區的歷史與民俗》（一至七）。新北市：稻田出版。

洪英聖（1992）。《臺灣風俗探源》。臺中：臺灣省政府新聞處。

范勝雄（1992）。〈府城西城故事〉。《臺灣文獻》，第43卷第4期，頁145-187。

徐海榮主編（1999）。《中國飲食史》（一）。北京：華夏出版社。

徐海榮主編（1999）。《中國飲食史》（六）。北京：華夏出版社。

張玉欣（2000）。〈早期生活應用筷子之初探〉。《中國飲食文化基金會會訊》，第6卷第2期，頁50-52。

張玉欣（2000）。〈箸與社會生活〉。《中國飲食文化基金會會訊》，第6卷第1期，頁61-62。

張哲永（1997）。《中國風情的飲食風俗》。臺北：弘文出版。

張瓊慧編著（2004）。《臺灣十二生肖宴全集》。臺北：文建會。

曹永和（1991）。《臺灣早期歷史研究》。臺北：聯經出版。

瑽原通好著，李文祺譯（1989）。《臺灣農民的生活節俗》。臺北：台原出版社。

郭立誠（1986）。《中國民俗史話》。臺北：漢光文化。

陳文玲（1996）。〈為臺灣歷史留影——《探險臺灣》〉（鳥居龍藏著，楊南郡譯註）。《聯合報・讀書人版》，1996年11月。

陳淑均總校（1852）。《葛瑪蘭廳志》（清咸豐二年刊本）。臺北：成文出版。

楊玉君（1995）。《中元節》。臺北：文建會。

楊玉君（1995）。《中秋節》。臺北：文建會。

楊玉君（1995）。《端午節》。臺北：文建會。

趙莒玲（1996）。《臺灣開發故事》。臺北：中央月刊社。

鄭文彰（2002）。《臺灣早期飲食器物》。臺南：臺南縣政府文化局。

簡榮聰（1992）。《臺灣傳統農村生活與文物》。南投：臺灣省文獻委員會。

蘇振申總編（1977）。《中國歷史圖說（十三）：現代》。臺北：世新大學出版社。

二、英文

George Babcock Cressey (1963). *Asia's Lands and Peoples*. US: McGraw-Hill, Inc.

Murray A. Rubinstein (1999). *Taiwan: A New History*. US: An East Gate Books.

三、日文

川原瑞源（1942）。〈點心と新春の食品〉。《民俗臺灣》（新年風俗特輯），第2卷第1號，通卷第7號，昭和17年1月5日。

川原瑞源（1943）。〈油烹と熬油（下）〉。《民俗臺灣》，第21號，昭和18年3月5日。

池田敏雄（1944）。《臺灣の家庭生活》，昭和19年。

四、網址

劉家肉粽，http://www.liujiarice.com.tw

麥當勞，http://www.mcdonalds.com.tw

臺中市政府全球資訊網，http://www.tccg.gov.tw

行政院原住民委員會，http://www.tacp.gov.tw/intro/fmintro.htm

國史館臺灣文獻館，http://www.th.gov.tw

Note

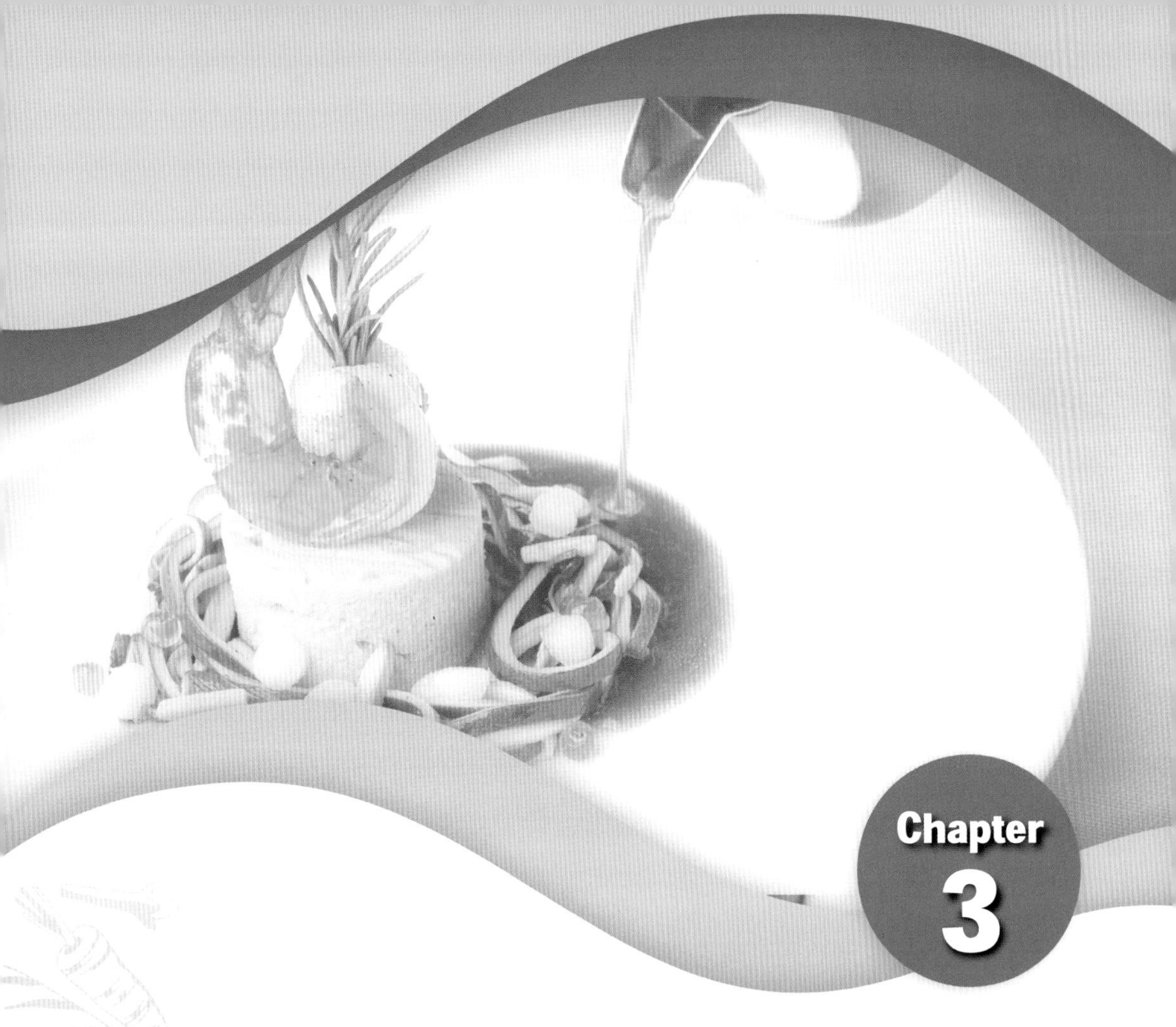

Chapter 3

臺灣菜系與地方飲食之發展

學習目標

★認識臺灣四大菜系

★認識臺灣各縣市地方飲食文化

★對本土飲食文化產生認同感

第一節　臺灣菜

一、菜系背景

1895年日治時代來臨之前，在臺漢人是以閩南菜的飲食生活習慣爲主。直至日治臺灣，在臺漢人因感受到異族統治的不同，才以日本人爲對比的情況下，超越了漳泉客家的社群意識，產生了在臺漢人乃是一共同體的意識（廖咸浩，2004；轉引自張京媛編，2007）。然而這一種共同體意識仍純粹爲國族主義的一種，尚未延伸至平民百姓的日常生活慣例中。

但隨著時間的累積，在臺日本人（當時日本人均稱自己爲「內地人」）也開始對臺灣的傳統料理深感興趣，在日治初期，內地人對臺灣傳統料理統稱爲「支那料理」（中國菜），即指在臺漢人所販賣的福建、廣東菜。但如果要問「臺灣料理」一詞爲誰最早定義之？答案是：日本人。就文獻資料來看，「臺灣料理」一詞最早出現在1907年《臺灣慣習記事》，主要指的是臺灣的餐廳菜餚。

1915年武內貞義將「臺灣料理」分類爲四項，並提到「東薈芳」餐廳爲當時臺灣料理店的代表。對日本人而言，臺灣一般家庭所吃的食物只能稱之爲「臺灣人的食物」，而與「臺灣料理」有所不同，**表3-1**是武內貞義所列出臺灣中等家庭所吃的食物與餐廳的臺灣料理之內容，我們可以自**表3-1**做一比較，臺灣家庭普遍沒有能力吃雞、鴨類的食物，消費占大比例的多是自家種的，或是自行採摘的野菜，這在餐廳上不了檯面，所以在餐廳是看不到的，這也能反映出當時不同飲食場所的飲食型態。

表3-1 臺灣中等家庭的食物與臺灣料理比較

材料別	臺灣中等家庭的食物（家庭）	臺灣料理（餐廳）
禽類	無	清湯鴨、八寶鴨、冬菜鴨、毛菰雞、加里雞、鹵胖鴨、炒雞片、生燒雞、炒雞蔥、燒雞管　搭雞餅
海鮮類	竹笋炒金鉤蝦、煎魚仔、煎赤鯮魚、瓜仔煮干貝、烹勿仔魚、煎熟魚、豆腐焖魚脯	鮑魚肚、清湯魚翅、清湯鮑魚、清湯參、蟳丸、十錦火膏、紅燒魚、大五柳居、八寶蟳羹、十錦魚羹鍋、炒蝦仁、炒水蛙、燒蝦丸
（豬）肉類	匏仔焖肉、肉焖醬瓜、金針焖肉、豆干焖肉、木耳焖肉、刺瓜焖肉	合菰、炒肚尖、火腿笋、炒豆水
蔬菜類	瓜仔、菜脯、煮應菜湯、煮茄鹹桃仔、鹹菜焖竹笋、炒鹹菜、煮白菜、煮豆菜、煮莧菜、麵線煮韭菜	芋羹、蓮子湯
蛋、豆類	煎豆腐、韭菜煮蛋、土豆仁、鴨蛋麵線湯	杏仁豆腐
澱粉類（其他）	油食粿	

註：「菰」字即「菇」；「笋」字即「筍」；「燒雞管」應指「燒雞卷」；「大五柳居」則指以魚肉佐以筍絲、肉絲、胡椒粉與餛飩粉（應現在之太白粉）勾芡煮成羹，可加醬油與醋調味。

資料來源：武內貞義（1915）。

對在臺日人而言，「臺灣料理」一般指的是宴客菜，因此當時臺灣家庭所吃的家常菜，則被視爲「臺灣家庭的食物」。因此許多文獻介紹臺灣中下階層所吃的主食，番薯簽飯等這類食物，都不被視爲「臺灣料理」，主要是因爲日本人不會去吃臺灣中下階層家庭的飲食，日本人認爲上得了檯面的菜餚才能稱之爲「料理」，因此多以透過餐廳的菜餚來介紹他們認定的所謂「臺灣菜」。由於臺灣是日本殖民地，許多日本人類學者紛紛到這一塊殖民地來一探異文化的特殊性，因研究主要在於臺灣本島，因此逐漸區隔出臺灣與中國大陸，將臺灣相關的研究都冠上「臺灣」二字，這也是爲什麼在臺灣吃到的菜稱爲「臺灣菜」。

日本人在1920年也已記載「臺灣料理已出現明顯的特色」，當時除了家庭料理已備其特色外，另有臺南的「醉仙樓」、臺北大稻埕的「東薈芳」與後來的「春風得意樓」等三家餐廳都陸續販賣道地的臺灣料理。椿木義一在1923年的《臺灣大觀》則提到，「米粉」（びいふん，當時是由臺語直譯成日語）成爲新移民至臺灣的日本人以「臺灣料理」爲主的主食。所以米粉被視爲相當道地的「臺灣料理」。1928年的《常夏之臺灣》，則又提到「臺灣料理」的中等宴席菜，包括：

> 「燒粉鳥、鳳煎蟹餅、幼小雞、金銀筍、燕巢、清湯魚翅、緆紗割蛋、淡鮑肥鴨、紅燒魚、骨髓毛孤（菇）、蝦仁品包、玉麵、清湯魚膠、南京燒雞、水晶丸、杏仁凍、千員糕。」

根據文獻與後來的口述記錄，如江山樓在1949年結束營業，蓬萊閣仍繼續經營到蔣介石來臺後，撐了一段時間才關門。這時的「臺灣料理」正式自餐飲的核心退到邊陲地帶，許多的臺灣料理廚師也紛紛離開，在北投那卡西餐廳與臺式酒家繼續討生活（**表3-2**）。

臺灣光復後三十年，外省菜在臺灣蓬勃發展，而在日治時代曾叱吒一時的臺灣料理餐廳，如江山樓餐廳、蓬萊閣餐廳卻難逃關門的命運，即使後來重新開張的新蓬萊餐廳，或在延平北路的蓬萊閣公共食堂，同樣以「正宗臺菜」爲宣傳，卻似乎看不見以前曾有的榮景。

在1960年代，由於日本來臺從事商務往來的人數不斷上升，加上色情行業的帶動，1964年中山北路出現第一家強調以「清粥小菜」的臺菜餐廳——青葉餐廳成立，當時主要是以日本客群爲主，但也掀起另一波所謂的「新臺菜」風潮，如菜脯蛋、豆豉蚵仔、花生小魚乾、地瓜粥等當時在日治時代的「農」民飲食（peasant food），成爲新臺菜的代言。隔年梅子餐廳開幕並經營類似的產品，到了1970年，青葉

表3-2 臺灣料理餐廳開店年分及地域位置

開店年分	「臺灣料理」餐廳名	地域位置（縣市）
1915 （另有文獻指其在1912年開店）	東薈芳	臺北
1920	醉仙樓	臺南
1920	春風得意樓	臺北
1926 （另有文獻指其在1912、1917年開店）	江山樓	臺北日新町
1926	三仙樓	臺北
1930	文山亭	臺北新店庄
1940 （1938年開店）	山水亭	高雄
1940 （1922年開幕，1930年仍被歸類為支那料理餐廳）	蓬萊閣	臺北
1940	新泉閣ホテル	北投溫泉旅館
1940	江山樓支店	臺北榮町
1943	四海樓	臺北
1943	大森食堂	臺北
1943	新海樓	臺北
1943	鶴松	臺北
1943	東寶莊	臺北

註：此年代代表此「臺灣料理」餐廳在某文獻最早出現的出版年分。
資料來源：張玉欣（2008）。

餐廳的股東們也紛紛跳出來成立雞家莊和欣葉餐廳，經營的都是所謂具「臺灣味」的餐廳。臺菜歷經蔣介石時代之後，有了全新的詮釋，而另一波代表舊式臺菜的酒家文化於1970年代曾經在北投屹立不搖，之後因政府掃蕩北投區色情業而沒落。

二、飲食特色與內容

許多人對臺菜都有不同的定義，一般大致的說法認爲「臺菜」就是「閩南菜」並融合「日本料理」所形成的菜系。一位工作四十年的臺菜老師傅認爲，所謂的臺菜應該是「臺灣人創作出來的菜」。但除此之外，「臺菜」可以說是「運用臺灣當地食材並配合社會變遷，由臺灣人發展創新所逐漸形成的一個獨特菜系。」

臺菜有幾項基本的調味料、辛香料以及食材是在烹調臺灣菜當中所不可或缺的：

1.基本調味料：

(1)醬油（soy sauce）。

(2)味精（MSG）。

(3)鹽巴（salt）。

(4)米酒（rice wine）。

(5)香油（sesame oil）。

(6)胡麻油（black sesame oil）。

(7)白醋（vinegar）。

(8)烏醋（black vinegar）。

(9)醬油膏（soy paste）。

(10)海山醬（sweet pepper paste）。

(11)太白粉（tapioca starch；勾芡用）。

(12)地瓜粉（sweet potato starch；油炸食物）。

2.基本辛香料：

(1)薑（ginger）。

(2)蒜頭（garlic）。

(3)蔥（spring onion）。

(4)辣椒（chili）。

(5)九層塔（Chinese basil）。

(6)香菜（coriander）。

(7)油蔥酥（crispy onion）。

3.基本食材：

(1)肉類：豬肉、雞肉，較少使用羊肉與牛肉。

(2)葉菜類：高麗菜、地瓜葉、空心菜、A菜等。

(3)根莖類：白蘿蔔、 胡瓜、菜瓜、玉米、苦瓜、冬瓜等。

(4)海鮮：魚及蝦，餐廳多烹調蟹類。

欣葉餐廳董事長李秀英（2007）在其著作《欣葉心台菜情——欣葉30週年獻菜》一書中曾提及她認爲的臺菜特色應該要有下列幾項：

1.原汁原味：臺菜的調味簡單而不繁複，主要講求清、淡、鮮、醇。常使用佐醬有海山醬、五味醬、醬油膏等較重口味的調味品等。

2.海產豐富：由於臺灣四面環海，擁有豐富的漁場。魚、蝦、蟹是臺菜宴客的重要原料，海鮮料理更是臺菜重要特色，並自日本料理學習發展出冷食與生食，注重新鮮。

3.講求爆香與快炒技巧：臺菜的「滋味」，是「口味」加上「香味」，此主要來自爆香的程序，蔥、薑、蒜是三種烹調臺菜的重要辛香料，主要的食材都因這些辛香料的加工而更爲美味；大火「快炒」則是保存了食材的鮮度與營養。

4.湯菜、酸甜菜、醃醬菜多：臺菜有許多的醃漬菜讓人容易下飯。如用鹽醃製醬菜，除了可以長期保存食物，早期勞動量大的人攝食這類食物可以補充鹽分，例如：菜脯、豆醬、蔭瓜等醃醬菜。

對臺灣人而言，臺灣菜不僅是一個族群菜系，由於臺灣有70%的閩南族群，使得臺灣菜也可以說是每天所吃到的菜餚，臺灣人的口味養成，基本是以臺灣菜為基礎所發展出來的。只是口味在臺灣南北地方又有所謂的差異性，北部人吃得較為清淡，南部人則偏甜，做菜習慣加糖來入味，也形成臺灣在地區上不同的飲食特色。

第二節　外省菜

一、菜系背景

二次大戰結束，臺灣於1945年由國民政府接管臺灣，當時一般的平民生活相當貧困，失業率極高，通貨膨脹嚴重，在1949年張邱東松寫了一首〈燒肉粽〉，來反映當時的生活現況。不過國民政府當下採取緊急措施來穩定物價，度過這一波經濟危機。以下為部分歌詞：

> 自悲自嘆歹命人，父母本來真疼痛；乎我讀書幾落冬，出業頭路無半項。暫時來賣燒肉粽，燒肉粽，燒肉粽，賣燒肉粽。欲做生意真困難，若無本錢做味動；不正行為是不通，所以暫時做這款，今著認真賣肉粽，燒肉粽，燒肉粽，賣燒肉粽。物件一日一日貴，厝內頭嘴這大堆；雙腳行到欲撐腿，遇著無銷真克虧……

隨著食材的配給取消，人民生活逐漸穩定，又因人口結構大幅改變，這些後期移民（現在也稱新住民）也同時帶來當地的生活習慣與不同嗜好，其中明顯表現在飲食生活的差異性上。在當時陸續開幕的食堂已開始販售所謂的外省菜，廣東菜、北平菜、上海菜已開始成為食堂流行的菜色，例如：臺灣省鐵路餐廳已有京蘇湯包與川菜的菜

1952年（民國41年）的臺鐵餐廳也賣川菜和湯包

色、北平豐澤園飯館則販賣所謂的「故都風味」、美華閣賣平津菜、南國粵菜館與廣東食堂都以廣東菜爲主。

吳燕和教授曾在1996年於〈臺灣的粵菜、香港的臺菜：飲食文化與族群性的比較研究〉中提到，他訪問幾位大飯店資深粵菜主廚和美食評論家後發現，1949年國民政府撤退來臺，當時的「大陸廚師」多半是軍旅、達官、巨賈帶來的家廚，而以湖南和江浙廚師爲主。這些代表一國最精華的口味，反映當權有勢者以江浙人士爲首的「高級」或「精緻菜」，進入臺灣的飲宴文化。自此，臺灣的宴飲文化由這些具代表性的外省菜取代日治時代的藝妓酒家文化。

外省菜從崛起發展至1960年已經相當蓬勃，之後十五年，江浙菜、粵菜、川菜、湖南菜等在這段期間一直穩坐「外省菜」的餐飲市場，如浙寧大東園菜館、浙寧東昇樓菜館、中華協記餐廳等江浙菜餐廳都在這段時間陸續開幕經營。吳燕和教授則提到1970年代較出名的廣東菜館，包括：圓山大飯店、第一大飯店、廣州飯店及豪華酒店。

川菜的崛起則源自1950年即開張的渝園川菜餐廳，可說是臺灣最早的川菜館，並在1964年重新開幕。秦保民先生曾提到渝園的招牌菜有牛鞭湯、豌豆肚條湯、牛尾湯、牛肉湯等，「螞蟻上樹」也是其餐廳的名菜之一。渝園之後，尚有1961年梅龍鎮菜館，賣的是川揚風味；1966年開幕的重慶川菜餐廳、中華川菜餐廳；1970年代的峨嵋、千大、大同餐廳、鳳凰、榮星、國鼎、華夏等，這些川菜餐廳如雨後春筍般一間間開設，相當受到歡迎。

二、飲食特色與內容

隨著日本戰敗，歸還臺灣之際，國民政府又於1949年戰敗遷臺，當時有大量的外省兵退守臺灣，而蔣中正先生與相關政要的外省背景與飲食偏好，一時之間，蔣中正先生及軍團將其所熟悉的菜餚帶入臺灣。因此在臺灣，除了福建菜之外，其他中國大陸之菜系，舉凡浙江菜、江蘇菜、四川菜、廣東菜等等，都統稱爲所謂的「外省菜」。

在當時因政治爲影響飲食主流的主要因素，外省菜可說是當時熱門的宴客菜，而將臺灣酒家菜移至北投，形成另一項酒家那卡西文化。另外，外省人與本省福建移民的聯姻、軍人改行從事飲食生產行爲，都是促成外省菜系逐漸蓬勃並走入平民家庭的重要因素。在這裡，僅就臺灣目前尚存在且流行的中國部分菜系作一介紹，而另外該重視的是，這些所謂的外省菜口味亦已在地化，與原中國大陸的口味均有一定的差別，與其說是否道地，還不如說是本土化來得更爲貼切。

(一)四川菜

四川菜在臺灣已流行多年，但除了傳統的麻婆豆腐、宮保雞丁等菜餚外，臺灣尚有煙燻茶鵝、麻辣火鍋、紅油抄手等膾炙人口的四川著名小吃，姑且暫不去論述其道地與否，透過「中華一番！」小廚師的魅力，已讓臺灣七、八年級的年輕朋友們對川菜有強烈的喜好與興趣。

(二)廣東菜

廣東菜簡稱粵菜，在臺灣可說到處可見，就連一般的喜慶宴客，以飯店而言，廣東菜便是最常應用到的菜系，其次才是江浙菜，臺菜海鮮則在餐廳較常見。

臺灣目前尚有幾家潮州菜餐廳，而飲茶也是相當的流行；但臺灣的飲茶則沒有香港或是廣東的早茶文化，僅被視為是午餐或晚餐的正餐使用，與當地看報、聊天喝茶的景象有很大的不同。

(三)江浙菜

臺灣的中餐廳招牌常見斗大的字樣寫著「江浙菜餐廳」，但事實上，在大陸並沒有「江浙菜」這個菜系，而臺灣所指即是江蘇菜與浙江菜的融合。所謂的江浙菜之所以流行，應該始於先總統蔣中正先生的家鄉——浙江省。由於1949年國民政府退守臺灣，蔣中正先生一直酷愛自己的家鄉菜，因此當時有許多的廚師為投其所好，學習烹煮浙江菜，一時這個菜系在臺灣逐漸普及起來，流行至今。

浙江菜由杭州菜、寧波菜和紹興菜三種地方風味組成，在臺灣隨處可吃到的有金華火腿、龍井蝦仁、西湖醋魚、宋嫂魚羹、東坡肉、醃篤鮮等。

江蘇菜則是由淮揚、金陵、蘇錫、徐海四個地方風味構成。近年來臺灣所流行的上海菜，如淮揚獅子頭、糖醋桂糟溜魚片、桂花鹽水鴨、南京板鴨等。

(四)其餘名菜

中國大陸尚有許多的名菜在臺灣流傳多年，魅力不減，如北京烤鴨與酸菜白肉鍋、陝西泡饃、雲南過橋米線、蒙古烤肉等，都是屬於各地方的名著小吃。而大陸也有許多餐廳之名被臺灣商人採用，但其中是否有合約關係或是商標各自使用，則還有待商榷。

陝西泡饃

第三節　客家菜

一、菜系背景

客家人移民臺灣時間較閩南人晚，約在清朝末期，並以廣東梅縣的客家人爲主。當時靠海的平原和耕地大多被早先來臺的漢人先行開墾，客家民族人數又不及漢人，只能往山間開墾荒地，尋求安身立命之地。客家族群在長期的遷徙中，對吃並不十分講究，但從其飲食之中卻反映出客家人生活的智慧，與其勤勞刻苦、節儉堅毅的特質。這些早期移民的客家人自然將老祖先所傳授下來的客家菜帶來臺灣。

由於荒地需要開墾，這些都由客家男人負責，因此他們需要大量的體力和熱量，因此食物必須油膩，才足夠補充體力。另外，由於當時生活較爲窮困，爲減少配菜的食用量，因此在配菜中加入大量的鹽巴，因此客家菜口味也都普遍偏鹹。但客家婦女的巧手仍會為家人盡量烹製美味的飲食，在有限的食物中加入佐料爆香，藉著「爆香」增進美味進而促進食慾。因此，「鹹」、「香」、「肥」成為傳統客家口味的三大要素。

二、飲食特色與內容

客家人在烹調上，美味非優先考量，重要的反而是如何久藏及節省食物，並供應每天勞動所需的體力負荷，才是製作客家菜須思考的重點。因此客家人在食物製作方面，往往以鹹、香、肥三大特色為主。客家人喜歡吃鹹，除了因日常工作流很多汗，必須吃很多鹽維持體力外，更重要的是愈鹹的食物，愈容易下飯，藉以節省食物。客家食物中的香與肥是一體的，菜餚中的香來自於多油和油炸，除了可增加口感的豐富性外，更是補充勞動所需熱量的重要來源。

由於客家人大多居住在靠近山邊，離海相當遠，食材上以蔬菜及肉食為主，少有海鮮。但雖然是肉食，事實上客家人一年中可以吃到肉的機會並不多，由於肉的價格昂貴，就算自家有養雞、鴨、豬，平時也捨不得宰殺，通常是賣掉增加收入或等到大節慶時才會殺來吃。客家人的肉食以內臟類為主，尤其是豬的內臟，為了掩蓋內臟的腥味，在烹調時會加入大量的醋酸，藉以去腥兼殺菌，有些一般人不吃的內臟，到了客家人手裡卻成了一道道具有特殊風味的美食，例如鹹酸甜（鳳梨炒豬肺）、薑絲大腸等，都利用醋精等特殊調味料來完成道道佳餚。

客家菜要求香，除了以薑、蒜提味之外，日常使用的辛香料也以自行耕種的九層塔、紫蘇最為重要。此外，客家人喜歡使用豬油爆香紅蔥頭做成的油蔥酥和蔥油，常常加進菜餚中，或在煮麵、煮粄條時拌入一匙，在製作鹹粄類米食點心時，油蔥也是餡料中不可缺少的調

客家小炒

味要角。油蔥酥和蔥油儼然是客家飲食中「香」的代表。

(一)客家米食

米食是客家人的主食，除了白米飯外，客家人在米食的製作上更爲多樣化，一般稱客家人製作米食點心爲「打粄」。以米爲原料打製的各種點心和粄類在客家庄中隨處可見，種類也是繁多有變化，如紅龜粿、蘿蔔粄（菜頭糕）、豬籠粄（客家菜包）等等，極具客家傳統風味及特色。

客家人「打粄」的時機應用廣泛，如婚喪喜慶、各式節慶廟會、蒔田割禾時都會打粄。這些在節令上所製作出來的米食製品寓含吉祥意味，除了藉以敬天祭祖外，也有爲勞苦終歲的人們滋補的意味。尤其是「糍粑」（麻糬），客家人不論婚喪喜慶或廟會拜拜，都會大量打「糍粑」與客人分享。

客家人有個順口溜涵蓋了整個米食家族成員，再配合食用的時節，從**表3-3**我們可以瞭解客家人打製粄食的一個輪廓。

表3-3　打粄時令一覽表

名稱	系列產品及別稱	使用時節
頭粑	油糍仔	喜慶、拼盤、平時點心、春節
二滋	糍粑、牛汶水、麻糍	年節、喪喜慶、廟會拜拜
三甜粄	年糕、鹹甜粄、紅豆粄、花生粄	農曆春節前後
四惜圓	湯圓、元宵、粄圓、鹿湯齊、雪圓	冬節、元宵節、喜慶
五包	菜包、甜包	上元節、清明、尾牙
六粽	米粽、粄粽、粳粽、甜粽	端午節、中元節
七層糕	九層粄	四季、平時早點
八摸挲	米篩目（米苔目）	夏季、平時點心
九碗粄	水粄仔	四季、平時早點
十紅桃	紅粄、龜粄、長錢粄、新丁粄慶	典祭祀、平安戲
十一菜頭粄	蘿蔔糕	春節、四季點心
十二發粄	發糕、假柿仔	農曆春節、清明
十三芋粄	芋頭粄	秋冬點心
十四米糕	油飯	回娘家、彌月
十五粄條	粄條	全年點心
十六米粉	幼米粉、炊粉	全年點心
十七艾粄	艾草粄	清明、平時點心

資料來源：金廣福文教基金會（1997）。

(二)醃漬食品

◆蔬菜類

客家的男人負責外出勞動，客家婦女則省吃儉用於各項事物上。由於客家婦女必須自行種植或尋找各種食物，在當時爲了確保食物來源無虞，並在食物收成時，利用食材的特性加以改變，並延長食物保存期限，因此多利用曬乾、醃漬等方式來儲存食物，以備不時之需。過去北部客家農村在二期稻作收成以後便進入休耕狀態，此時客家人則利用農閒之時開始種植短期收成的蔬菜，種植最多的就是芥菜及蘿蔔。過去客家人冬天踩芥菜、曬鹹菜的這些農家活動，是許多客家子弟回憶兒時生活的一環，也是客家人飲食生活中最重要的一個環節。

芥菜經過醃漬，濕的可以做成鹹菜、福菜，乾的則製成梅乾菜（又稱鹹菜乾），每個階段各有不同的風味和烹調法。鹹菜、福菜通常加入肉類煮成湯，口味鹹香，且可中和肉類的油膩；梅乾菜則通常加入須長時間燉燜的菜餚，如梅乾扣肉、鹹菜蒸絞肉，梅乾菜吸收肉汁使口感不致太澀，同時也使肥肉不致太膩。

蘿蔔的做法一樣有乾、濕兩種，乾的有菜脯乾、菜脯絲、蘿蔔錢等，濕的則有醬蘿蔔。有些蘿蔔乾醃久後轉成黑色的老蘿蔔，據說還有止咳、化痰、降血糖的功效。其中，菜脯絲除了平日煮菜外，也是製作客家菜包時不可缺少的配料。

客家醃漬食品種類相當多樣，除了上述兩種外，醬冬瓜、醃黃瓜、醃豆豉、瓠瓜、豇豆乾、高麗菜乾等，都是相當具代表性的客家醃漬食品，有些可以直接配稀飯，或加入肉類烹煮都相當可口，亦下飯。

◆醃漬肉類

「吃肉」對客家人而言是一件奢侈的事情。過去客家人在物資缺乏的年代，平常難得有機會吃肉，僅在逢年過節、拜拜時，會殺雞宰鴨或殺豬。而當時因爲客家人對祭拜祖先非常隆重，掃墓時，必須上溯至來臺時代的祖先，所有過世祖先都要祭拜，所以節慶時殺的雞鴨，多到可以用竹竿掛成一整排。這些一時之間吃不完或捨不得吃完的肉食，經由客家主婦的巧手，利用「封」和「麴」的方式，製成一道道美味的客家料理。

所謂「封」是指烹煮時，不掀鍋蓋，將食物密封在容器內，一直煲到爛熟爲止。另外，封也有豐富、豐盛之意，加上大部分的封肉都是將完整的肉塊或是一顆白菜或是苦瓜一整條進行「封」的烹煮，因此似乎也可以指將食材原封不動密封之意。正宗的客家封肉以原味著稱，是不加八角等中藥材調味的。

麴也稱爲「糟」、「醬」，以紅糟爲醃漬原料，紅糟是釀酒剩下的酒糟，具有濃烈的酒香。客家人大多有自行釀酒的習慣，餘下的酒糟可用以醃製肉品。酒糟具有酒精成分，可保存肉類食品長達半年不致腐敗，且可使肉品散發濃郁的酒香味，是客家人相當喜愛的肉類保存方式。

(三)醬料類——客家桔醬

客家人也相當擅長使用醬料增加食物的變化，客家特色醬料中以桔醬最爲著名。桔醬是以酸桔製成，帶有柑桔類的酸味，通常用來配沾白煮肉或白斬雞食用。

(四)客家擂茶

擂茶又稱爲「三生湯」、鹹茶，吃法類似臺灣人吃的麵茶，是客家人傳統上用來招待客人的食品，也是日常主要食品之一，在宋朝已有相關的文獻記載。除了臺灣之外，大陸地區的許多客家族群，如江西的南方客家莊同樣還飲用擂茶，材料的使用則與古代傳說的相同，與臺灣相異。

據說擂茶起源於三國時期，張飛（一說是馬援）帶兵攻打武陵時，兵士因水土不服紛紛病倒，當地一位老翁因感於蜀兵軍紀嚴明，就教他們使用生茶、生薑、生米、花生、芝麻、黃豆等物一起磨碎後以熱水沖調食用，喝了之後果然藥到病除，此方即在民間流傳開來。依據此傳說，擂茶在蜀漢時已存在，而客家民系形成於宋朝，可見擂茶在早期並不是客家人獨有的食物，只是此飲食習俗在後來僅客家民族保留了下來。

目前流行於客家村落的擂茶，是在1949年跟隨國民政府遷臺的客家老兵帶過來的。目前在臺灣，擂茶已成爲客家村落的代表食品，其濃厚的香氣吸引了觀光客人手一杯，品嚐著流傳了千年之久的美味。

客家擂茶

但配料繁多、製作手續繁複的擂茶，平日已少有人使用擂缽研磨沖調擂茶，反而在觀光景點提供遊客們親身研磨擂茶的體驗式觀光。若是到客家莊一遊，即飲式的客家擂茶則成爲最受歡迎的伴手禮。

第四節　原住民飲食

臺灣的居民以漢人爲主體，之外便是操南島語的原住民。在臺灣中央山脈和東部峽谷與海岸地區的南島語系人口的分類，因時因人而有所不同。依山地行政，過去僅採區族分法；在學術研究上，就臺北帝國大學土俗人種學研究室（即國立臺灣大學人類學系的前身）的移川子之藏、宮本延人及馬淵東一等學者提出九族分類法，即包含泰雅、賽夏、布農、鄒、魯凱、排灣、卑南、阿美和雅美（現稱達悟）等九族。而陳奇祿教授則就固有語言及文化的方式之觀點增列邵族，將原住民區分爲十族，而政府也於民國90年裁定邵族爲第十族，92年增加噶瑪蘭族爲第十一族，95、96、97年分別增加太魯閣族、撒奇萊雅族、賽德克族，至103年有「拉阿魯哇族」及「卡那卡那富族」正式成爲臺灣原住民族第十五族、第十六族，截至108年，臺灣共計有十六個原住民族。

臺灣原住民族分布圖

資料來源：嘉義大學臺灣原住民族教育及產業發展中心。

一、阿美族

阿美族多分布在臺灣東部，以花蓮縣最為密集。阿美族的主食是番薯、小米及米三種，到了日治時代，米的食用比例高達八成之多。阿美族人曾說「吃野菜就是吃草」，原住民十六族當中專攻野菜料理的即阿美族，由於阿美族坐落花蓮山區，族人前往深山狩獵常容易迷路，箭竹筍便成為食用的必備品，他們會直接將整支竹筍以火爐煨烤，然後剝皮食用；另外一種俗稱的救命仙丹便是「芒草」，只要將芒草的尾部取下，食用最嫩的部分，慢慢咀嚼。對阿美族而言，吃「芒草」配「山水」是活命的關鍵。野菜文化可說是祖先們生活經驗累積所傳承下來的，現在許多如「炒芒筍」、「藤心」等野菜料理都已成為花蓮地區辦桌的名菜。

據說阿美族的婦女生頭胎，為了發乳，一定先煮藤心吃，這已是傳統習慣的一部分，就如同漢人坐月子吃花生豬腳或鯽魚湯以增加哺乳奶水一樣，具有重要意義。

另外，「炒芒筍」也是阿美族一道名菜，在花東縱谷及海岸山脈有著滿山遍野的五節芒，一直是阿美族人的主要糧食，以往阿美族人採剝五節芒的芒筍，於農作之後煮湯當作補品，或炒來做主菜。據說吃芒筍最簡單的方法就是採下一大把，以枯枝、枯草生火，再取水加鹽浸嫩芒筍，用溫火烤，烤到外皮焦時，剝去外皮吃芒心，味香脆甜。聽說阿美族有盛大活動時，如舉行馬拉松長跑等活動，即由婦人煮芒筍湯補充體力或消暑，其中「芒筍炒野豬肉絲」更是慶祝豐獵的主菜。

在《花蓮縣志稿》中提到，在現代代表著紅色口香糖的「檳榔」，在早期許多原住民的重要食俗中扮演相當重要的角色，尤其是在婚禮、宴客、迎賓、求愛、求婚等大場合所使用的上品，更可以作

阿美族的籐飯盒

爲禮物餽贈親友。

在求愛上，也有許多的飲食習俗，如秀姑巒的阿美族青年若要表達愛慕之情，男要以檳榔贈女，女則以菸草贈男，如被拒絕，則另外物色對象，接受贈物即開始聯絡約會。到了訂婚之日，當天男方要製糕載酒摘檳榔，持往饋贈，女方則設宴歡迎，並入席約婚期。因阿美族是母系社會，因此均是男方入贅女方，所以結婚當天，仍由女方設宴。入席後，新娘以檳榔米糕分贈男方親友，新郎亦以檳榔米糕分贈，隨即互敬交杯酒，席散前，新娘在衆人掌聲中偕新郎入房，即禮成。

似乎所有的儀式跟飲食脫離不了關係，更令人驚訝的是，「檳榔」所擔任的角色絕非現今的臺灣人所能想像。

二、魯凱族

位於臺灣南邊的魯凱族多分布於高雄茂林與臺東霧台，其族人的主食同樣以小米爲主，其中的「阿拜」與「土羅羅歐」是製作上的主要食物。前者是以小米及糯米粉磨成粉狀，再做成糕；後者是以小米及糯米粉包肉，外邊再切成一塊塊。烤山豬肉和小米發酵製成的小米湯圓是魯凱族人的最愛。

在魯凱族的雕刻品中，常會出現百步蛇的圖騰，主要是魯凱族人視百步蛇爲他們的同伴。其中有個美麗的傳說還與食物有關：霧臺大武村有位貴族女子巴冷，愛上一位百步蛇化身的英俊男子，所有的族人都看見男子爲蛇，僅有巴冷堅稱其爲人，後來仍嫁給了蛇郎。巴冷下嫁的新居終年被雲霧籠罩，即現今的大鬼湖，傳說巴冷還托夢給族人，提醒至大鬼湖狩獵的人，若看見有食物是熱的，表示是她準備用來招待族人；若是冷的食物，則千萬不要食用。雖不知其眞正用意，族人也不在意，因爲根深柢固的觀念中，百步蛇是他們的同伴。

三、排灣族

排灣族是以芋頭爲主食，在約一百多年前，排灣族一天吃兩餐，後來因農業發達，才與漢人同。副食品方面，因他們盤居海岸附近，所以特別喜歡鹽漬烏魚、飛魚；鳥獸肉都是用白開水煮熟，然後用鹽巴調味。排灣族有吃檳榔的習慣，原住民吃檳榔主要是爲了染齒用，可以嚇走敵人，但習慣流傳久了，男女老少都吃，但原用意卻都不復存在。

同樣視百步蛇爲代表圖騰的排灣族，傳說則不相同。相傳當年百步蛇在甕中下蛋，後來從蛋中迸出一個小孩，即是排灣族的祖先，所以百步蛇成爲排灣族人敬仰的代表。

四、布農族

傳說布農族的祖先征服太陽後，帶回來四種「粟」種，由於粟是

原住民的小米酒

屬於耐旱、耐寒、耐脊的農作物，適宜種在高山地區，且有容易種植的特性，因此演變成爲布農族的主要糧食。除了小米之外，布農族也以番薯和芋頭爲食物，米和小米可煮成飯，玉米可磨成粉，有時做成餅或粽子食用。早期族人吃飯都用手指抓食。飲料則以小米酒爲主，釀法是將小米煮熟後放入木製的方形槽中，待其冷卻，然後用手指抓起來放進嘴裡咬兩三下，連同唾液一起放進缸中，再加上少量的玉米粉和水發酵而成，他們僅在慶典時會釀酒，平常多不喝酒。

五、雅美族（達悟族）

蘭嶼舊稱「紅頭嶼」，主要是因夕陽照在岩巔高峰時，使得這個島嶼特別豔紅而得名。後來因島上盛產蘭花，而由省府改名爲「蘭嶼」，隸屬臺東縣；但還有另一說是：「蘭嶼」在雅美族的意義即是「雅美人的島」。蘭嶼的居民絕大多數爲雅美族人，屬於馬來系統，人類學家的觀察發現，雅美人應該是遠古時期即自馬來群島遷來居住。

島上族人沒有文字，也無交易市場，主食包含水芋、清芋及番薯三種，佐以魚類海產。雅美族人最敬畏飛魚，也愛吃飛魚，三至四月的飛魚祭是極重要的一項祭典，他們迷信吃飛魚可以增加自身的魄力。但何種魚類供男性或是女性食用卻是有限制的，限男性可食用的魚稱爲ragut-amon，如海豚、鯔等；兩性皆可食用的稱爲oyul-amon。由於島上芋頭遍布，所以婦女在男子出海捕魚時便須自行挑起另一項重擔——挖芋頭，做成芋頭糕供族人食用。

六、卑南族

卑南族是東臺灣原住民中人數最少、聲威卻是最壯的一族。從下列文獻原文可得知，過去阿美族與排灣族群各部落都曾屈服（黃叔璥，1957）：

> 「卑南覓，係番社總名，……相傳七十二社，各社名不能盡記，……；土番日食薯芋、黍秫、金瓜……。耕作無牛，……」
> 「凡卑南耕田重土，阿眉代為出力，如奴隸一般……」

卑南族原以小米爲主要農業種作，後來才有水稻的引入。但除了小米和旱稻外，他們也曾種番薯、山芋、豆類等作物。雖然經濟作物隨著時代而有所改變，但相關的祭典卻多環繞在原始作物——小米的身上，甚至將小米的禁忌用於栽種水稻。小米在卑南族占著重要的地位，所以原先的宗教活動也多環繞著它的種植週期來安排，如：

1.大獵祭：在小米的播種期舉行，成年男子到山上狩獵（過去爲出草），是卑南族所謂「年」的轉換。
2.收穫祭：在六、七月分是小米的收割期，而收穫祭則於七、八月分展開，歡慶豐收。

3.羌祭：羌祭被解釋爲一「禳祓」或「除凶」的祭典，也就是卑南族以山羌除去不淨和帶走病痛與不幸，也有祈求豐收的意思。祈求的對象以祖先爲主，附祭小米神。

4.猴祭：由卑南族的少年參加，主要是訓練少年服從、謀生的本能，整個過程包括誦禱文、扛竹竿賽跑，以及由殺敵演化成的殺猴儀式。不過因保育的推廣，現今改以猴子模型替代。

七、泰雅族

傳統泰雅族人的生計活動是男耕、獵，女耕、織。主食主要是小米及陸稻等各種穀類及甘薯，生產的副食則多以蔬果豆類爲主。不過有趣的是，住處接近前山的原住民則以陸稻爲主要食物；而後山的住民則以小米、玉米及番薯爲主。他們不用筷子、湯匙用餐，通常是等到飯冷了以後，用手抓起來吃；番薯則是常用蒸或煨的烹調方式進行調理。泰雅族人也用獸骨做成器物，如肩胛骨即可用來做成飯勺。

泰雅人也喜歡喝酒，酒是用小米或米蒸過後釀造，釀熟時即直接用竹杯從甕中汲取來喝。族人也有貼臉飲酒的習俗，即用螺碗作酒杯，

烏來的泰雅族部落餐廳介紹野菜已逐漸商業化

平時飲酒兩人共持一螺碗，相抱貼臉而飲，此習俗一直沿用至今。

八、賽夏族

賽夏族是人口稀少僅次於邵族的民族，總數不到四千人。早期的賽夏人從事遊耕、山區燒墾與狩獵來維持生計，但因種種因素，現已改成定耕農業和林業的型態。賽夏人多從事農業工作，以種植小米、雜糧爲主，因此賽夏族人多以米、小米等煮成的軟飯爲主食，另外再以番薯煮湯食用。以前都是用手指抓食，後來隨著漢人飲食習慣的引進，才開始改用筷子進食。副食品包括魚、禽、蔬菜、筍、芭蕉等，平常只吃蔬菜煮湯加鹽，只有在狩獵或祭典時才食用獸禽的肉。

賽夏人因農業生活的基礎，因此有關農事方面的祭典也特別多，如開墾祭、收穫祭等，但最負盛名的當屬每隔一年於農曆10月分舉辦的「矮靈祭」。「矮靈祭」是臺灣原住民祭典中十分特殊的一種，每兩年舉辦一次，在新竹縣五峰鄉及苗栗縣南庄鄉舉行。傳說過去的矮靈祭是爲了慶豐收而舉行的豐年祭，但在賽夏族所住之處，即五峰鄉有身高不及三尺的「大隘族」矮人與他們雜居。矮人善於巫術，也常教導賽夏人種植、看天象等生活必備之事，但矮人常欺凌賽夏人，於是有一次的豐年祭前夕，賽夏人設了陷阱，打算消滅矮人，後來雖計略成功，矮人已全數殲滅，但賽夏人卻不再豐收，災禍頻傳，賽夏人認爲是矮人的靈魂來報復，於是未來的豐年祭中均加上祭祀矮人的儀式，後來便慢慢成爲俗稱的「矮靈祭」。

九、鄒族

阿里山是鄒族的發源地，鄒族又稱爲曹族，主食爲小米。但因迷信而有些食物有食用的禁忌，例如：不吃熊和豹的肉，雞與魚的肉類不能在屋裡食用，並有固定的烹調鍋子，漁具也要收藏在室外的小屋內。

由於東南亞產竹，因此鄒族在竹筒的應用極爲普遍，多用來汲水或盛鹽，而最有名的應算是桂竹筒烤飯。傳說在遙遠的年代，即在漢人尚未登陸臺灣之前，阿里山鄒族人爲了打獵常翻過玉山，足至南投，爲了能享受「有媽媽味道」的便當，特別發明這種可以保存兩週不壞的「桂竹筒烤飯」。

依據鄒族人製作竹筒飯的方式，其過程如下：先砍取一年生的翠綠桂竹竿，頂部開口，把浸水三、四個小時後的米放入一節竹筒，再以青菜塞緊，然後放入火中烤熟。選用桂竹的原因是它的內壁有一層薄膜，烤熟的飯剛好被竹膜包著不會黏手，而且一年生的新竹含有水分與竹香，不會把米烤焦，也讓飯具有香味。這種特殊的烤飯因有竹子與蔬菜塞子等天然植物汁液所含的「抑菌劑」，所以保存期限較長。

十、邵族

日月潭的邵族是臺灣原住民群中人口最少的一族，據統計，約僅剩下兩百餘人，主要集中在德化社。邵族與日月潭淵源已久，傳說邵族的祖先因追逐一隻白鹿，深入群山之中，進而發現日月潭而在此定居。

邵族是所有原住民中最諳「刺蔥」料理的民族，它的學名是「食茱萸」，因其全株布滿尖刺，故俗名又稱「鳥不踏」，可食用的部位爲葉片。最早食用刺蔥者即爲邵族，他們發音爲「打當那」，南投人流行取刺蔥嫩葉裹麵粉油炸、拌雞蛋油煎，都是自邵族處學習而來。另外，當地有一種土產魚類稱爲「曲腰仔」的紅鰭鮊魚，邵語稱爲arozai，意爲「和別種都不一樣的魚」，原產於臺灣和大陸，中國自古以來最推崇的「松花江白魚」就是指牠。又因爲蔣介石總統對其讚美有加，因此又稱爲「總統魚」。另外，還有一種魚也是邵族重要的食物來源，稱爲「奇力魚」，意指「被曲腰魚吃的魚」，邵族人主要用

邵族之原住民菜

來鹽漬，成爲傳統醬菜，但現今多用油炸，成爲日月潭各飯店的一道名菜。

十一、平埔族

平埔族原指的是臺灣十九世紀末，東北部及西部平地地區的十個族群，約有五、六萬人，其中包括：宜蘭的噶瑪蘭、淡水臺北的凱達格蘭族（Ketagalan）、新竹以下的八族。平埔族在漢人移民臺灣之後先後被漢人同化，現在絕大部分與漢人無差異，已被歸入漢人人口中。

日本學者鈴木質先生在原住民的相關研究中，曾提到平埔族的飲食生活。平埔族的主食爲米與番薯，副食品與福建人沒什麼差異，但平埔族人吃牛肉，這一點則不同於福建與廣東的飲食習慣。另外在《噶瑪蘭廳志》中曾提到平埔族人已會利用林投樹來製作筷子。在臺灣早期，更有一些習俗與飲食相關，例如：人要外出吃飯，突然筷子折斷或是碗打破，則表示有不祥的徵兆，最好取消外出的打算，以免大禍臨頭。可見當時平埔族的飲食已有各種不同的禁忌與限制。

十二、太魯閣族

太魯閣族的文化習俗與泰雅族略有相似，也是以小米、玉米、甘藷以及現今的水稻作爲主要糧食等等，並有狩獵和捕魚等經濟活動。但礙於法令限制，狩獵也同樣受到限制。太魯閣族在每年七月小米收割後，會舉辦祖靈祭，主要由頭目或長老商訂時間，當日天未亮時，全社男子均須抵達祭場，每人手持插有黏糕、豬肉之竹棒以奉獻祖靈。待祭典結束後並於當場食用完祭品，且沿途返家時須越過火堆，而與祖靈分離。

十三、撒奇萊雅族

撒奇萊雅族在日治時代日本政府將其列爲阿美族的一支，直到2007年1月17日由官方承認爲第十三個臺灣原住民族。花蓮古稱「奇萊」，奇萊二字是「撒奇萊雅」（Sakiraya）的諧音。撒奇萊雅是阿美族中一個支系的名稱，世居花東縱谷北端，所以此地就以奇萊命名。撒奇萊雅族的主食爲小米，並主要以手就食。在年齡階級祭儀上，「長者飼飯」的祝福典禮爲撒奇萊雅族所特有。其他祭典則有播粟祭、豐年祭、獵首祭等。

十四、賽德克族

賽德克族分布在南投縣仁愛鄉，以濁水溪上游一帶爲腹地，並建立七個村十二部落，在1930年日治時期爆發抗日事件，最有名的「霧社事件」便是發生在此。在2008年4月，賽德克族正式正名成爲臺灣原住民第十四族。賽德克族主要以臺灣中部及東部地域爲其活動範圍，約介於北方的泰雅族及南方的布農族之間。賽德克族的主要作物中，主要爲小米（macu）及黍米（baso）；祭典中以播種祭、收穫祭、捕魚祭等最爲有名。

十五、拉阿魯哇族

分布在高雄市桃源區高中里、桃源里以及那瑪夏區瑪雅里，約計有四百人。相傳拉阿魯哇族人原居地在東方Hlasunga，曾與矮人共同生活，族人離開原居地時，矮人贈以一甕聖貝，族人亦如矮人般舉行「聖貝祭」（miatungusu）。祭儀最重要的部分是「聖貝薦酒」儀式：將聖貝浸在酒裡，察其顏色變化，如果變成紅色意味祭典圓滿成功。

十六、卡那卡那富族

分布在高雄市那瑪夏區楠梓仙溪流域兩側，現大部分居住於達卡努瓦里及瑪雅里，人口數約有五百二十人。卡那卡那富族的社會組織以父系爲主，祭儀活動則以「米貢祭」與「河祭」爲主。

第五節　地方飲食文化

臺灣目前有六個直轄市（臺北市、新北市、桃園市、臺中市、臺南市、高雄市）、十一個縣、三個市，雖說幅員不大，但經過人民的努力，加上政府近年來致力推動一地方一特色，使得各縣市找出自己的文化，在飲食方面的推廣上更是不遺餘力，如白河蓮花節、官田菱角節等，展現出極強的地方風味；以下我們將深入淺出，針對各縣市的飲食文化一一陳述介紹（**表3-4**）。

表3-4　臺灣各縣市小吃、特產一覽表

縣市	小吃	特產
宜蘭縣	卜肉、糕渣、一串心、魚丸冬粉	鴨賞、膽肝、金棗糕與李仔糕、蘇澳羊羹、宜蘭餅
花蓮縣	液香扁食	花蓮薯、花蓮麻糬、玉里羊羹
臺東縣	池上便當、卑南豬血湯、鹹米苔目	柴魚、金針、洛神花、釋迦
屏東縣	萬巒豬腳、客家肉圓	櫻花蝦、黑鮪魚、油魚子
基隆市	天婦羅、鼎邊趖、八寶冬粉、一口吃香腸、炸三明治、泡泡冰、紅燒鰻羹	李鵠糕餅（綠豆沙餅、鳳梨酥）
臺北市	蚵仔煎、大餅包小餅、廣東粥、士林大香腸	士林小刀、士林黑豆乾
新北市	金山鴨肉、淡水魚丸、阿婆鐵蛋、阿給、深坑豆腐、九份芋圓	紅龜粿、鄧麗君餅
桃園市	石門活魚	地瓜餅、大溪豆乾、龍潭軟花生糖
新竹縣（市）	米粉、貢丸、肉圓	竹塹餅、東方美人茶
苗栗縣	客家菜	肚臍餅
臺中市	臺中肉圓、大麵羹、石岡活魚、谷關鱒魚	太陽餅、鳳梨酥、一心豆干、草湖芋仔冰、大甲芋頭酥、梧棲鹹蛋糕
南投縣	竹筒飯、炸奇力魚、總統魚	阿薩姆紅茶、竹山番薯、百香果
彰化縣	貓鼠麵、蚵仔煎、蚵嗲、北斗肉圓	鳳眼糕、豬油桲、雪片糕、綠豆椪
雲林縣	丁科魯肉飯、暗缸擔仔麵、北港祥蝦仁飯	麻豆文旦、溪洲土豆、西螺醬油、北港花生、凸餅、古坑咖啡
嘉義縣（市）	雞肉飯、奮起湖便當、東石蚵卷	新港飴、山葵醬、方塊酥
臺南市	筒仔米糕、紅蟳米糕、肉粽、狀元糕、土魠魚羹、旗魚羹、虱目魚羹、鱔魚麵、煙腸熟肉、棺材板、碗粿	愛玉凍、蜜餞、煙燻滷味
高雄市	岡山羊肉爐、美濃粄條	鳳梨黃豆醬、甲仙芋仔冰、岡山豆瓣醬
金門縣	鹹粥、沙蟲、高坑全牛餐	貢糖、金門高粱、牛肉乾、魷魚絲、一條根、一口酥、鋼刀
馬祖	光餅、蚵餅、白丸、魚麵、鼎邊糊	馬祖酥、芙蓉酥、馬祖老酒、大麴酒
澎湖縣	澎湖絲瓜、海鮮	鹹餅、黑糖糕

一、宜蘭縣

(一)歷史背景

宜蘭與花蓮同屬於東部，也同被稱爲後山，是當時的化外之地。宜蘭早期稱爲「噶瑪蘭」，其音來自平埔族的噶瑪蘭族，又稱爲「蛤仔難」或「甲子蘭」，在清朝的移民開墾之前，這塊地已有人居住，平地爲平埔族，山區則爲泰雅族。宜蘭因地理位置特殊，正逢東北季風的風口，加上平原周邊都是2,000公尺以上的高山，所以雨量很豐富，物產富饒。

(二)飲食特色

宜蘭因爲地理環境的優勢，享有特產四寶：「鴨賞、膽肝、金棗糕與李仔糕、羊羹」。另外，卜肉、糕渣、一串心等都是宜蘭的特色小吃，近年來還流行魚丸冬粉，是與其他地方截然不同的體驗。約2011年左右也開始出現「宜蘭菜」一詞，試圖區隔與其他縣市不同的飲食特色。

宜蘭著名小吃——糕渣

糕渣的由來

一說是三十年前，一家旅社所附設的餐廳中，一名福州籍的廚師所發明的一道名菜，當時稱為「鍋炸」。製作方法是以雞肉剁成泥，加上醬油、味精和麵粉攪拌成漿，待冷卻成為半固體後，再切成長條狀裹粉後下鍋油炸。要與芫荽（香菜）一起食用，後人為紀念「鍋炸」的盛名，加以改良，有用豬腦取代雞肉泥來製作。

另一說則提到糕渣的原名為「鍋渣」，是宜蘭早期的農村婦女利用年節時將烹煮雞鴨等祭品所剩餘的高湯，加上鮮蝦、太白粉及雞蛋，經攪拌、冷藏後，再下油鍋炸所製成的。

雖然兩種做法有些許不同，但基本操作仍有許多雷同之處，現今主材料甚至選擇蝦仁或雞肉，而且有一共同之處是「外冷內熱」，吃的時候要特別注意，別被燙口。

二、花蓮縣

(一)歷史背景

花蓮縣與臺東縣一般總稱爲東部，清代時被稱爲後山。因爲中央山脈的阻隔，所以花蓮是臺灣最晚開發的縣市，過去一直被視爲化外之地。由於東部人口非常稀少，到處雜居阿美族原住民，所以花蓮在臺灣自成一個新天地，不僅是人文部分，連自然景觀均獨樹一格；花蓮太魯閣自早期即是臺灣天然資源的奇特代表，更成爲國內外遊客觀光的熱門景點。而飲食文化亦較其他縣市有所不同。

(二)飲食特色

花蓮最有名的小吃，當是被取名爲「御廚房」的「液香扁食店」，因爲這是蔣經國先生在生前多次走訪的小吃店。老闆提到扁食要好吃的唯一祕訣是：「餡的肉要鮮，要勤於攪拌。」

花蓮有名的特產——花蓮薯和花蓮麻糬，是觀光客每到花蓮必買的特產食品。花蓮薯原爲原住民的一種點心，日治時代因經濟惡劣，米、麵粉短缺，有人將其做成餅狀，以爲主食。後來日本技師小川將製法加以改良經烤焙，並研究其水分含量、烘焙時間，使其成爲現今可保存較久的產品，後來日人大源先生便將其稱之爲「花蓮薯」，並沿用至今。花蓮麻糬的祖先是「阿美麻糬」，阿美族語則稱它爲「杜倫」（dulun）。後來光復前有一位糕餅名師「阿發師」改良原有的阿美麻糬，加上一些佐料，如花生、紅豆等，使粟米餅得以長久保存，卻也成爲後來花蓮的一道名產，而且聞名遐邇。

花蓮曼波魚料理

三、臺東縣

(一)歷史背景

臺東原稱爲「寶山」，又稱爲「卑南覓」，是原住民六族居住的地方。在清道光年間即被開墾，直到清光緒14年（西元1888年）才改爲臺東直隸州，包括臺東及花蓮兩縣，日本統治時期才設臺東廳，與花蓮有所區分。臺東縣的人口，漢人占有七成，其餘三成爲原住民。另外，也因臺東的池上鄉位於卑南溪與秀姑巒溪的上游，東爲花東海岸山脈，西爲中央山脈，天然環境造就稻米的高品質。

(二)飲食特色

臺東的物產富饒，「池上便當」名聲遍及全國，其間的沖積平原即是孕育「池上米」之所在，因此有「西有西螺米，東有池上米」之美譽。

臺東小吃的「卑南豬血湯」遠近馳名，連不敢吃豬血的日本人，卻也稱「臺灣的黑豆腐」好吃。鹹米苔目是臺東道地的小吃，在中、南部的農村中最爲常見，通常是在夏秋農作收割之際食用的冰品，後來從中、南部移民過來，再將這道家鄉小吃改良，加上豆芽菜、韭菜花、芹菜及成功鎭特有的柴魚一起煮，有時還會加上肉燥增加香味，而成爲當地主食的一種了。柴魚、金針、洛神花、釋迦等皆是非常具有當地特色的特產，只是要記住，如果買了釋迦可千萬不要供奉佛祖，因爲它的名字即是取其形狀而冠上釋迦牟尼的稱謂，所以成了祭拜習俗上的禁忌。

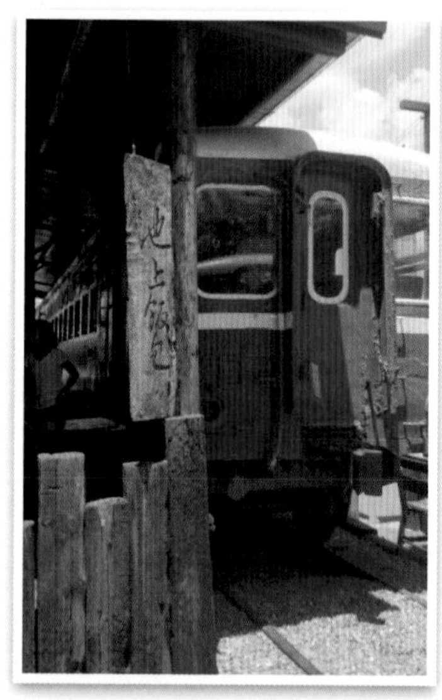

池上便當源自台東縣池上鄉

四、屏東縣

(一)歷史背景

屏東市本名為「阿猴」，因其位在翠屏山之東面，所以在日據時期才被改名為屏東，當時自大陸移民來此開墾者主要是福建漳州人。屏東擁有閩南、客家、排灣與魯凱的四族文化，閩南人是最早移墾屏東的漢人，但卻不像客家六堆文化形成強烈的「六堆」生活聚落。屏東的飲食也因此各自發展出自家的閩南小吃與客家菜，各有特色，亦無排擠效應。

(二)飲食特色

屏東的「萬巒豬腳大王」是在民國35年由林海鴻先生挑扁擔沿街叫賣所打的天下，據說當時的林先生只是在萬巒市場門口擺麵攤的小

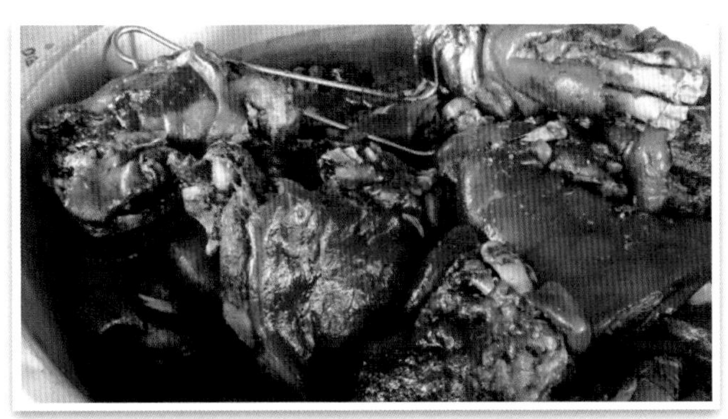

創立於民國35年的海鴻飯店之萬巒豬腳

販，後來在友人的慫恿下，才零售豬腳生意。後來因他對配料的研製及豬腳的選購有他的獨特之處，所以很快就名揚各地，現在「海鴻飯店」已傳到第三代。

東港有三寶：櫻花蝦、黑鮪魚、油魚子。近兩年因政府的大力提倡宣傳，阿扁總統扛著黑鮪魚的照片還記憶猶新，使得「黑鮪魚文化觀光季」名氣扶搖直上，有人說「黑鮪魚是魚肉中的勞斯萊斯」。

客家肉圓在屏東亦吃得到。客家肉圓做法與一般的不同，它的主要材料是用與面帕粄相同的米漿，內部包上炒熟的碎肉與香料，放入蒸籠蒸熟，吃的時候要先放入開水燙熟，再加上大骨湯汁，湯內要加些蒜頭醬油與碎芹菜，便大功告成。

五、基隆市

(一)歷史背景

基隆是臺灣最北的一個城市，大多數的人都知道基隆是由「雞籠」的音更名得來。殊不知當時臺灣巡撫劉銘傳苦心經營這個大港，認爲雞籠二字太過粗俗，因此就「基地興隆」四字更名爲「基隆」。

(二)飲食特色

廟口小吃可說是基隆的代表作，甚至有云：「到基隆不吃廟口小吃，等於沒到過基隆。」基隆廟口這座廟稱為奠濟宮，又稱開漳聖王廟，即供奉漳州人宗教信仰的守護神——唐代開漳勇將陳元光，一直延續至今。

基隆小吃，從日治時代即開始有人經營。天婦羅、鼎邊趖、八寶冬粉、一口吃香腸等都是廟口小吃的極品；其他如炸三明治、人滿為患的泡泡冰、紅燒鰻羹等也都是廟口搶手的小吃。基隆以港口著名，自然「海鮮」是當地飲食中的主流，碧砂漁港可提供各式的海產料理。

位於仁三路的李鵠餅店已有一百二十年的歷史，據說餅店的祖先來自廣東梅縣，起初是以綠豆椪開啓市場的知名度，鳳梨酥則是後起之秀，草莓酥、蔓越莓酥則是口味的新研發。

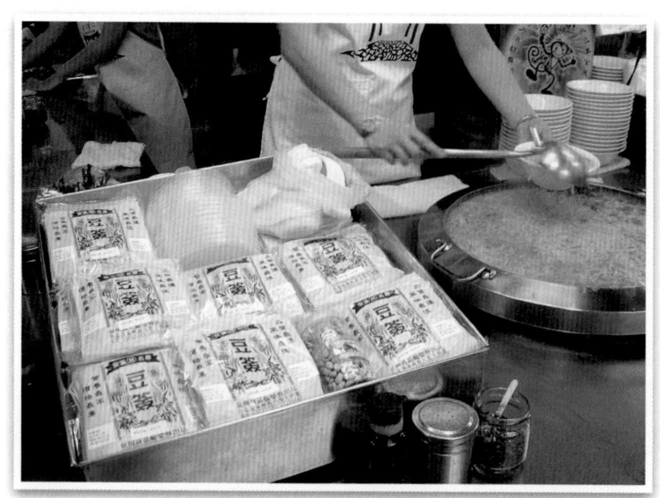

基隆小吃——豆簽羹

六、臺北市

(一)歷史背景

臺北最早期的繁榮區應是衆所皆知的「大稻埕」，位在今日大同區，以前的名字爲奇武卒，是屬於平埔番的一個族居住的地方。這個番社的平埔族在清代時即過著農耕生活，由於當時空地很多，人們常利用大的空地曬稻穀，因此慢慢的就被稱爲「大稻埕」了，這名稱是從清道光開始有的。到了清代末期，英國人來臺灣，一定要喝茶，因此到處茶行林立，大稻埕遂一時成爲一個洋場。

現今的「迪化街」，當時熱鬧的程度排名第二，在日治時代，迪化街已是全省中藥商和食品商的大盤集中處。

(二)飲食特色

日本統治下的臺北，酒樓宴席是當時飲食文化的主流。那時候臺北最大的酒樓就是「江山樓」、「蓬萊閣」，所服務的客人以日本人及茶行老闆爲主。當時一桌菜約十五圓，而大學畢業生的月薪爲八十圓，可見當時酒樓的奢華。

臺北近代的新飲食文化，可以夜市文化爲代表，如士林、萬華及饒河街夜市。士林舊稱八芝蘭，在清朝末年，緊臨基隆河的大南路路口其實是個渡船頭，時間久了，大南路周邊形成市集，攤販林立，在陽明戲院旁的位置，還曾是修船的船塢。到了1959年，士林鎮公共造產委員會爲增闢財源，於是向士林寺廟委員會洽商，租得慈諴宮附近土地並改建爲士林商場，以收取攤販租金，此即爲士林夜市的由來。士林夜市內的蚵仔煎、大餅包小餅、廣東粥及士林大香腸等都是屬於

士林夜市一景

膾炙人口的著名小吃。士林的名產很多，除了小吃，還有芝山岩四周產的蓮藕、田雞及鮮魚等。士林小刀則名聞全臺，原名「八芝蘭小刀」，由鐵匠郭合創製，其刀柄是用兩片水牛角外面鑲銅片製成的，相當獨特，只是目前也僅存一家。

清代時期的松山是「饒河街夜市」的前身，因爲過去大陸來臺的船隻，經常由淡水直駛基隆河到達松山做買賣，當時因生意交易熱絡相互輝映下，成爲笙歌鼎沸的「小蘇州」。到了日據時代，饒河街已設有各式的老店，如老德記麻油店、老興盛布店、王振玉香鋪等，歷史十分悠久。

舊籍對臺北飲食文化的介紹（1967年）

林衡道先生與陳梏頭先生的對話：「臺北大稻埕南街（即今之迪化街）葉順吉、寶香齋兩糕餅店的綠豆糕、酥餅、禮餅做得很好，因而馳名遠近。江山樓的金錢蝦、東薈芳的脆皮雞都是名菜。普通矸仔店（食品店）所售的宴席用白麻姑、竹笙、于肉等，也都算是美味可口的食品，可是近年這些東西在臺灣已經買不到了。」「日本人的酒樓館子很多。臺胞所開館子，大稻埕方面當推江山樓和春風得意樓。江山樓的房屋，現在還殘留於延平北路的東方。春風得意樓在現延平北路永樂市場入口附近，後來才改名為東薈芳。淡水黃東茂後來經營蓬萊閣，這蓬萊閣，不久又易手歸於大稻埕茶商鉅子陳天來之所有。現存於南京西路的徐榜興外科醫院大廈，那就是陳家經營時期的這蓬萊閣菜館的巨大房屋。」、「……當年江山樓、東薈芳，一桌酒席約值十圓至十二圓之間，一般平民是不敢隨便進去的。次一等的菜館，計有艋舺平樂遊、大稻埕四海樓等處。平樂遊地址在現時桂林路西昌街口附近，四海樓在現圓環周邊。四海樓最好的宴席，一桌只須四圓。該樓另有一桌二圓五十錢的經濟酒席，也是全雞全鴨的，這才算是比較大衆化的享受了。日本菜館太不經濟，當時一般臺胞多不敢問津，但也有一種平民化的日本菜——ホゼンメシ（客飯類），一客只售二錢，頗受大衆的歡迎。」

資料來源：林衡道、陳梏頭口述（1967）。

七、新北市

(一)歷史背景

新北市是全國人口最多的縣市，涵蓋範圍自北海岸的金山、萬里至東北角的九份，還有深坑、平溪、新店、烏來、新莊、三重等地，可說極其廣泛。新北市開發較晚，依漢人移民的立場來看，漢人開發在新北市的最早落腳處是八里區；但依外力介入的角度來看，明末時期的淡水紅毛城，無疑是新北市開發最早的城鎮。

新北市的區域分布廣泛且零散，不像臺北能夠集中一區，因此各地物產之豐富性不盡相同，也各有特色。如日治時代，九份的商業經濟旺盛，曾有人用「上品送九份，下品送臺北」來形容當地的消費力強；三峽與鶯歌也因染布業與陶瓷業的興盛，在當時亦為新興都市。

(二)飲食特色

歷史悠久的淡水阿婆鐵蛋、阿給、魚丸；近年來被稱之為怪店，需要自行取菜、端菜的金山鴨肉；一旁是海鮮食材供應選購，購買食材後須自行交給僅負責烹煮餐廳的富基漁港海鮮；各地擁有加盟連鎖店的阿婆九份芋圓；自茶葉生產轉型成功的坪林茶餐；深坑老街的豆腐等等，都是各具地方特色的飲食，配合各地老街的整合，也為當地帶來不少的收益。

淡水魚丸老店

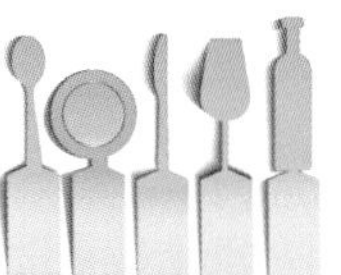

淡水阿給的由來

阿給是日本人占據臺灣，富官人家的早餐。過去日治時代，淡水有一位在日本官家幫傭的婦人，在日本投降後失業，想起過去日本人曾教她製造油豆腐的方式，便在淡水媽祖宮前開始販賣。有人向這位婦人學到製作的技術，於是便開始在淡水流傳開來，但當時這個食物並沒有名字。

後來有一次一位淡江大學的學生突然詢問老闆有關這個食物的名字，老闆笑說沒有。後來這位學生想起媽媽曾說油豆腐的日語為「油揚げ」，發音為「阿不拉阿給」（あぶらあげ），因此就自行稱呼其為「阿給」，也成為這個油豆腐的招牌名字了。

八、桃園市

(一)歷史背景

桃園早在明末鄭成功收復臺灣並派兵進駐南崁時，即已開發。因爲過去從南部北上須走內陸至南崁，再自此處搭船至基隆、淡水等地，所以當時爲了控制南北交通要道，此「出海口」被管制嚴格，當然開發也較早。

(二)飲食特色

桃園大溪最爲聞名遐邇的是黑豆乾。追溯其源頭，據萬里香老闆江宗萬先生的說法，黑豆乾創始於福建漳州的林絨老先生，他是在1863年渡海來臺定居，因家中無人繼承其製作豆乾的技術，因此將此法傳承給鄰居江序食先生，即萬里香的第一代老闆。而同樣在大溪享有盛名的黃日香與黃大目，據瞭解其技術則是由一位住在下街的婆婆所傳授，而黃日香與黃大目也有著密不可分的親戚關係，至今亦有近八十年的歷史。

大溪除了豆乾的香，還有他們的麵及永珍香地瓜餅是值得品嚐與回味的。石門水庫因水深域廣，是淡水魚繁殖的極佳場所，所以其活魚都十分肥美也不含泥腥味，因此桃園的石門活魚享譽已久，早期原有的活魚三吃也已開發成六吃、九吃，甚至二十吃、二十五吃，可見中國烹調的博大精深與複雜性。

桃園除了著名的客家菜、特產值得品嚐外，當地也有一項著名特色產品，即「軟花生糖」，它是由麥芽糖延伸而來，並且改善了麥芽糖黏牙不方便食用的缺點，使得這項名產也成爲家喻戶曉的茗點。

九、新竹縣（市）

(一)歷史背景

新竹的紅毛港是當地最早開發的地方。明朝末年西班牙占領臺灣北部時，便在新竹縣新豐鄉開闢一個港口，而因爲新竹風大，特別在港口旁種植一片樹林來防風，之所以取名爲「紅毛」港，也是因爲此港口由隨之而來的荷蘭人占用而取名。這個地方後來清一色移民均爲客家人。

新竹市舊稱竹塹，是平埔族竹塹社的故地，所以整個新竹除了平埔族人外，新移民者還包括了王世傑這一批泉州人與客家人。新竹飲食特色自然涵蓋了這些移民者所帶來的飲食行爲與內容。

(二)飲食特色

新竹城隍廟的小吃遠近馳名，而這座廟是在乾隆13年（西元1748年）創建，現在想要品嚐道地的新竹米粉、新竹貢丸，只要來到廟

新埔柿餅製作一景

口，就如同基隆廟口一樣，絕對可以滿足饕客的口腹之慾。

住在臺灣的人們幾乎躲不過新竹米粉的飲食文化洗禮；而新竹的海瑞貢丸更爲當地帶來不少的「外匯」收入；肉圓的獨特也創造另一種飲食風格；歲時節令的竹塹餅更爲老新竹人留下片片思鄉情愁。新竹的特產小吃，內涵與外在著實豐富。

其他如新埔的水煙腸、粄條與柿餅，關西的桔醬與仙草，北埔的番薯餅與芋頭餅等，都是極具客家風味的特產。

十、苗栗縣

(一)歷史背景

苗栗原名「貓狸」，意即平原，同樣是原住民平埔族之音譯。隨著漢人與客家人的移入開墾，原住民同胞一部分逐漸被漢化，其他人則走入山林，尋求另一片天。早期的臺灣平原開發中，客家人占總移民人口的第三位，僅次於漳州、泉州人，所選之地以桃竹苗居首。當地的飲食主要源自客家族群的移入，泰雅與賽夏兩族的飲食則較少影響到漢人。

(二)飲食特色

苗栗是客家族群的大本營，客家人當初渡海來臺多因環境所迫，所以自奉儉樸，絕不隨便浪費食物。

因客家人向來以務農爲生，由於須大量消耗體力，因此客家菜的口味極重，以「鹹、香、肥」著稱，以補充工作者需要的鹽分、水分及體力。另外也爲了能下飯，多吃一點，帶酸味的菜也很多，以便開胃，例如：鹹菜、梅乾菜、醬瓜等各種醃漬蔬菜。其中以曝（覆）菜最爲有名，故總統蔣經國先生在品嚐覆菜後，命名爲「福菜」，表示據有福氣之菜，而「福」之音也與「覆」音十分相近；梅乾菜的做法類似，但梅乾菜曬乾後須蒸熟而後供烹飪。

客家餐廳有許多著名的菜餚，如薑絲大腸、鴨血、客家小炒等，也希望在近幾年族群融合與重視少數族群的重新思考後，大家能對客家人、客家菜，甚至客家文化有嶄新的認識。

客家菜風味

菜包：眾菜總包，故名菜包。外皮為糯米、在來米對半，加上少許的蓬萊米。其內包蘿蔔絲、豆腐乾、蝦米及香菇等，著名的如中壢市的劉家菜包、三角店菜包。

粿粽：又名「粄粽」，是用三分之二的糯米加上三分之一的蓬萊米磨成漿，壓乾，經多次搓揉，做成外皮。內包碎肉、蘿蔔絲、蝦米等。

紅粄：一半糯米、一半粘米，搓揉方式與甜粄一樣，只是紅粄加上大紅。內部包紅豆沙，後用模子印好蒸熟，本省人一般都稱為「紅龜粿」。

薑絲炒大腸：將豬大腸洗淨處理後，以薑絲用大火炒之。

米篩目：又稱「米苔目」，用粘米及太白粉各一半做成。夏天食用，可加糖水、冰塊成為冰品；若加肉絲、豆芽、韭菜等煮成湯品可做正餐用。

資料來源：林柏燕編（1997）。

十一、臺中市

(一)歷史背景

臺中縣原隸屬彰化縣，清光緒13年（西元1887年）在劉銘傳的安排下才成爲臺灣省會，是當時的政治權力中心，後因許多的經濟因素，才又改爲臺中縣。但2010年12月因五都劃分已與臺中市整合。

臺中市舊名大墩，明朝末期是平埔族岸里社及貓霧捒社的舊地，林木蒼綠、麋鹿奔竄。漢族移民，於乾隆年間在犁頭店（今南屯）聚居，並陸續形成大墩街、三十張犁、四張犁、西大墩等聚落。平埔族人不是被漢化，即移居埔里（賴順盛、曾藍田，1989）。舊名「大墩」是在清雍正11年（西元1733年），設巡檢署於此，街屋沿著現今臺中公園向南延伸的小丘而築，故稱「大墩街」，也是舊名的由來（臺中市政府全球資訊網，2002）。

(二)飲食特色

在《臺中縣口述歷史》中有一段提到：「清光緒23年，當時的梧棲大陸貨船一進港，彰化、臺中、豐原、新竹一帶的生意人，都來梧棲提貨，以魚、雜貨和藥材爲大宗。」可見當時梧棲港的重要性，許多的食材也藉由此處繁榮當地的飲食生活。

臺中有許多著名夜市，如中華夜市、忠孝夜市、逢甲夜市等，賣著著名小吃如臺中肉圓、蜜豆冰、臺中大麵羹。在特產方面則有臺中太陽餅、鳳梨酥、一心豆乾等。陽羨春水堂的泡沫紅茶也是臺灣的開山始祖。此外，麻芛湯，可製成食用的點心，在全臺灣更是僅臺中人在吃的特殊地方飲食。

此外，臺中市郊區則有石岡活魚、谷關的鱒魚三吃、草湖芋仔冰、大甲芋頭酥及梧棲的鹹蛋糕，特產多得不勝枚舉。

十二、南投縣

(一)歷史背景

南投是臺灣唯一不靠海的城市，南投縣因山岳重疊，早期有「山岳縣」之稱，是泰雅族及部分平埔族的聚居地。在清代中期以前，由於它的高山峻嶺，漢人一直採「據點式」的開墾，直到光緒年間，才漸漸由點至面全面式進行開墾。南投的地理環境與過去原住民在南投聚居的歷史，都對南投的飲食習慣與食材的應用有深遠的影響。

(二)飲食特色

南投的特色小吃似乎可以代表南投的開發史，從現在的飲食可以約略窺知早期原住民生活的蛛絲馬跡及背後所蘊含的歷史意義。如來自阿里山鄒族的竹山竹筒飯、來自邵族的炸奇力魚與總統魚等。

南投埔里出產米粉，也叫作「水粉」。另外，埔里最具特色的野菜是「刺蔥」，也來自邵族的創作料理。埔里的紹興酒廠，也因愛蘭山泉終日汩汩而流，水質甘甜，使得當地的紹興酒遠近馳名。

竹山的甘薯亦是赫赫有名，在路邊隨時可見煮甜番薯和甘薯包的店家，因爲當地的紅番薯生長在山區，肉質呈紅色，香甜好吃，所以也有人稱煮甘薯爲「透天香」。

臺灣顯少有人知道日月潭也產紅茶，其所產的阿薩姆紅茶品質極高，茶包即使久泡在水裡亦不會苦澀。1925年12月，日本人首先自印度阿薩姆省引進茶種，在魚池鄉試種成功，成爲日月潭最出名的特種茶。原本政府計劃利用此栽培成功的阿薩姆紅茶打開國際市場，無奈碰到中日戰爭，計畫遂告停止。但目前茶葉改良場仍在當地繼續阿薩姆紅茶的

2014日月潭紅茶文化季海報

研究工作。南投縣政府也在近幾年推出「日月潭紅茶文化季」。

十三、彰化縣

(一)歷史背景

彰化縣之縣治彰化市，清朝時爲臺灣中部之政治中心。鄭成功收復臺澎時，對岸的福建漳、泉二州，就開始有商船不時往來鹿港貿易，直到航運暢通，商旅齊來之際，當時鹿港的優越地位，顯超越所屬的彰化縣，儼然成爲一個獨立的貿易中心。當時更有「一府二鹿三艋舺」之稱，地位僅次於臺南，因此談起彰化的歷史，鹿港不可忽略。

當時，臺灣民間的日用品如綢緞、布疋、紙張等無一不仰賴大陸泉漳各地供應，鹿港便靠此扮演互供有無的角色。鹿港在商業貿易上與臺南相同，一樣有行郊的制度，在嘉慶年間便已發展出八個行郊單位。同一行業聚集在同一條街的商業習慣，也同樣出現在鹿港，如過去有米市街、草仔街、豬仔街、菜市頭街、魚埔街等街名。

(二)飲食特色

早期鹿港有所謂的八個「郊」，當時這些郊的老闆都是從大陸來的商旅，由於不習慣當地的飲食，因此到外地貿易的時候，都會隨身攜帶一、兩個專門廚師（臺灣話稱爲「刀煮」）負責飲食的調配。這群老闆的日常飲食，除了有三十六大菜、二十四大菜或十二大菜之分，更講究的，一餐還有一百零八道菜的紀錄，因此這些專任廚師都練就出一身好功夫。後來鹿港的商業價值逐步淡去，這些「刀煮」也流落在市井之中，幹起刀鍋生活，使得鹿港小吃具有特殊色彩，其中以海鮮類、夜市小吃及茶點最爲出色，如腸詰、雞絲麵、貓鼠麵、北斗肉圓及鹿港奉天宮前的蚵仔煎與蚵嗲等都爲特色小吃。

貓鼠麵的由來

貓鼠麵並非用貓肉或鼠肉調製而成的麵食，據說是創始人陳木榮先生天性頭腦靈敏，做事機靈，所以有個「老鼠仔」的綽號，賣麵後，麵的名稱自然就被稱為「老鼠麵」了，而貓鼠麵是用閩南語發的音。

另外有一個傳說，是說這位陳先生因為在端麵的過程中，為應付滿堂的客人，因此速度極快，如同老鼠般穿梭在客人之間，因此賣的麵就稱為「老鼠麵」。

鹿港糕餅老店——玉珍齋

中山路的「玉珍齋」在漫長的興衰消長中扮演了鹿港歷史的重要角色。根據文獻記載，鹿港先民來自福建，福建向以產茶出名，而且自五代、南宋以後，文化極高，有「海濱鄒魯」之美稱。福建人品茶亦十分考究，因此典型的鹿港人家招待客人均十分考究茶道，造就鹿港的茶點精緻聞名。當時的開山祖師，首推七十年前來自泉州潯埔的唐山師傅——鄭槌。鄭槌在當時將家鄉的拿手絕活搬到鹿港，使得鹿港茶點能享有半世紀的盛名，而其中就以玉珍齋的鳳眼糕、豬油柣、雪片糕及綠豆椪最出名。

十四、雲林縣

(一)歷史背景

雲林縣是臺灣開發最早的地方，早在顏思齊登陸笨港之時便開始。雲林地名，先是指林圯埔，後來指的是斗六街。光緒12年（西元1886年）新設雲林縣，縣治設於雲林坪，故取名雲林縣。

大陸的移民後續在雲林的各鄉鎮慢慢地開拓出他們的勢力。雲林西螺鎮的居民以大陸漳州後裔最多，斗六市一樣是漳州移民的大宗，因此整個雲林的飲食受到漳州移民的影響很大，從廟口小吃可以看出每家擁有的都是幾十年的老字號。

(二)飲食特色

雲林的小吃以廟口爲主，北港朝天宮四周有些當地的著名小吃，例如：丁科魯肉飯、暗缸擔仔麵、廟口的北港祥蝦仁飯等，都是二、三十年的老字號。

特產則包括「古坑筍」、「麻豆文旦」、「溪州土豆」、「北港凸餅」、「西螺醬油」、「古坑咖啡」等；另外，如西螺所生產的豆腐乾、豆腐皮、番薯粉等也以特具美味而聞名。探究其原因，主要是因爲西螺的水來自濁水溪，雖然濁水溪是以溪水混濁而得名，但奇怪的是，流經西螺的這一段水質特別清澈，因此食物才會特別好吃。過去還有一種迷信提到，痲瘋病人在此溪中浸泡，病便會馬上痊癒，可見其水質之好。

吃鱉的天文仔舍

在斗六有一個與吃有關的傳說，以前有一位大地主名叫作天文仔舍，十幾歲時即父母雙亡，留下一大筆遺產。有一天算命先生告訴他，算定他無法活過那一年，他傷心欲絕，便決定要好好揮霍龐大的家產。但因為他是鄉下人，什麼都不懂，不得已只好去請教別人如何花錢。有人告訴他，鱉是天下最好吃的東西，他就拚命收購鱉，結果滿屋子都是鱉，連出門用的轎子也被爬得滿滿的。結果他一年沒死、兩年沒死，還活到了七、八十歲，但因為他揮霍無度，弄得家產盡空，淪為乞丐。所以直到今日，雲林地方上為人父母罵小孩子浪費，還會時時用「你將來會變成天文仔舍」的俚語。

十五、嘉義縣

(一)歷史背景

嘉義市原名諸羅山，1622年福建省漳州人顏思齊率領移民自笨港登陸臺灣，就選定此處從事開墾定居，也就此開創中華民族在臺灣的基業。在日據時代，日本人開發了阿里山的林業與嘉南平原的糖業後，進而將嘉義當作產業都市，所以當時嘉義的貿易地位也很重要，1923年，嘉義市名列臺灣第四大都市，僅次於臺北市、臺南市及基隆市。

(二)飲食特色

嘉義小吃多與歷史有關，且富家鄉風味，例如雞肉飯、阿里山竹筒飯、竹雞、雲筍、山羌肉等風味餐等等。自從阿里山成爲國際性觀光旅遊區之後，嘉義小吃更因此傳播開來，車站與文化路夜市均爲首要的小吃區；而嘉義縣的「東石蚵卷」也是名聞全省的嘉義菜。

嘉義噴水雞肉飯

如同臺中太陽餅的名聲，嘉義也出產了「方塊酥」這種老少咸宜的食品。嘉義的方塊酥最早是由一位馬拉松長跑健將黨長發先生所開發出來的食品，當時他原本與妻子在賣「圓燒餅」，後來由圓燒餅研發出現在的方塊酥，因其形狀像方塊因而取名；又因為他們兩位均信仰耶穌基督，感謝上帝賜給他這份恩典，所以後來就改名為「恩典方塊酥」。另外新港鄉的新港飴也是名產之一。

十六、臺南市

(一)歷史背景

臺南舊稱府城，自明末漢人移入後，府城即開始有對外貿易，初期都是一些非正式的走私，直到明穆宗隆慶元年，朝廷准許閩粵商人來北港，府城與閩粵的通商才算正式展開。

在當時，漢人多以米、糖與平埔等族的鹿皮、山產等物作為交易的物品。府城的貿易風風雨雨，也歷經荷蘭人的侵占，直到鄭成功入臺灣後，擊退荷蘭，商業貿易才漸形擴大。在文獻上，府城市街以行業命名的，在飲食方面有米街、番薯寮街、豆簽巷、米粉間、鹹菜巷、伏苓膏街、麻糬巷、油行街等。

(二)飲食特色

說到臺南，便想到臺南小吃。臺南人喜好用在來米、蓬萊米、糯米作原料，或煮，或烹，或磨成粿，再做成各式的點心，如筒仔米糕、紅蟳米糕、肉粽、狀元糕、鼎邊趖、碗粿、擔仔麵、豆簽、麻糬、杏仁豆腐、愛玉等；還有關帝廟口的肉粽也是當地名食。

府城因為多漁產，常捕獲的漁撈有土魠魚、旗魚、皮刀魚、烏魚等，養殖魚類有虱目魚等，都是當地人們製作點心的材料。如土魠魚

常常需要大排長龍的台南早餐牛肉湯

羹、旗魚羹、虱目魚羹、魚丸湯、鱔魚麵等。臺南在地人多用豬肉與內臟爲主材料，以煮、燉、蒸等方式做成點心，如煙腸熟肉、肉包、香菇肉羹、沙鍋鴨、棺材板等。被視爲早餐的牛肉湯也成爲觀光客爭相嘗試的小吃。

度小月的由來

在清末據說府城有個名叫洪芋頭的人，以撐小船搬運貨物維生，當時的西城外有內港可通外海，但每到風雨季節，船舶往來稀少，進入了淡季，芋頭便入不敷出。芋頭的母親在當姑娘時即拿手烹調肉燥拌麵，芋頭也頗得母親真傳，時露兩手。於是親友便慫恿芋頭以家傳肉燥拌麵貼補家用，於是他便挑了一擔麵至水仙宮前試賣，沒想到一炮而紅，食客即使蹲在擔仔旁食用，也不以為意，到了深夜客人更多，因此索性吊起一盞紅燈籠，又因賣麵不過是為度小月（淡季），所以後人就稱之為「度小月擔仔麵」。

臺南蝦仁飯

臺南度小月擔仔麵

十七、高雄市

(一)歷史背景

在兩百年前，高雄當地住著一群平埔族人，爲抵抗外敵，因此在四周種竹，而該族竹子的發音爲TAKAU，漢人也就音譯爲「打狗」、「打鼓」來稱呼這個地方，直到1920年才稱爲高雄。2010年縣市合併後，高雄市更成爲一個大都會城市。

(二)飲食特色

高雄市郊區因爲天然的屏障，使得此處自古便是重兵駐鎮之所，而空軍、陸軍官校也都設於此處，形成一個明顯的眷村區，當地許多牛肉麵館等都是由眷村人所開設。另外如岡山羊肉爐、甲仙芋仔冰、美濃粄條、鳳梨黃豆醬等小吃特產也都小有名氣，高雄市的六合夜市也是赫赫有名。

十八、金門縣

(一)歷史背景

金門隸屬福建省，在東晉時期，中原人士為避五胡之亂相偕入閩，聚集於晉江（即今日的泉州），而當時也有些人泛舟至金門，而晉江有河入海曰浯江，所以金門也被稱為「浯島」。在明朝為抵禦倭寇而在此島築城設寨，取「固若金湯，雄鎮海門」之意，將城堡取名為金門城，此即為金門俗稱的由來。

(二)飲食特色

金門為一島嶼，所以海鮮是普遍且有名的料理，如海鮮鹹粥、炒沙蟲、炒人形蟶等較特殊的食材，在這裡都吃得到。但是整體的飲食行為較接近福建，而與臺灣稍有不同，如早餐的金門式油條（較臺灣的粗大）、廣東粥等飲食習慣大異於臺灣。而金門的名產更是旅遊的最佳伴手禮，如被視為進貢皇上的「貢糖」、一口酥及馬蹄酥等小茶點、高坑牛肉乾，以及金門相當有名，利用八二三砲戰的彈砲所製作出來的鋼刀等等。

金門菜尾湯

一口酥的由來

傳說金門人顏應祐，在元朝末年因戰爭的因素，兵荒馬亂中與母親失散長達二十六年之久，再見面時，母親已經是白髮蒼蒼、齒牙動搖的老人家了。為了能讓母親在有生之年能夠多享受人間美味，顏應祐外出總是不忘帶些當地名產讓母親品嚐，但母親因為牙齒不好，總是以「咬不動」的原因，僅能淺嚐即止。於是顏應祐想到不如由自己來製作點心，量少質酥，讓母親能夠咬得動，終於「一口酥」在他的孝心下製作完成，而此小點心也在金門流傳至今。

十九、馬祖

(一)歷史背景

馬祖爲馬祖列島的總稱，隸屬於福建省連江縣，島群以南竿爲主，四周則有北竿、東莒、西莒、東引、西引等十八個島嶼。宋朝年間，福建省湄州島的林默娘投海尋父，屍體漂至島上，鄉人爲紀念這位林默娘的孝行，因此尊其爲「媽祖」，並取諧音成爲現在的「馬祖」島。

(二)飲食特色

同樣屬於島嶼型態生活的馬祖人，多靠海吃飯，黃魚、白力魚、石斑魚、壓糟鰻等都是有名的海鮮佳餚。其特產小吃更是與福建人同，如光餅、海蠣餅（臺灣稱蚵嗲）、鍋邊糊（臺灣稱鼎邊趖）、魚麵，甚至米粉燕等，在在可以證明飲食不可能因政權的轉移而改變，反而更可以從此處瞭解各地的飲食文化異同，並繼續生根茁壯。馬祖在一些祭祀場合中所用到的龜桃（類似臺灣的紅龜粿）、籛當槆（類似臺灣的薯）也是跟著福州傳統的腳步在走。

二十、澎湖縣

(一)歷史背景

根據史籍的記載，澎湖在隋唐之時即有人聚居，但直到南宋時期才納入中國版圖，從《宋誌》：「泉州有海島，曰澎湖，隸晉江縣。」可證明之。澎湖因為本身的自然環境影響，當地居民多從事漁業活動，因此生活多寄託在宗教信仰上，因此常舉辦如媽祖出巡、燒王船、乞龜等極具地方色彩的宗教活動。

(二)飲食特色

澎湖與金門人類似，但隨著國人休閒活動的增加，澎湖也成為一個觀光熱門景點，碼頭小吃區、廣場夜市等地方都是大啖海鮮的好去處。不過澎湖有名的特產首推歷史已有一百二十年的「鹹餅」了，這餅創於同治3年（西元1864年），至今已傳承第四代；其他如黑糖糕等茗點也是其中之一。

澎湖鹹餅

黑糖糕

參考文獻

一、中文

中華飲食雜誌社（1974）。《中華飲食雜誌》1-6。

戶外生活圖書（股）臺灣製作群編（1995）。《金馬澎湖最佳去處》。臺北：戶外生活。

王世禎（1992）。《中國民情風俗》。臺北：星光出版。

石萬壽（1980）。〈臺南府城的行郊特產點心〉。《臺灣文獻》，第31卷第4期，頁70-98。

伊永文（1998）。《明清飲食研究》。臺北：洪葉文化。

吳文星（2000）。〈《認識臺灣（歷史篇）》對日本殖民統治時期社會變遷之編纂〉。《人文及社會科學教學通訊》，第10卷第5期，頁35-43。

吳燕和（1996）。〈臺灣的粵菜、香港的臺菜：飲食文化與族群性的比較研究〉。林慶弧編，《第四屆中國飲食文化學術研討會論文集》。臺北：財團法人中國飲食文化基金會。

李秀英、陳渭南（2007）。《欣葉心台菜情——欣葉30週年獻菜》。臺北：塞尚。

李紀幸（1997）。〈日據時代以前（含日據時代）的臺灣甘蔗種植〉。《史化》，第25期，頁63-72。

李祖基（1998）。〈城隍信仰與臺灣歷史〉。《臺灣源流》，第12期，頁108-114。

周婉窈（2001）。《臺灣歷史圖說（史前至1945年）》。臺北：聯經出版。

孟兆慶（2009）。《孟老師的中式麵食》。臺北：葉子出版。

林川夫編（1980-1991）。《民俗臺灣》（第一至七輯）。臺北：武陵出版。

林明德主持（2000）。《彰化縣藝文資源蒐集計畫—飲食文化研究調查》。臺北：財團法人中華民俗藝術基金會。

林柏燕主編（1997）。《新埔鎮誌》。新埔：新埔鎮公所。

林衡道（1972）。〈臺南市的傳統飲食〉。《臺灣勝蹟採訪冊》（第一輯），頁36-47。南投：國史館臺灣文獻館。

林衡道（1977）。〈臺灣民俗論集〉。《臺灣文獻》，第28卷第2期，頁48-55。

林衡道、陳梏頭口述（1967）。〈五十年前的臺灣風俗〉。《臺灣風物》，第17卷第4期，頁3-6。

林衡道口述，楊鴻博整理（1998）。《鯤島探源：臺灣各鄉鎮區的歷史與民俗》（一至七）。新北市：稻田出版。

金廣福文教基金會（1997）。《北埔光景》。臺北：允晨。

洪英聖（1992）。《臺灣風俗探源》。臺中：臺灣省政府新聞處。

范勝雄（1992）。〈府城西城故事〉。《臺灣文獻》，第43卷第4期，頁145-187。

財團法人中國飲食文化基金會（2007）。《中華飲食文化基金會會訊》，第13卷第4期。

張玉欣（1999）。〈臺灣原住民傳統飲食習慣之概述〉。《中國飲食文化基金會會訊》，第5卷第4期，頁16-23。

張玉欣（2000-2003）。〈各縣市飲食文化初探〉。《中國飲食文化基金會會訊》。

張玉欣（2007）。〈從《臺灣日日新報》與日據時代出版品略窺臺灣日據時代之餐飲現況〉。《中華飲食文化基金會會訊》，第13卷第4期，頁37-43。

張玉欣（2008）。〈「臺灣料理」一詞之探索〉。《中華飲食文化基金會會訊》，第14卷第1期，頁40-44。

張玉欣（2011）。〈臺灣料理食譜的發展與變遷〉。《中華飲食文化基金會會訊》，第17卷第2期，頁44-50。

張玉欣、柯文華（2007）。《飲食與生活》。臺北：揚智文化。

張京媛編（2007）。《後殖民理論與文化認同》。臺北：麥田出版。

張哲永（1997）。《中國風情的飲食風俗》。臺北：弘文出版。

曹永和（1991）。《臺灣早期歷史研究》。臺北：聯經出版。

瑽原通好著，李文祺譯（1989）。《臺灣農民的生活節俗》。臺北：臺原出版社。

莊松林（1970）。〈莊松林（朱鋒）先生文選〉。《臺灣風物》，第20卷第3期，頁102-104。

郭立誠（1986）。《中國民俗史話》。臺北：漢光文化事業。

陳文玲（1996）。〈為臺灣歷史留影——《探險臺灣》（鳥居龍藏著，楊南郡譯註）〉。《聯合報・讀書人版》，1996年11月。
陳淑均總校（1852）。《葛瑪蘭廳志》（清咸豐二年刊本）。臺北：成文出版。
黃叔璥著（1957）。《臺海使槎錄》。臺灣文獻叢刊第4種。臺北市：臺灣銀行經濟研究室。
黃莉岑編（1993）。《優遊臺灣導覽手冊——金門》。臺北：台祥圖書。
黃莉岑編（1993）。《優遊臺灣導覽手冊——澎湖》。臺北：台祥圖書。
黃富三、曹永和編（1980）。《臺灣史論叢》（第一輯）。臺北：衆文圖書。
楊玉君（1995）。《中元節》。臺北：文建會。
楊玉君（1995）。《中秋節》。臺北：文建會。
楊玉君（1995）。《端午節》。臺北：文建會。
楊志芳（1998）。〈日本領臺統治之功過——從農業與經濟兩面剖析〉。《交大日研學報》，第3期，1998年12月。
楊靜、翁真弘（1998）。〈鹿港的飲食生活之研究〉。《科技學刊》，第7卷第1期，頁81-93。
臺中縣立文化中心編（1991）。《臺中縣口述歷史：霧峰林家相關人物訪談紀錄》。臺中縣：臺中縣立文化中心編。
臺灣省文獻委員會編譯（1990）。《臺灣慣習記事》，第五卷上。南投：臺灣省文獻委員會。
趙莒玲（1996）。《臺灣開發故事》。臺北：中央月刊社。
劉家國、邱新福撰述（2002）。《東引鄉誌》。連江縣東引鄉：東引鄉公所。
蔣震（1972）。〈臺南夜市今昔〉。《臺灣文獻》，第23卷第4期。
鄭文彰（2002）。《臺灣早期飲食器物》。臺南：臺南縣文化局。
賴順盛、曾藍田（1989）。《臺中市發展史：慶祝建府百週年》。臺中：臺中市政府。
駱香林主修，花蓮縣文獻委員會編（1959）。《花蓮縣志稿》。
韓錦勤（1997）。〈《蘭陽歷史》與《認識臺灣（歷史篇）》之探討〉。《歷史教育》，第2期，頁147-157。
簡榮聰（1992）。《臺灣傳統農村生活與文物》。南投：臺灣省文獻委員會。
簡榮聰（1997）。〈臺灣歷史文化的認識基礎與整合史料方向〉。《國立編譯館通訊》，第10卷第1期，1997年1月。
蘇振申總編（1977）。《中國歷史圖說（十三）：現代》。臺北：世新大學出版。

二、日文

川原瑞源（1942）。〈點心と新春の食品〉。《民俗臺灣》（新年風俗特輯），第2卷第1號，通卷第7號，昭和17年1月5日。
佚名編（1928）。《常夏之臺灣》。日本昭和3年排印本，成文出版社印。
池田敏雄（1944）。《臺灣の家庭生活》，昭和19年。
武內貞義（1915）。《臺灣》。臺北：臺灣日日新報社。
椿木義一編（1923）。《臺灣大觀》。東京：大阪屋號書店。

三、網址

行政院原住民族委員會全球資訊網，http://www.apc.gov.tw
麥當勞，http://www.mcdonalds.com.tw
臺中市政府全球資訊網，http://www.tccg.gov.tw
行政院原住民族委員會臺灣原住民族資訊資源網，http://www.tipp.org.tw/formosan/population/population.jspx?codeid=5833&type=4
嘉義大學臺灣原住民族教育及產業發展中心，http://www.ncyu.edu.tw/aptc/content.aspx?site_content_sn=6760

Chapter 4

大陸地區之飲食文化

學習目標

★瞭解中國菜的起源與菜系分類

★認識中國菜的食材及其應用

★認識中國早期飲食器具與烹調法

★對中國飲食的傳統習俗與禁忌有基本認識

第一節　起源與菜系發展

一、中國菜的起源

大陸地區飲食文化的起源可追溯至史前時代。依據考古的發掘及研究證明，中國境內有舊石器時代遺址近三百處，新石器時代遺跡更是數以千計，這些史前的豐富遺存因時間及分布地點的差異，而呈現不同的飲食文化風貌，其主要特徵有：火的發明、漁獵、家禽家畜養殖、農耕出現、陶烹方式的創製，以及具有地域特性的「南米北麥」烹飪體系的初步形成等。

(一)舊石器時代的飲食生活

人類在史前時代經歷漫長的茹毛飲血生食階段，進入熟食階段，主要發端於火的發明，這是中國烹飪的第一步。用火的證據是發現距今約六十萬年前的北京周口店，其中中國猿人遺址有厚厚的灰燼層（火化石），木炭、各種火燒遺物及燒過後亦變色的動物骨骼，故北京猿人已經開始用火是舉世公認的。

舊石器時代人類最主要獲取食物的方式是靠狩獵、漁撈和採集，住所周圍環境的動植物資源的分布，決定了他們的食物種類。舊石器時代早期，人們狩獵是使用原始工具，如樹枝、石塊等，由於狩獵方式相當原始，故以中、小型食草性動物為主；中、晚期，狩獵技術有很大的提升，如石箭的發明、人工取火，一些大型動物遂成為獵捕目標，且晚期由多處遺址中發現灰燼堆積及許多動物燒骨，證實出現「熟食」的飲食方式。另外，在舊石器時代遺址還發現魚類化石，說明河流湖泊的水產魚類亦為食物來源之一。至於植物性食物來源主要是採集植物果實、塊根及野生穀物等。

(二)新石器時代的飲食生活

新石器時代最重要的革新是農業的出現，意味生產經濟開始，是人類文明快速發展的轉捩點。大陸地區目前發現的新石器遺址中絕大

三皇故事的飲食傳說

燧人氏

《韓非子・五蠹》曾載：「上古之世……民食果、蓏、蚌、蛤，腥、臊、惡、臭，而傷害腹胃，民多疾病。有聖人作鑽燧取火，以化腥、臊，而民悅之，使王天下。號之曰：『燧人氏』。」而《古史考》還記述：「古者茹毛飲血，燧人氏鑽火，始裹肉而燔之，曰炮。」在這些古籍文獻當中均反映出原始時代人們已告別生食方式，並進入人工生火及熟食的歷史。

伏羲氏

《三皇本紀》記載：「結網罟以教佃漁，故曰『宓犧氏』；養犧牲以充庖廚，故曰『庖犧氏』。」這段文字記述則是表示伏羲氏對人們在飲食上的貢獻主要是開創織網捕魚及飼養牲畜兩種。

神農氏

《淮南子・脩務訓》有載：「古者民茹草飲水，採樹木之實……神農乃始教民播種五穀……」；《周書》寫道：「神農耕而作陶。」這些文字則記述了神農氏在飲食方面的貢獻是創立了農業並發明陶器兩類。

資料來源：王明德、王子輝（1988）。

多數都有糧食作物的出土，而穀物更是當時人類的重要食物。由於農業生產會受到自然環境的影響，當時黃河流域主要種植粟、黍，從仰韶文化、大汶口文化、龍山文化等近十餘處遺址都有發現粟或黍的遺存。長江流域及其以南地區，主要種植水稻，因該區域近百處地點有水稻遺存，浙江省餘姚縣河姆渡遺址是亞洲最早人工栽培稻穀的證明，致使許多學者相信長江中下游地區是中國栽培稻的起源中心。此外，新石器時代人們獲取肉食的方式有三種：飼養家畜家禽、狩獵、捕撈。狩獵、捕撈是從舊石器時代遺傳下來，飼養家畜家禽則爲穩定食物來源。從各地墓葬大量出土的家豬骨骸，可知吃豬肉是新石器時代飲食文化的一個重要內涵。

穀物是新石器時代人們的主要食物，必須經過加工才便於人體吸收。考古發現：黃河流域地區多使用石製磨盤和磨棒，加工粟或黍；長江流域地區爲了適應稻穀加工的需要，則使用杵臼。

二、中國菜的菜系發展

張舟先生認爲，所謂的「菜系」，是指在一定區域內，因物產、氣候、歷史條件、飲食風俗的不同，經過漫長的歷史演變而形成的一整套體系的烹飪技藝，並被全國所承認的地方菜。

而中國大陸之所以會有菜系的形成，主要是源自中國的地大物博。中國向來有南米北麥的主食文化，雖然有文獻指出其自史前時代即有之，但較確定的時間應是在戰國時代。以大陸的地理位置劃分，秦嶺、淮河爲其界線（冬季攝氏零度等溫線），其線以北爲麥作區，其線以南即爲稻作區。

在菜系一詞尚未出現之前，大陸對於地方菜有所謂的「幫」之說。這個說法大約起源於清末民初，而流行至1950年代，如所謂的「杭幫菜」等。其源自於廚師多來自不同的地區，如山東菜的師傅則稱為「魯幫」，以此類推，尚有閩幫、川幫等等，藉以區別各地區餚饌的特色。由於菜系是在地方菜的基礎上逐步發展而成，而一個主要的菜系往往又衍生出幾個分支的地方風味，因此中國菜系可說種類繁多，十分豐富。至1950年代開始有所謂的四大菜系，即魯菜、川菜、蘇菜和粵菜，到了1970年代尚有更為細膩的區分，即所謂的「八大菜系」，除了前述所提到的四大菜系之外，尚包含湘菜、浙菜、徽菜、閩菜共八大菜系。以下針對八大菜系做一簡單介紹：

(一)山東菜（魯菜）

山東菜簡稱「魯菜」，其口味主要偏鹹。魯菜是中國八大菜系之首，可說是北方菜的代表菜餚，在山東附近的區域如華北、東北、北京、天津等地的菜餚，都受到山東菜的深遠影響，並進而發揚光大。山東菜主要由濟南菜、膠東菜和孔府菜組成，以濟南、膠東福山兩地的地方菜為主。在烹調方法上擅長爆、燒、炸、炒，口味以清、鮮、脆、嫩著稱，並且擅長湯品熬煮。

◆濟南菜

精於製湯，濟南的「清湯」、「奶湯」極為考究，《齊民要術》中已有記載。代表名菜有蝴蝶海參、九轉大腸、油爆雙脆、芙蓉雞片。

◆膠東菜

膠東福山菜已有八百餘年的歷史，現以青島和煙臺地區為代表，以烹製各種海鮮而馳名，擅長爆、扒、蒸，口味以鮮為主。偏重清淡，保持原味。

◆孔府菜

「孔府菜」可說是魯菜的官府菜代表，也是中國歷史最悠久的官府菜，其烹飪技藝和傳統名菜名點，都是代代相傳，重視用料、刀工、火候。孔子的後裔在西漢時代即在政治上占有重要地位，直至明

孔府菜之一（圖為2010年上海世博展售）

清時期，只要有皇親國戚前往曲阜，必受到隆重的接待，加上數百年來孔府菜的名廚潛心學藝，於是孔府菜每到此時必端上檯面，受到各界的認同。著名的孔府菜如一品鍋、神仙鴨子等。

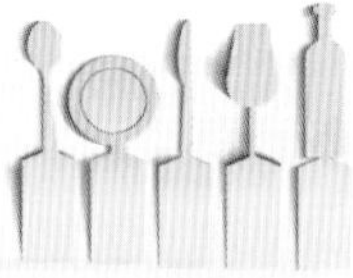

神仙鴨子的典故

神仙鴨子原名生蒸全鴨，是孔府中歷史悠久的大件菜，相傳始於孔子第七十四代孫孔繁坡任山西同州知府時。一天，家廚將鴨子脫骨，鴨的腹內加上調味料之後入碗加蓋，送入蒸籠蒸製而成。孔繁坡在大飽口福之際，一時興起，當即問道此菜做法，侍者回答：「上籠清蒸，插香計時，香盡鴨熟。」他聽後深感驚奇，連稱「神仙鴨子」，於是得名。

資料來源：張林編著（1993）。

(二)四川菜（川菜）

四川古稱「天府之國」，物產豐富，爲川菜烹調技藝提供了得天獨厚的重要基礎。四川菜簡稱「川菜」，享有「一菜一格，百菜百味」之美譽，並以其特有的調味和獨特的烹調技法而著稱。但由於四川居於內陸，因此海鮮產品較少，但淡水類之水產品仍豐富。在調味料方面，四川人吃辣著名，因此調味品種類多樣，其中最著名的「三椒」，指的即是辣椒、花椒、胡椒。

川菜兼有南北之長，對長江中上游及滇、黔地區的飲食文化影響頗大。曾有人把川菜的風格分爲幾項特色，分別是：以清鮮爲主，濃厚著稱，麻辣見長，本味見功。川菜的代表菜有：水煮牛肉、麻婆豆腐、回鍋肉、魚香肉絲、宮保雞丁。以上五個菜爲川菜中的五大件。

另外以地域來區分，可分爲兩大區塊，分別是四川的東北部及西南部，前者以重慶菜爲代表，而後者則以成都菜爲主。雖然一般人都認爲川菜偏辣，但又以重慶口味較重於成都，如重慶的麻辣調味料都較成都放得多，其味道更是濃郁。當地所謂的名門菜色以成都公館菜餐廳最具特色，將過去豪門宅第的家廚精華展現無遺，而皇城老媽火鍋店更是四川麻辣火鍋的源起。

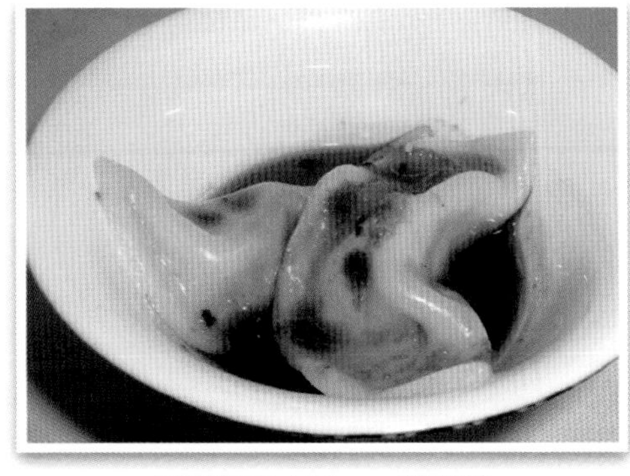

四川知名小吃——鐘水餃

四川名菜——椒麻兔肉

麻婆豆腐的由來

提到四川菜給人的第一個反應就是「麻婆豆腐」，這道菜雖是一道家常菜餚，但卻在世界各地都可以吃得到，是中國家常菜的代表之一。而此道菜也有一典故值得介紹：相傳在清代同治年間，四川成都北郊萬福橋有一家「陳記小吃店」，夫婦二人主要是供應家常便飯給附近的平民，如一些腳伕、苦力及過路人。由於陳家的右邊是羊肉店，左邊是豆腐店，所以老闆娘經常將切碎的羊肉與豆腐一起炒，放入辣椒，再擺上幾根青綠的蒜苗，其中有些是挑伕的客人便將挑的油送給他們，於是夫婦倆便把所送的油全用在燒豆腐上，那紅亮的油光加上豆腐的鮮白，香味四溢，後來就成了一道人人愛吃的下飯菜。由於老闆娘臉上長了幾點麻子，後來人們便就稱她所做的豆腐為「麻婆豆腐」。自從麻婆豆腐受到客人的喜愛之後，便一傳十、十傳百，「陳記小吃店」便將店面擴充，掛起了「陳麻婆豆腐店」的招牌。現在成都市裡到處可見「陳麻婆豆腐」餐廳的招牌，而順應局勢的潮流，2003年便開了一家旗艦店，代表陳麻婆的特色。

資料來源：蘇慧（1999）。

陳麻婆旗艦店

(三)江蘇菜（蘇菜）

江蘇菜簡稱「蘇菜」，是中國四大菜系之一，主要由淮揚、南京、蘇錫、徐海等四個地方風味所構成，這些地方都是孕育江蘇名菜的重要發源地。清朝乾隆皇帝三下江南，便享受當地的菜餚與風光而不捨離去，《紅樓夢》此本著名的小說也曾多次記載淮揚美食，此類的食物相關記載便源自蘇菜。分述如下：

◆淮揚菜

淮揚菜即爲江蘇菜的代表，主要以揚州風味爲主，被譽爲「東南第一佳味」。清朝康熙及乾隆皇帝也常至揚州巡視，「淮州三丁包子」便是爲討好乾隆皇帝所發明出來的著名小吃。《紅樓夢》小說所衍生出來的「紅樓宴」，亦是源自於淮揚菜。

◆南京菜

以南京風味爲主。南京古稱金陵，有「六朝金粉地，十代帝王州」的史蹟。南京菜的菜餚食材挑選十分嚴謹，尤其是用鴨製作的菜餚更是負有盛名，如桂花鹽水鴨、南京板鴨等。此外，貫穿南京城的秦淮河以夫子廟爲中心，四周茶樓酒肆林立，如「秦淮人家」餐廳即是著名夫子廟小吃的代表。

◆蘇錫菜

蘇錫菜主要指的是蘇州、無錫的菜餚，包含太湖、陽澄湖周邊一帶的地方風味菜。蘇錫菜有三大特點：精細、新鮮、應時食材出色，其中以陽澄湖的大閘蟹舉世聞名，每到秋天時令，亞洲各國的食材進口商無不利用各式管道進口大閘蟹，滿足饕客的需求。

◆徐海菜

徐海菜所指的是江蘇北邊的徐州、連雲港一帶之地方特色菜。由於此地區靠近山東，菜餚較重視鹹口味，主食以麵類爲主。「徐州百頁」即爲徐州風味之聞名料理，據說將它平鋪報紙上，可透過百頁清晰看到報紙上的鉛字，也是乾隆皇帝下江南必點的一道名菜。

南京知名小菜——秦淮四香

南京板鴨的由來

早在我國南北朝時代，梁武帝建都南京之時，由於兵荒馬亂，士兵更因激烈戰爭，甚至連飯也難以入口。當時正時初秋，肥鴨上市，百姓們便將肥鴨加上佐料煮熟，捆捆送到梁兵處，沒想到這些乾鴨用水煮過後十分味美，又見牠們是壓成板似的送過來，於是稱為板鴨。

清朝乾隆年間，板鴨成為每年進貢皇室的「貢鴨」，官吏間也常以此作為禮品相互饋贈，所以又有「官禮板鴨」之稱。南京是六朝古都，所以有「六朝風味，百門佳品」的美譽。

資料來源：秦林編著（2007）。

(四)廣東菜（粵菜）

廣東菜簡稱「粵菜」，由於廣東菜取材廣泛，配料繁多，加上當地廚師善於變化菜色，故有「不問鳥獸蟲蛇，無不食之」的說法來代表廣東菜。由於珠江貫穿廣東省全境，因此孕育了富饒的珠江三角洲。當地氣候屬於副熱帶季風氣候，農業昌盛，稻米爲主要作物。廣東菜以廣州、潮州、東江三個地方菜爲主，而廣州菜爲粵菜的主要代表。

◆廣州菜

廣州菜的特點在於用料上的特殊性與多樣性，多喜歡變化創新；加上上述曾提到廣州爲一通商港口，因此菜餚中同時吸收了西餐的技法，擅長多種烹調法。著名的菜餚有脆皮烤乳豬、龍虎鬥、鹽焗雞、猴腦湯、飲茶點心等。

◆潮州菜

早期潮州人多移民至東南亞，因此潮州菜在東南亞各國的華人居住地區均十分普遍。其主要特色是湯菜居多，另外口味較爲清淡也少

廣東飲茶點心——蟹黃湯包

油膩，但是菜餚普遍帶有甜味。著名菜餚有潮州凍肉等。而潮州的飲茶在當地則是著名的「功夫茶」。

◆東江菜

東江菜即爲客家菜，這一群客家人主要來自宋元時期，當時由於戰亂動盪不安，因此中原的客家人相繼南下避難，居住在山間，故日常飲食中較缺少海鮮類，主要菜餚特色偏重鹹、酸、辣、油。著名菜餚有薑絲大腸、鳳梨炒肚片、九層塔炒茄子等，與臺灣的客家菜有異曲同工之妙。

(五)湖南菜（湘菜）

湖南菜簡稱「湘菜」，以長沙菜爲主要代表。由於洞庭湖附近的物產多樣，如魚蝦、蓮藕、團魚（即圓鱉）、金龜等，均能烹調出美味佳餚，構成了中國八大菜系之一。1972年長沙市馬王堆西漢軑侯之妻利倉夫人辛追古墓當中，挖掘出一些出土文物，當中所發現的竹簡菜單，是至今最早的菜單，其中記載精美菜餚近百種，另外尚有九種烹調方式的介紹。因此從此處便可瞭解，長沙當時的廚藝技術已相當進步。湖南省屬溫帶氣候，物產豐饒，有「湖廣熟，天下足」的諺語。

湘菜是以湘江流域、洞庭湖區和湘西山區三種地方風味的菜餚爲主組成。綜觀之，湘菜的共同風味是以「辣」出名。

◆湘江流域

以長沙、衡陽、湘潭爲中心，是湘菜的主要代表。其特點是油重、色濃、口味酸辣。著名菜餚有紅煨魚翅、東安雞等。

◆洞庭湖區

以烹製河鮮、家禽和家畜著稱。其特點是油厚、鹹辣香軟，擅長燉、燒、臘的技法。著名菜餚有君山銀針雞片。

◆湘西山區

由於地理位置位於山區，因此野味的菜餚多樣，並有各式當地風味的煙燻臘肉。湖南臘肉即源自湘西山區，每年冬至過後，當地居民便會宰殺肥豬，在其後腿肉或五花肉的上面塗抹花椒及鹽巴，並加以煙燻，香味濃厚，春節期間是餐桌上必備的菜色。

(六)浙江菜（浙菜）

浙江菜簡稱「浙菜」。所謂「上有天堂，下有蘇杭」，即指此處，它的菜餚多與杭州西湖、風景名勝及文人雅士有所關聯。在1973、1977年，考古學家曾在浙江省餘姚縣的河姆渡文化遺址進行發掘，該遺址出土了亞洲最早由人工栽培的稻穀、米飯「鍋巴」及一批炊食器，因此可以斷定浙江的飲食歷史可追溯到新石器時代。明清時期，江南地帶有許多的美食家誕生，如高謙、李漁、袁枚等，他們也因創作多部飲食著作而在中國的飲食歷史上留名，如明代高謙的《飲饌服食箋》、明末清初李漁所著《閒情偶寄．飲饌部》及清代袁枚的《隨園食單》，三者皆以江南美食爲主軸，做了詳盡的介紹，其中亦涵蓋浙江菜的發展等，並包含食譜。浙江菜以杭州、寧波、紹興等地的菜餚爲代表發展而成。

◆杭州菜

杭州菜是浙菜的代表，製作精細、變化萬千，烹調技法以蒸、烤、燴、炸見長。著名佳餚有宋嫂魚羹、東坡肉、龍井蝦仁、西湖醋魚等。

◆寧波菜

寧波位於東海之濱，因此寧波菜除了本身的地方風味外，海鮮菜餚也占有重要地位。著名菜餚有醃篤鮮等。

「宋嫂魚羹」已有八百年的歷史。根據宋周密著《武林舊事》記載：南宋孝宗淳熙6年3月，太上皇登御舟遊西湖，命內侍買龜魚放生，設攤於西湖畔的宋五嫂適逢其時，隨即獻上親烹魚羹。太上皇乍嚐兒時味，大為讚賞，並念其年老，賜予金銀絹匹，於是宋嫂魚羹馳名京城，味似蟹肉，遂有「賽蟹羹」之稱。

資料來源：張恩來編著（2005）。

◆紹興菜

紹興由於位於杭州灣南部，面海背山，因此食材主要以海鮮和雞鴨類爲主。名菜有白鯗扣雞、糟溜蝦仁等。

(七)安徽菜（徽菜）

安徽菜簡稱「徽菜」，又叫皖菜，爲中國八大菜系之一，以烹製山野海味而聞名。

因地理環境以山區居多，因此食材原料又以山產種類爲主。另外，安徽也是中國著名的茶鄉，皖南丘陵出產的祁門紅茶及屯溪綠茶均是中國茶葉的代表之一。安徽菜由皖南、沿江、淮北菜組成。

◆皖南菜

皖南菜是徽菜的主要代表，起源於歙縣，以烹調山珍野味著稱。而石耳燉雞、黃山燉鴿這兩道菜餚是當地著名的藥膳料理。

◆沿江菜

沿江菜以長江兩岸的蕪湖、安慶地區爲代表，爲魚米之鄉。其代表菜有毛峰燻鰣魚。

◆淮北菜

淮北菜主要是以淮河流域爲主，菜餚鹹中帶辣。

(八)福建菜（閩菜）

福建菜又稱「閩菜」，以烹調山珍海味著稱，口味偏重甜、酸和清淡，而常利用紅糟來作爲調味，是其特色。一般而言，閩菜可區分爲福州、閩南及閩西三種地方菜，其中以福州菜爲閩菜的主要代表。而臺灣目前的居民多自福建漳州、泉州移民，因此臺菜的歷史源頭可追溯至閩菜中的閩南菜。

◆福州菜

福州菜是閩菜的代表菜。其菜餚特點是清淡、偏甜、湯品多，有人曾說閩菜的湯品是「百湯百味」，其中的代表菜是「雞湯氽海蚌」。福州菜還習慣使用紅糟此調味料，幾乎每戶人家都會自製紅糟，並且多方運用於菜餚上，如熗糟、醉糟等多種烹調法，其中以醉糟雞等最負盛名。

◆閩南菜

閩南菜主要指的是廈門、泉州、漳州的地方菜餚，口味偏甜。臺灣有許多的地方小吃也多源自廈門。

◆閩西菜

閩西菜以客家地區與山區爲主，菜餚與客家菜相同，偏鹹且油多。著名菜餚如油燜石鱗，在武夷山區多如此類的菜餚，且多野味。

佛跳牆的典故

清朝末年，福州揚橋巷一家官銀局的老闆宴請布政司周蓮，老闆夫人親手下廚做菜，她將雞、鴨、豬肉等材料用紹興酒罈煨製而成，其醇香味濃使得周蓮十分稱讚。周蓮回到府中，便將此菜的做法教導給他的家廚鄭春發，並讓他效法製作。但幾次經驗，效果不甚理想，於是周蓮就帶著鄭春發來到官銀局向老闆娘請教，回府後，鄭春發精心研製，並加入一些山珍海味，這一次的菜餚製作成功，更勝過官銀局的老闆娘。

清光緒初年，鄭春發辭去衙廚，在福州東街口開設了「聚春園菜館」，將此菜不斷改進，受到客人的讚賞。一天，幾位秀才來到「聚春園」用餐，他們都是饕客，都已吃膩福州菜，要求廚師推薦一些新菜色，鄭春發便將在官銀局學到的這個菜餚熬成後，當成菜品端上桌，啓開罈罐，但見香味四溢，幾位秀才聞之陶醉，食之又味美異常，無不拍手叫好，皆驚歎稱絕，於是便趁興致作詩，共展文才，其中一位即興吟詩：「罈啓葷香飄四鄰，佛聞棄禪跳牆來。」大家一致稱好，於是引用詩句之意，命名為「佛跳牆」。

資料來源：蘇慧（1999）。

福州聚春園餐廳的佛跳牆

(九)其他菜系

◆香港菜

香港菜雖源自廣東菜，但經過歷史的洗滌與演變，逐漸發展出別具一格的特色。香港素有「東方美食天堂」的美譽，因爲香港不僅是世界轉運站、世界金融貿易中心，更是多種民族匯集之地，因此這裡集結了環球各地的美食。有趣的是，在西方飲食文化的影響下，這個小島仍能保持其原有的傳統飲食風俗，如蔚成風尚的大牌檔、茶餐廳及盆菜等，反映出香港獨特多姿的飲食文化風貌。

①大牌檔（大排檔）

在二十世紀初，香港人的生活水準並不高，街頭飲食非常普遍，類似臺灣的街頭攤販，由木箱、攤檔和帳篷組成一條條「食街」。戰後，街頭飲食迅速發展，政府爲有效規範這些食檔，於是發出合法牌照，以「大排檔」形式販賣熱食。當時在中上環、灣仔、油麻地、深水圳等區，均出現很多的大排檔。雖然現在已漸漸消失，但還是有人稱之便宜好吃的路邊攤販爲大排檔。此外還有另一名詞便是「大笪地」，指的即是街頭食檔聚集在一大片土地上，就形成所謂的「大笪地」，最著名的是最早的上環水坑口，後來搬到上環碼頭的「大笪地」，九龍則有廟街。

②飲茶

茶樓是香港人飲茶和吃點心的地方，酒樓則是安排筵席，宴請貴賓的場所。在二十世紀初，香港著名的茶樓有高陞、陸羽、蓮香、多男等，而酒樓則有大三元、金陵、香江等。飲茶至今仍占有香港人飲食生活的重要部分，有所謂的「一盅兩件」。所謂「一盅兩件」便是指上茶樓喝茶，一邊品茗一邊享用點心，香港人俗稱「飲茶」。「一盅」是焗盅，或稱蓋杯，亦即用蓋杯泡茶，舊式茶樓「夥計」（茶樓服務人員）拿著大水煲爲茶客添水，現在大部分的茶樓都已改用茶壺

港式飲茶

取代蓋杯，然而蓋杯的設計卻愈趨精巧，而且成爲特色收藏。「兩件」是指點心，如蝦餃、燒賣等。香港的茶樓賣點心的方式獨特有趣，以前點心員用布帶縛著點心盤掛在胸前叫賣點心，後來才有滿載不同種類的點心車掛著寫上點心名稱的牌子在茶樓出現。除了點心以外，茶樓亦供應不同種類的茶給茶客選擇，如普洱、壽眉、香片等。不過「企堂」（茶樓服務人）問到茶客要喝什麼茶的時候，「唔該普洱……」總是最熱門的答案。據說普洱茶不但止渴消滯，更不會澀口傷胃，所以特別受到香港茶客的青睞；加上普洱茶耐放、耐泡，茶樓老闆可大量入貨儲存，一般家庭存放亦覺方便，自然備受歡迎。1990年代已有許多舊式茶樓陸續終結，但仍無法阻止香港人這般熟悉的飲食習慣。

除了以上的八大菜系及香港菜外，中國大陸尚有許多名菜，如北京官府菜、山西與陝西的麵食、蒙古與新疆、西藏的邊疆飲食，都是特殊且值得品味的。

北京仿膳餐廳之宮廷菜

山西的三絲火腿麵

第二節　飲食原料與利用

一、飲食原料

一個國家的飲食文化生活是豐富多采，抑或單調乏味，主要取決於飲食原料的種類多寡。中國位居亞洲大陸東部，幅員遼闊，黃河、長江貫穿其間，氣候跨寒、溫、熱三帶，地形複雜，海域深廣有別，不同地區因自然環境相異，使得各個地區食物原料及比例有著明顯的差別。

「食物原料」是任何一個飲食文化體系中的最基礎部分，並決定飲食文化的基本面貌，因此探討大陸地區的飲食文化，首先就必須瞭解大陸地區飲食原料的狀況。

由於大陸地區飲食原料的種類繁多，本節無法全面性一一介紹，故將食材予以分類，做一概念性介紹；至於分類方法，即根據中國古籍《黃帝內經・素問》：「五穀爲養，五果爲助，五畜爲益，五菜爲充。」將大陸地區的飲食原料就穀糧類、肉類、水產類、乳製品和蛋類、蔬菜瓜果類、調味料，共計六大類分述如下：

(一)穀糧類

中國是世界上最大的農作物起源中心之一，是重要產糧國家。穀類主要包括稻米、小麥、玉米、小米、高粱等。中國主食文化有所謂的「南米北麥」，並以秦嶺、淮河爲界線（冬季攝氏零度等溫線），界線以北爲麥作區，界線以南爲稻作區。由於自古以來，稻米便是江南人的主要糧食，導致人們總認爲南方人只吃米食，北方人僅靠麵食爲生，實則不然。北方一般平民而言，情況與南方人很不相同，他們是以大麥、小麥、小米或雜糧爲主食，飯桌上常見的是饅頭、麵條、烙餅等，富豪之家才會用米飯請客，而平民只有經濟條件許可才食用米飯。

豆類是中國古老的糧食之一，主要包括大豆、黃豆、紅豆、蠶豆等，早在新石器時代遺址中就有大豆殘留印痕，所以世界公認大豆源於中國。豆類在中國曾被人們用作主食，隨著豆製品、粉製品發展，逐漸退居爲副食品，大部分成爲菜餚的食材之一，其中最重要者爲豆腐。

薯類主要包括甘薯、馬鈴薯、芋頭等。早在三千年前，芋頭已普遍分布於大陸地區的黃河流域，但園藝學界考證，發現芋的原始產地，卻是在南洋群島，至於它是何時以何種途徑傳入中國，從史料中無從考證。値得一提的是，甘薯、馬鈴薯則自明朝由外地引入。甘薯

豆腐起源說

五代陶穀《清異錄》記載：「時戢為青陽丞，潔己勤民，肉味不給，日市豆腐數箇，邑人呼豆腐為小宰羊。」這是文獻中第一次出現「豆腐」二字。但古代有些文獻資料顯示「豆腐之法始於漢淮南王劉安」，例如：宋朱熹〈豆腐〉：「種豆豆苗稀，力竭心已腐，早知淮南術，安在獲泉布。」明李時珍的《本草綱目》則提到：「豆腐之法始於淮南王劉安。」在明羅頎《物原》中也提到：「劉安始做豆腐」，然而劉安所著的《淮南子》卻不見豆腐的記錄，而古代農業專書的《齊民要術》也沒提到豆腐。但有些學者認為劉安是西漢時人，曾招致大批方士為他煉製長生藥，所以煉丹的實驗中也有可能發明出豆腐。目前對於豆腐的發明者，雖無定論，但豆腐已被世人認定是中國人的重要發明。

資料來源：洪光住（1993）。

的名稱很多，有番薯、地瓜、金薯等，它傳入中國最明顯的記載是明萬曆年間。馬鈴薯的原產地是南美洲，據研究它在明末時由荷蘭人傳入中國。今日，薯類則可當作主食充饑，也可入菜。

表4-1　糧食類簡表

種類	內容
穀類	稻米、小麥、大麥、玉米、小米、高粱、燕麥、蕎麥、青稞等
豆類	大豆、黃豆、紅豆、蠶豆、綠豆、黑豆、豌豆等
薯類	甘薯、馬鈴薯、芋頭、樹薯等

(二)肉類

舊石器時代，中國先民開始過著採集和漁獵生活，飲食來源中野生動物占很大比例。到了新石器時代，由於農業發展、漁獵技術進步和定居生活，爲動物馴養提供有利條件，如六、七千年前的仰韶遺址中，證實豬、犬成爲家畜；雞成爲家禽，並有少量羊、馬骨骸出土，故中國養殖家禽、家畜的起源，應始於新石器時代。

與西方國家相比，中國一般庶民百姓的飲食結構中長期以來肉類所占比重很少，例如：中國古籍《禮記．王制》規定：「諸侯無故不殺牛，大夫無故不殺羊，士無故不殺犬豕，庶人無故不食珍。」《黃帝內經》也提出肉食應與穀、果、菜等搭配食用，這種以糧、菜爲主的飲食觀念盛行於中國廣大的農業區（牧區除外），但到了今日，肉食比重則呈現逐日增加的趨勢。

表4-2　肉類簡表

種類	內容
家畜	豬、牛、羊等
家禽	雞、鴨、鵝等
野味	狗、鹿、兔、熊、貓、果子狸、蛇等

(三)水產類

水產類一直以來都是中國人重要的食物來源，遠在舊石器時代，漁獵便是獲取食物來源的方法之一。五、六千年前，中國人捕撈水產的技術和工具均已相當先進，還能到深海進行捕撈，使用的魚叉、魚鉤都帶有倒刺。淡水養殖魚類在商周時已出現。宋代的漁業生產呈現興盛景象，不僅淡水魚捕撈遍布各地，且近海捕撈業的崛起引起注目，而養殖魚專業戶出現、魚苗飼養成功，使得中國成爲漁業發達國家之一。

水產類主要包括：魚類、甲殼類、軟體動物、棘皮動物和海藻等。值得一提的是甲殼類的蟹。新石器時代早期遺址中就有河蟹遺骸出土，西周時即有蟹醬菜餚，因食蟹歷史悠久，故古人讚美蟹的詩句俯拾皆是。

表4-3 水產類簡表

種類	內容
海水魚類	鮪魚、旗魚、鯊魚、烏魚、鯧魚、白帶魚、石斑魚、翻車魚等
淡水魚類	鯉魚、鯽魚、鱸魚、吳郭魚、虱目魚、草魚、鰱魚、香魚等
軟體動物	烏賊、章魚、魷魚、田螺、鮑魚、牡蠣、蛤蜊等
棘皮動物	海膽、海參、海蜇等
貝類	牡蠣、蛤蜊、扇貝、西施舌、蜆等
甲殼類	龍蝦、明蝦、青蝦、河蟹、海蟹等
兩棲類	蛙、鱷魚等
海藻	海帶、紫菜等

(四)乳製品、蛋類

早在舊石器時代，人類就在樹上撿食鳥蛋，因中國是世界上最早養雞的國家，新石器時代早期的一些遺址中就曾發現雞的遺骸，同時，這也意味當時已開始食用雞蛋。魏晉南北朝時，增加不少乳製品，如酪（發酵乳）、乳腐（乾酪）、酥（酥油）。《齊民要術》有奶酪做法及使用酥油的菜餚等記載。到了遼代，奶蛋被普遍使用於糕點製作，今日的乳製品、蛋類則成爲一般家庭不可或缺的必備食物。

表4-4　乳製品、蛋類簡表

種類	內容
乳製品	牛乳、羊乳、酸牛奶、奶酪等
蛋類	雞蛋、鵝蛋、鴨蛋、鴿蛋、鵪鶉蛋等

(五)蔬菜瓜果類

中國是世界上最早栽植蔬菜的民族之一，距今七千多年的河姆渡和六千多年陝西半坡遺址中，就有葫蘆、菱角、白菜、芥菜等種籽出土，故從新石器時代起，蔬菜就開始成爲食品來源之一。兩漢的使者還從國外帶回許多種的蔬菜，如張騫通西域，從而引進黃瓜、大蒜、胡荽、苜蓿。目前常見的一百餘種蔬菜中，中國原產和從外國引入的大約各占一半。

野果是人類最早的食物之一，新石器時代遺址有甜瓜籽、桃核的出土。魏晉南北朝的《齊民要術》中對果品的栽培技術進行全面系統化的介紹。由於中國是果品的盛產國家，所以果品在飲食生活中也一直占有重要地位。

表4-5　蔬菜瓜果類簡表

種類	內容
根菜類	蘿蔔、胡蘿蔔、洋蔥、馬鈴薯、芋頭、山藥、牛蒡、荸薺等
莖菜類	蔥、韭菜、大蒜、綠竹筍、麻竹筍、茭白筍、蘆筍、蓮藕等
葉菜類	大白菜、小白菜、芹菜、菠菜、莧菜、萵苣、芥菜、茼蒿等
花菜類	花椰菜、金針花

（續）表4-5 蔬菜瓜果類簡表

種類	內容
瓜茄類	冬瓜、胡瓜、絲瓜、苦瓜、南瓜、茄子、番茄等
豆類	豌豆、四季豆、毛豆、扁豆等
蕈類	香菇、洋菇、蘑菇、金針菇、草菇、冬菇等
水果	蘋果、荔枝、梨、西瓜、枇杷、葡萄、桃子、李子、杏等

(六)調味料

俗話說：「五味調和百味香。」調味料是製作美味佳餚的重要材料。新石器時代調味料不多，主要有鹽和野生蜂蜜。夏商周時期，調味料品種有明顯增加。當時已種植調味蔬菜，如蔥、生薑、紫蘇、花椒、桂皮等。周代不僅學會製作醋、醬油等調味料，而且種類更爲豐富，如鹹類調味料主要有鹽、醢。醢是一種醃製肉類的醬料；甜味調味料主要是蜂蜜；辛辣調味料主要有花椒、生薑、桂皮、蔥等。

至於食用油，在漢以前，烹調用油主要是動物油，即所謂「脂膏」，如牛油、羊油、豬油、犬油均已用上；到了漢朝已有植物油的出現；到三國時，已有麻油生產。不過，魏、晉以前，植物油的使用並不普遍；南北朝以後，烹調菜餚已較多使用植物油；直到隋、唐、五代，植物油才可在市場任意購買。

表4-6 調味料簡表

種類	內容
鹹味	鹽、醬油、黃豆醬、豆瓣醬、味噌等
酸味	白醋、醋精、檸檬汁、番茄醬等
甜味	紅糖、冰糖、麥芽糖、葡萄糖、糖精、蜂蜜、甘草等
辣味	辣椒、薑、大蒜、大蔥、芥末、辣油、辣椒粉、胡椒粉等
香味	丁香、八角、桂皮、豆蔻、茴香、陳皮、花椒、月桂等
鮮味	味精、蠔油、魚露等
食用油	花生油、麻油、椰子油、蔬菜油、豬油、牛油、雞油、鴨油等

二、食材利用

中國菜善於利用各種食材，並配合精湛的烹飪技藝，讓中國菜得以揚名國際。

有關食材的利用，關鍵是選料及廚藝的充分配合，如此才能烹製出美饌佳餚，而廚師手藝的發揮更是取決於原料的正確選擇和因材施藝。

(一)愼選食材

愼選食材並不是今人才懂的道理，而是老祖先留給我們的寶貴經驗。在《周禮・天官》記載：「庖人掌共六畜六獸六禽，辨其名物。」另外，清朝美食家袁枚對選料曾有此論述：「物性不良，雖易於烹之，亦無味矣。」所以一席佳餚的採辦之功遠較廚師技藝更爲重要。中國烹飪選料嚴謹，主要是對食材的品種、產地及季節選擇十分講究。例如：中國有句俗諺「九月團臍十月尖」，是指河蟹隨著季節的變化而有不同選擇，農曆九月雌蟹的蟹黃長得豐滿而鮮美，十月雄蟹的蟹油豐腴而肥壯，精於烹調的廚師不僅會針對季節選擇蟹類，還會重視蟹類的品種及產地，而著名的陽澄湖大閘蟹可就是名廚的上上之選；膾炙人口的北京烤鴨，就是專門選用人工塡餵的優良品種北京塡鴨爲原料；名聞遐邇的南京板鴨，就是選用秋高氣爽桂花盛開稻熟時節的「桂花鴨」。上述例子說明選擇食材的重要性。

(二)因材施藝

所謂因材施藝，就是根據食材的特點採用不同的烹飪技法和巧妙的配置組合，製作成一道道美味佳餚。在烹調程序中，食材清洗是首要工作，不僅要洗去沙土、汙物和有毒物質，還要保持食材的原形完整，有時還須一些更高的技術，例如：去除某些魚類的土腥味、清洗動物內臟的腥臊味等。接續是食材切配，必須根據食材特性及烹飪目的進行，還須講究刀法，有片、丁、條、絲、塊、粒、茸、泥、段等。最後，透過因材而異的烹飪技法，貫穿融會整個烹調過程。

第三節　飲食器具與烹調法

一、中國飲食器具

飲食器具是因應人類熟食和烹煮食物而產生的生活器具。中國歷史上所使用的飲食器具大致可分爲炊具、食具和飲具三大類。此節僅介紹炊具及食具，有關飲具的部分，則另在第五章的飲料文化介紹。

(一)炊具

炊具主要包括鍋具和爐灶兩種。鍋具是指炊煮時用來盛裝食物的器具；爐灶是燃火用器具，習慣上將固定式的燃火設備稱爲灶，而將可以移動的稱爲爐。根據考古發現，在舊石器時代，雖然人類已學會使用火加熱以煮熟食物，但當時還不會製作烹飪所需的器具，烹煮時最常見的是燃起一堆堆的篝火，直接就著火堆燒烤。

直到舊石器時代後期，人類開始發現可以使用「石頭」作爲煮食的工具。這時主要的方法有兩種，一種是石烹法，一種是石燔法。「石烹法」是先在地上挖好一個洞並裝好水，接著將燒到燙熱的石塊和食物一起丟進洞中，藉著石塊的熱度煮熟食物。「石燔法」則是在火上架石板，將食物放在石板上焙烤到熟，前幾年臺灣流行了一陣子的石板烤肉就是類似的做法。

由以上可以推論，石塊和石板應該可以算是最早的烹飪器具，但這時候用的石板是由自然界中取得，人類還不會自己製作。一直到新石器時代，才開始有人造炊具出現。以下是依時代來劃分中國炊具的出現和演變：

◆新石器時代

新石器時期，人類開始栽培農作穀物作爲主要食物，爲了因應烹煮穀物的需要，這時開始出現陶製的飲食用具。在這時，中國人最早設計製作的烹飪用具正式面世，後來漸漸有各種可供盛放或燒煮食物的食具陸續問世。這時，烹煮用的鍋具可依使用方式大致分成四類：

1.罐、釜、鼎、鬲、斝：是圓形深底的容器，類似湯鍋。使用方式是直接架在火上烹煮，主要用來燒水，煮粥、羹或燉肉等多湯汁的食物。

2.陶甑、陶甗：陶甑的用途相當於「蒸籠」，而陶甗則是最早出現的蒸鍋，當時的乾飯都是用甗蒸熟。

3.陶鏊：透過炊具本身傳熱，再間接以熱力烙熟食物的器具，用法類似烤盤。

4.竹籤、炙、烤箅：直接用火燒烤食物的炊具。烤箅底部有鏤孔以讓火通過來烤熟食物，其功能類似現今用鐵絲或鐵片製成的烤肉架。

◆夏商周時期

夏代承襲自龍山文化，陶器仍然是當時主要的生活用具，但製陶技術更形成熟，這時有了彩繪陶器的出現。到了商代，陶器開始呈兩極化發展，平民所使用的器皿愈來愈簡單化；相反地，貴族所用的卻種類繁多。周朝時期飲食器物最重要的發展是青銅食器的出現及大量鑄造，著名的毛公鼎是其中的代表作品。在周朝時，食器中的「鼎」成爲禮儀中相當重要的儀式用器物。

◆春秋戰國時期

春秋戰國的烹飪器具大致上包括鼎、鬲、甗等三種。其中「鼎」延續周朝發展，到此時分成三大類：「鑊鼎」用來烹煮，「升鼎」用以盛熟食並保溫，「陪鼎」則用來盛湯；「鬲」則用來煮粥或帶湯汁的食物；「甗」的主要功用則是蒸。

◆秦漢到魏晉南北朝時期

到了秦漢時期，灶有了大幅度的改變，這時開始出現架高的大型灶台，從一些漢代的壁畫中可以看出當時已經有了四眼灶，灶上有四個爐可同時烹煮四種食物。由於對灶的重視，這時也開始有了灶神的信仰。

爲了因應灶具的發展，鍋具的型式也有相當大的變化。這時開始出現了平底的「釜」，也就是「鍋」或稱爲「鑊」，主要是陶製，「鑊」指的多是炒菜用的炒菜鍋，也有部分貴族或有錢人家使用銅鐵做的。「釜」較類似現在煮湯用的鍋子，這種平底的圓形鐵鍋，成爲我國最主要的烹煮器具，鍋具的發展也至此大致定型。

◆隋唐五代時期至現代

鍋具在漢代的平底和圓底鐵製鍋具出現後就大致定型。隋唐以後，炊具最主要的變化在於「灶爐」。北宋時開始使用煤作爲燃料，由於煤的燃燒時間較長，火力也比之前的柴草大，爐灶的體積也變得較過去爲小。

元朝時，由於蒙古人的食材主要爲肉食，其烹飪方式也相當簡單，除了火烤外，就是用大塊肉食以一口大鍋煮熟即可，烹飪用具相當簡單。另外，由於蒙古人時常遷徙，烹飪時也是就地升火，通常不使用爐灶。

一般來說，漢人的烹飪器具自宋代至清朝沒有太大的變化。直到民國初年，隨著加熱方式的改變，爐具才又出現大幅度的改變與創新，以往使用煤炭的火爐漸漸被淘汰，由瓦斯爐及現代使用的各式電磁爐、微波爐所取代，傳統火爐除了在烤肉時使用外，只有在節慶圍爐時點燃，象徵團圓之意。

(二)食具的使用與發展

食具是指進食時所需使用的器具，包括筷子、叉、匙及盛裝食物的器皿等。代表中國飲食特徵的筷子文化與代表西洋飲食的叉子文化，向來被認為是東西方進食文化的代表性差異，並從而發展出東西方截然不同的飲食文化。

中國食具不但種類繁多，隨著年代的進展，除了外型形制逐漸多樣化，裝飾刻紋等也漸趨繁複，從原始時期以獸骨及石片為質材，到現今之瓷器、鐵器等，經歷了長時間的變化。談到中國食具的使用特性和發展，可以依時代的進展來加以討論。

◆舊石器時代

舊石器時代所使用的「食具」，主要是利用自然界中原本就存在的物品直接或略經加工使用，常見的有石器和動物的骸骨等。

◆新石器時代

隨著新石器時代傳統手工業的發展，在餐具的使用上也有了許多變化。首先是材質的使用，除了原有的獸骨及石頭外，開始有竹器、葫蘆、樹皮、木器和漆器的出現，如進餐用的石匕、骨匙、木勺與骨製餐叉，這些基本使用的餐具，在當時都已大致成型。

後期出現陶製食器。同時，人們也開始注重器物的造型、裝飾及使用上的便利。當時出現的陶製食具有碗、盤、簋、豆等，其中「碗」跟現今一樣是吃飯用器皿；「盤」、「豆」則用以盛放菜餚，為了配合當時人們蹲坐進食的方式，底部通常會做一個足架高，以供方便取食；「簋」在傳統上被認為是用來盛放煮熟飯食有蓋子的方形飯器。

◆夏商周時期

這時期主要的進食方式還是用手抓食，但餐具的使用也已經開始，主要有以下數種：

1.匕、柶：兩者外型接近，類以餐匙用途。但匕頭是薄刃狀，多用來拿取鼎中的肉食；柶則是細長薄板狀，前端有淺凹槽，主要用於飲酒場合。

2.刀、削：分別有餐刀及廚刀兩種，據考古發現，其材質有銅刀、銅削、石刀、玉刀、蚌刀等多種。

3.叉：即餐叉，大多是以獸骨製成，有二齒及三齒兩種，考古雖有發現，但數量相當少，可見在當時並不常用。

4.箸：即筷子，當時大多是竹、木、骨、象牙、銅及銀製品。

春秋晚期的鑲嵌狩獵紋豆

資料來源：維基百科。

◆春秋戰國時期

春秋戰國時期的食具除了延續早期的食器外，也開始有了漆製食器的出現。陶瓷器在之前的基礎上持續發展，在產量上已有明顯提高。

◆秦漢至魏晉南北朝時期

這時使用的食具大致延續前朝的使用習慣，匕和箸（筷子）是日常使用上最主要的器具。盛裝食物的器具，以碗和缽爲主。在魏晉南北朝時，碗同時作爲盛飯、喝酒或飲茶的器具使用，是最普及、使用頻率也最高的食器；缽主要爲僧侶所使用，傳入中國後在魏晉南北朝時開始流行，一般民衆也會使用。在材質上，一般百姓用的大多是瓷碗和木碗。

◆隋唐五代時期

隋唐五代的飲食器具在材質和造型上呈現非常鮮明的時代特色。在使用材質上，豪華的金銀製品出現，精美的瓷器也成爲主流，此時研發的陶瓷新品——「唐三彩」成爲後世引以爲傲的中國藝術品。唐朝流傳至今的飲食器具中，三彩製品占了相當大的比例。

在進食用具部分，匙和筷子是主要用具。竹木筷子是一般大衆使用主流，但因易腐壞，保存不易，保留至今的多是銀筷和銀匙，可以推測當時使用銀製品的風氣很盛，這可能跟銀能「驗毒」的說法有關。

◆兩宋迄元明時期

宋朝以後，食器的發展沒有太大改變。兩宋時期，盛放食物菜餚的器具主要有豆、碗、碟和食盒等，另進食用匙、箸等，形制上幾乎已固定。陶瓷製飲食器具是宋代民間最普遍的食器用品，但同時，金銀製品和玉器也開始普及盛行，除了金製品屬宮廷專用外，貴族大臣和民間富有人家都開始使用金銀器和玉器。

元朝時，主要的改變來自於蒙古人的影響。由於蒙古人主要以肉食爲主，少有蔬果穀物，小篦刀和叉子是主要餐具，也有許多人直接用手抓肉取食，因必須將大塊烹煮的肉食切割成小塊，刀子尤其重要。

◆清代以後

自古以來，中國帝王在飲宴上，除了美食、美味外，更講究美器，此種思想在清代時發展到極致，配合宮廷御膳——滿漢全席而發展出來的一套餐具可爲代表。現存最完整的一套全席餐具，是乾隆皇帝給女兒作爲陪嫁品賜給孔府的，共有四百零四件，可上一百九十六道菜，是銀質點銅錫合金製成，造型仿古代青銅器做成，另外鑲嵌玉石、翡翠、瑪瑙等，使整套餐具看來更顯華貴。

自清末後，西方文化大量引進中國，西方的飲食習慣也隨之對中國造成相當大的影響，尤其是在西化較深的臺灣，刀叉文化逐漸成爲日常生活的一部分。

(三)其他飲食器具的發展

飲食器具除了基本的炊具和食具外，還有其他相關器具值得一提。

◆食案

食案是用以陳放食物菜餚和匙、箸等用品以供進食的器物，由於不大，通常都是供個人使用。食案的出現相當早，在新石器時代已經有所發現，是木製的方形器物，分爲兩種，一種是有腳撐高的稱爲「案」，因當時都是席地而坐，所以腳並不高；另一種無腳的是「盤」（指托盤）。食案在唐朝餐桌使用普及後即走入歷史，托盤則一直沿用至今。

◆餐桌

桌子在我國大約於東漢時期開始使用，桌子有方形和圓形型，桌腳較高，桌面也較大，可陳放較多食物供多人一起進食。到了唐朝時，餐桌在上層社會已經很普及，配合的椅子也開始出現。

◆閣

閣是中國古代食櫥的名稱，用來收藏食物和餐具。現今大多稱爲碗櫃或餐具櫃。

◆箸筲

箸筲就是筷子筒，用來收藏筷子。古代大多以竹子編成或木製，現在則大多爲塑膠製品，市面上幾乎已看不到竹木製品了。

◆餐巾

中國古代將餐巾稱爲「飯單」，用以避免進餐時油汙沾到衣服，由於多是皇室貴族或富有人家才會使用，材質相當高級，大多用絲綢製成。餐巾現今一般用餐仍常使用，但多是綿織品製成。

二、中國菜烹調法

烹調法是指將材料經初步加工及切配完成後，所進行的調味及煮炊法，亦即將食材原料加熱烹熟的技藝。中國菜的烹調法一直是造就中國菜馳名中外的最大功臣。烹調方法因各地的物產及飲食習慣而有不同的發展，即便是最平常的炒，也在不同菜系中發展出抓炒、乾炒、滑炒、生炒、熟炒等等不一而足的方式。中式烹調法雖然方式衆多，但大致可依煮食時加熱媒介之不同區分成五大類，分別是火烹法、水烹法、汽烹法、油烹法，及近代才發展出的無火烹調法。

(一)火烹法

古代稱爲「炙」，是用火本身的熱度煮熟食物的方式，也是最原始的方法，其歷史可以追溯到舊石器時代。常用的方式有烤及燻兩種。

1.烤：使用烤的方法時，通常須將食材先醃漬入味再加熱烤製。除了直接燒烤外，也可以其他物品包覆再烤，包覆的材料從原

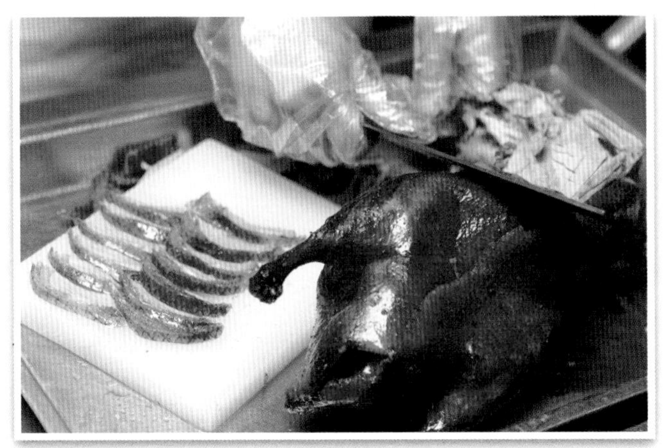

北平烤鴨

始時期的樹葉、泥土，到近代使用的鋁箔紙等均可。代表菜餚有北平烤鴨、烤乳豬等。

2.燻：是將食材原料放置於密閉容器中，利用不完全燃燒的煙使食物變熟的方法，燻熟的食物會帶有煙味，增加食物的風味。代表菜則有四川的樟茶鴨、臺灣常見的鯊魚煙、花枝煙等。

(二)水烹法

以水爲傳熱媒介，煮熟食材的方式，這類菜的特色是軟、爛、嫩。現在常用的方法有以下十四類：

1.燒：食材先以煎、炸、蒸、煸等方式加熱至半熟，再加水和調味料小火煮透入味，最後以大火將湯汁煮至濃稠的方式。最常見的做法是紅燒，如紅燒魚；其次是白燒，先將食材蒸或焯水，再加湯汁燒煮，湯色呈乳白，如清雞湯。

2.煮：又稱炡。將食物加多量湯水及調味料大火煮熟的方式，煮時可以用白水、湯汁或者添加滷汁、紅糟等。這方法除了煮湯外，也有將食材水煮再沾沾醬食用的方式，如蒜泥白肉或水

東坡肉

餃、湯圓等。

3.燉：將食物經汆燙去血水，再放入砂鍋或陶罐中，加入調味料及多量水以大火煮滾，再用小火長時間加熱使食物熟爛入味，做成的菜湯汁清鮮。燉的方法可以分爲隔水燉、汽燉和非隔水燉三種。

4.燜：也稱炆。將食材先處理至半熟，再加湯汁及調味料，蓋緊鍋蓋用中小火長時間加熱，使食物熟爛，湯汁濃厚黏稠。燜與燉最大的不同在於加水量的不同，「燉」所需的水量較多，大多用來烹煮湯菜；「燜」則加少量水，煮成帶少許湯汁的菜餚。最著名的代表作是東坡肉等。

5.煨：將原料先經煎、炸、煸或焯處理，放在鍋中加多量水以小火或微火長時間加熱，煮到食物酥爛。這方法做成的菜口感較軟，湯汁口味不重但濃稠，適合用來烹調質地粗糙的大塊肉品，如整隻雞鴨或大塊肉等，是相當費時的功夫菜。代表作有醃篤鮮、紅煨牛肉等。

6.扒：將食物先處理至半熟，整齊排入扣碗或鍋中，用小火加熱到食物熟爛，再勾芡收汁的方法。扒非常講究菜餚的外形排列與整體美觀，適合用來處理昂貴的食材。如熊掌、魚翅等。

7.燴：將各式食材先切成大小相等的片或絲或丁狀，較難熟的菜須先汆燙，先以蔥薑爆香後將材料下鍋，加湯水以大火煮熟再勾芡成半湯半菜的菜餚。常見的有海鮮豆腐羹、竹蓀（即竹笙）燴雞片等。

8.汆：又名川。將切好的食材倒入煮滾的沸水中，使材料迅速煮熟的方式。因加熱時間短，適合用於質地細嫩的食材。著名的菜有汆雙脆、雪菜大湯黃魚等。

9.㸆：適合用來烹煮整隻的魚或雞鴨等肉品，或大塊的肉。其做法是先將原料初步煮熟，再放入備好大量蔥薑的鍋中，加入湯汁及調味料，長時間以中小火加熱，讓食物吸附辛香料的味道，煮到連骨頭都酥爛，且湯汁包覆在外層。直接將湯汁煮到濃稠或收乾，不用大火收汁和勾芡。著名的有九轉大腸等。

10.熬：將食物加入大量湯汁長時間加熱到熟的方式，一般僅用鹽調味，不用其他調味料，這方法多應用在湯菜和煮粥上。

11.涮：將肉類食材切成很薄的大片狀，由吃的人自行將食材用筷子夾住，在滾燙的湯汁中來回燙至熟嫩，剛好入口的程度，就稱為「涮」，再搭配沾料入口。最著名的當屬北京的涮羊肉了。

12.燙：將食材放入滾水中加熱

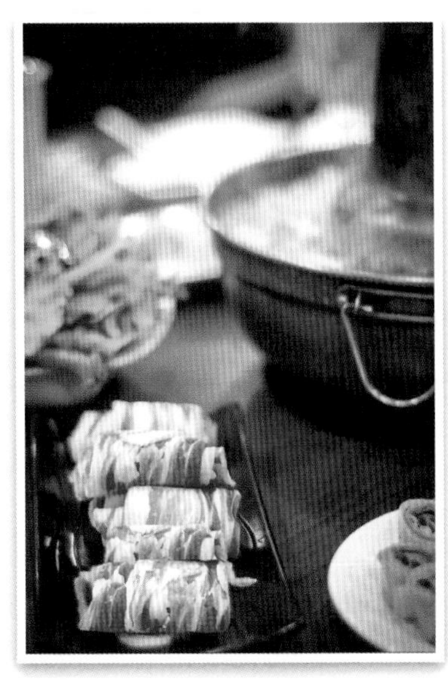

涮羊肉

到熟的方法，可以直接放在鍋中煮熟，或以滾水反覆沖燙或浸泡到熟。適合用來烹煮鮮嫩的蔬菜或豆製品，熟時再淋上汁或沾調味料食用。

13.煲：將食材加上滾水和調味料，放入陶製的煲鍋內，用小火煮到軟爛的烹調法。煲最常應用在廣東菜中，湯汁是菜餚的精華，其中的食材反而乏人問津。

14.焗：將整隻或大塊肉類食材先醃漬入味，先經過煎或炸後，放入鍋內加入湯汁、配料和調味料，以中小火燒到軟爛，起鍋前淋上麻油或用原汁加以勾芡成菜的方式。

(三)汽烹法

汽烹法其實就是蒸。是經由蒸汽導熱煮熟菜餚的方式。蒸的方式開始於陶器發明後，最早是被用來蒸熟穀物，也就是乾飯。蒸的應用範圍相當廣泛，除了直接烹製成菜外，其他烹調法也常用蒸作爲初步熟處理的方法。

(四)油烹法

是用油將食物烹煮至熟的方式，也是目前中國菜應用最廣的一種烹調法，包含了炸、炒、熘、煸等等都屬於這一類。大約在四千年前，人們發明了銅製炊具，因其耐高溫的特性，催生了油烹法的誕生。油烹法在運用上，因用油量的多寡和油溫的高低，會使菜餚產生不同的口感和質感，再加上調味料和調味技法的配合，使油烹法產生了相當複雜多變的技巧。以下是九種油烹法的介紹：

1.炸：古稱「爍」，是用油量最多的一種方法。炸的方式除了清炸外，另外還有沾乾粉的乾炸，用溫油泡熟的軟炸，加蛋麵糊的酥炸，表面抹糖晾乾再下鍋的脆炸，用腐衣或豬網油包起來再下鍋的卷包炸，還有沾上大量麵糊炸時會膨脹的胖炸等，其

糖醋排骨

成菜的口感差異相當大。

2.炒：是中國菜應用最廣泛的一種烹飪法。先將食物切成小塊，用大火熱油熱鍋，再將食物放入鍋中翻炒拌勻調味，煮到食物熟即可起鍋。

3.熘：將原料先切成片、絲或丁狀，拌入調味料和蛋清麵糊，用溫油泡到接近八分熟，再加入芡汁煮到熟嫩。這種煮法的特點是滑嫩鮮香，調味則可以清淡也可以醇厚，清淡的如翡翠蝦仁，濃厚的有糖醋排骨、糟溜魚片等。

4.爆：把食材切成小塊，用大火熱油快速將食物煮熟的方法。一般通常採用油爆，也有用水爆的方式。一般常見的菜有油爆雙脆及北京的爆肚，還有臺灣常見的蔥爆羊肉。

5.煸：將食材先切成薄片或絲狀，以大火熱油加熱到熟。煸的方式適合用來烹煮肉類和根莖類蔬菜。菜餚一般上桌時會將油瀝掉，菜口感軟中帶酥，味道香濃，臺灣常見的有乾煸四季豆和乾煸牛肉等。

6.煎：可以應用在各種食材上，但須先將原料處理成扁平狀，所須油量較少，將兩面煎到黃熟即可。

7.煸：將食物煎熟，再加湯汁煮到回軟收汁的方式。山東菜最擅長運用這種煮法。

8.貼：將幾種不同食材層疊組合在一起，用少許油煎其中一面，再加湯汁煮到收汁的方式。煮出的菜底部香脆，內層卻相當柔軟。

9.拔絲：將食材切成小塊，裹粉漿並油炸定型，再放入已熬煮成金黃色的糖液中拌煮沾勻即可。食材不拘，除了水果、蔬菜外，肉類也可以，一般用來製作甜點。例如拔絲地瓜。

(五)無火烹調法

無火烹調是近代因應科技新品發明而出現的方法，運用電能、電磁波等能源產生熱能煮熟食物。使用的器具包括烤箱、電磁爐、微波爐和遠紅外線烤爐等。

第四節　飲食習俗與飲食禁忌

一、飲食習俗

習俗，又稱風俗、民俗或風土人情等，是一種悠久而普遍的歷史文化傳承，約定俗成和相沿成習的精神信仰，表現在言行心理上的生活慣例。民俗的形成包含人類生活中的各個層面，目前對物質和精神生活中透過語言和行爲傳承的民俗意象，已經形成一門專門研究的學科，稱爲民俗學。

飲食習俗也稱爲食俗、食風或食禮，泛指在飲食加工、烹製和食用過程中形成的風俗習慣和禮儀常規。中國很早就出現食俗這個名詞，孔子曾提到：「移風易俗，莫善於樂；安上治民，莫善於禮。」《漢書》中也曾提到：「風」是由上而下教化產生的結果，是自然環境所造就而成；「俗」則是下層民眾自我教化，沿習成俗的結果，是由社會條件所決定。

(一)食俗形成的背景

民俗是伴隨著自然環境與社會發展而產生的習慣。中國食俗的發展與形成主要受到五個因素的影響，分述如下：

◆環境因素

天然環境與物產的豐饒，也就是食材原料的生產與是否豐沛，對當地的飲食習慣發展有著絕對的影響。例如北部食麥，南部食稻，而邊疆民族則多肉食等，這與當地物產即有著密不可分的關係。

◆政治因素

當權者的個人好惡和施政方針，對其統治之下地區的飲食風俗也有著不可磨滅的影響。例如：佛教初傳入中土，本來是不禁肉食的，直到梁武帝因迷信佛教，全面禁止僧人肉食，才形成今日的佛教戒律；又如唐朝信奉道教，視鯉魚爲神仙坐騎，另「李」是國姓，爲了避諱，唐人很少吃鯉魚，古代類似情況爲了避諱而演變出來的食俗相當多。另外，元、清朝當政時，邊疆民族的飲食也跟著進入中原，成爲當時普遍的飲食，也是一例。

◆經濟因素

一個社會的經濟情況，自然也是影響人們飲食習慣的一環。飲食不可避免地會受到一個社會的富足或貧困等因素影響。此外，物質的生產力，也相對會影響食物的結構與飲食習慣。

◆宗教信仰

有不少食俗是從原始的神明崇拜儀式演化而來，直到現在都還存在著。如佛教不吃肉食和五葷菜，演繹出信佛的人吃早晚齋的習慣；還有回教的齋戒月等，都是宗教信仰深入一般民眾生活的具體呈現。

◆語言文化

語言是人們思想交流的工具，也是食俗得以世代傳遞的工具。它不僅呈現出中國烹調中的各種技法及技巧，像是刀工、焯水、汆、走油、火候、折花等；其次，類似店名的命名、門聯、菜名、席名、烹飪相關的諺語和歇後語，甚至飲酒時的酒令、對子等，均是以語言呈現中國飲食的文化。

(二)食俗的分類

中國的飲食習俗不但多元且複雜，涵蓋了生活中的各個層面，從一個人的出生到死亡，從一年的年頭（新年）到年尾（祭灶送灶王），都各有飲食習俗與之息息相關。

中國飲食是民俗的一部分，在此以民俗學上的分類方法，將中國飲食習俗分成年節食俗、人生禮儀食俗、宗教食俗和少數民族食俗等四個大類。

◆年節食俗

在一年的各個民俗節慶中，透過飲食習俗襯托節慶的歡樂氣氛，從大年初一的春節到一年結尾的除夕（**表4-7**）。

◆人生禮儀食俗

是指人類日常生活中所有相關的風俗，包括從出生到死亡的一切婚喪喜慶。例如：從小嬰兒滿月時請吃紅蛋、油飯；結婚的喜宴；婦女生產時坐月子；還有過生日的壽宴以及過世的喪宴等。

表4-7 年節食俗

節日	象徵食物
春節	南方：吃年糕象徵年年高昇 北方：吃水餃象徵元寶，有些還會在元寶中包錢
上元節	農曆正月15日，吃元宵（包餡湯圓）
清明節	吃潤餅、春捲
端午節	農曆5月5日，吃粽子
中秋節	農曆8月15日，吃月餅、文旦
臘八	農曆12月8日吃臘八粥，又稱八寶粥
灶王日	農曆12月23日，是灶王爺回天庭向玉帝報告每戶人家一年中所發生的事，為了讓灶王在玉帝面前只講好話，每戶人家都會準備一些餅乾糖果祭拜，讓灶王甜嘴
除夕	農曆每年的最後一天，傳統上是全家團聚的日子，年夜飯每道菜都有其寓意，必須有魚（年年有餘）、長年菜、菜頭（好彩頭）等等

◆宗教食俗

中國主要信仰是佛教、道教並結合一般民間信仰，其食俗多是屬於禁忌。佛教禁止吃肉及五葷菜，除了制約出家人，也限制了一般的善男信女。道教則有三厭的說法，喇嘛禁食奇蹄類動物和魚鮮，少數信仰回教的邊疆民族則是不吃豬肉和每年一次齋戒月，這些禁忌表現在日常生活中就成爲清規戒律，影響著一般民衆的生活。

◆少數民族食俗

由於中國境內的少數民族數量衆多，每個民族各有各自的飲食特色及習俗；而與漢族相似的是，飲食習俗通常配合著民族慶典或婚喪禮俗而成。

二、飲食禁忌

自古以來中國人就有相當多的所謂「忌諱」，在飲食文化的領域上，禁忌更是普遍存在的現象，且幾乎成爲法律以外的教條，一直爲人所遵守，一個人從出生以來即爲其所規範。

飲食禁忌可分爲兩部分來討論，一般人談到飲食禁忌，通常都以食物配搭產生的生理影響或者其對身體機能的損益爲主，尤其是各種慢性病人該忌諱的食物更是多不勝數，這部分屬於生理上的禁忌；另外一部分則屬文化上，也就是心理上的禁忌。

(一)生理（醫學）上的飲食禁忌

◆民俗禁忌

這部分的禁忌目前以我們一般常見的《農民曆》中所記錄的食物禁忌爲代表。《農民曆》是我國民間長期流傳的民間傳說總彙，記錄了從古至今一般民衆從日常生活中學習的經驗，記載內容相當多元，包括命理學、姓名學、飲食禁忌等等。《農民曆》所載錄的禁忌屬於食物錯誤配搭時相剋的情形，如食柿後禁食蟹，大蔥（青蒜）與蜂蜜不得共食，否則會產生中毒等；這些症狀，輕微的會使食用者身體不適，嚴重的甚至會出現中毒致命的情況。這些禁忌存在已經相當久遠，經過長時間的驗證，使其成爲我們日常飲食的規範及依循。

其實，早在漢代以前中國人就已經開始注重飲食的禁忌了。《周禮》的〈食醫〉篇中就提到牛肉適合配稻米食用，羊肉則配黍食等。《禮記》〈內則〉也規定了一些忌吃的東西，像小鱉不能吃、吃狗要去腎、吃狐狸不能吃頭等等。

在飲食的食性相剋方面的研究上，有一代表性的著作是元代賈銘的《飲食須知》。賈銘在世共活了一百零六歲，這應該歸功於他在飲食方面的養生和禁忌之道。《飲食須知》中將食物分爲穀物、菜蔬、瓜果、調味品、水產、禽鳥、走獸等七大類，另外獨立出「水火」一類，共有八卷。在當時飲食療養的研究相當發達，著作也相當多，除了《飲食須知》外，還有元代忽思慧的《飲膳正要》、清朝王士雄的《隨息居飲食譜》，以及明代李時珍的《本草綱目》等，都是對後世影響深遠的代表作品。

◆醫學禁忌

醫學上的禁忌主要是對於病人食物攝取上的限制，防止病人錯誤的飲食習慣對已經受損的身體健康造成更大的傷害，這一點在中國醫學上行之有年；而西方醫學近年來也漸漸重視病人飲食的營養攝取，並納入其醫學治療和研究中。

中國人講究醫食同源，認爲醫療不如食療，並從中衍生了對飲食方面獨有的見解和看法，從而影響了一般民衆對飲食的看法。以下分別從三個方面來討論中醫對飲食禁忌的看法：

①五味與五行學說的對照

五味指的是味覺中的甘、酸、苦、辛、鹹。中醫食療的飲食宜忌素來與中國的五行學說有著難以分割的關聯。以中醫的觀點，用五行的木、火、土、金、水配合飲食上的五味，可以增強身體中五臟的能力，三者之間的關聯大致可歸納成**表4-8**。

表4-8　五行、五味及五臟的對應

五行	五味	五臟
木	酸	肝
火	苦	心
土	甘（甜）	脾
金	辛（辣）	肺
水	鹹	腎

以**表4-8**看來，甜能開脾，補充氣血，但吃多卻會造成心血管疾病，另外糖尿病人也忌吃；酸味能增進食慾，增強肝臟功能，但會導致消化功能不良；苦味能清熱，對心臟功能有幫助，但適合濕熱症的人吃，體質偏冷的人就不適合；辣味可促進胃腸蠕動，並促進血液循環，對肺部功能有幫助，但嗜吃太辣卻也會造成消化系統問題；鹹味能促進腎臟功能，還能潤腸清熱等，能治便祕，但飲食太鹹卻會使血壓升高形成高血壓，並造成心臟的負擔。

所以，五味雖然對身體有所助益，但不恰當地進食仍然會使身體不適，影響身體的健康。

②四氣理論

四氣指的是寒、涼、溫、熱等四種食物特性，另有人加上「平」性成爲五性。中醫認爲食物與藥物相同，都有氣性之分，瞭解食物的四性，就能針對病徵加以運用，使之可以有效醫治各種病痛。如熱症就須用寒涼性的食物醫治，所以在中暑時會建議多吃瓜果類涼性的食物；對付寒症就要用溫熱性質的食物了，所以在冬天就會建議吃些薑母鴨或羊肉爐等熱性食物補身禦寒，這些都是根據食物的四氣性質加

羊肉爐

以運用於日常養生的例證。相反來說，如果食物的氣性不合，就成爲飲食上的禁忌，如夏天就不適合吃燥熱的食物，而冬天就不適合吃瓜果類寒涼的食材，這些都會對人體的健康造成不良的影響。此亦爲常稱的「陰陽理論」。

③忌吃「發物」

所謂「發物」指的是容易令人生痰、發毒或助長火氣的食物，吃了容易誘發身體的不適，也就是一般民間常說的食物比較冷或太毒的說法。「發物」範圍很廣，一般常提到的，在肉食方面有鴨肉、狗肉等；在海鮮方面則有蝦子、螃蟹；蔬果類有韭菜、芒果、芋頭等，另外還有蛋、黃豆等；皮膚容易過敏或有過敏體質的人尤其必須注意這類食物，吃了之後常會誘發過敏，引起不舒服的症狀。

(二)心理（文化）上的飲食禁忌

在文化的禁忌上，我們在這裡要討論的，主要以漢族的習俗爲主。飲食禁忌一般都與宗教、年節習俗密切相關，也有是針對特定對象的，像孕婦的禁忌，到目前都還深入一般民衆的生活當中。

◆宗教上的禁忌

中國對飲食的禁忌，有相當大一部分來自於宗教，也就是佛教的規範。由於佛教是在中國分布最廣，信仰最衆的宗教，同時佛教戒律中對飲食又有著相當嚴格的規範與要求。

佛教出於慈悲心而禁止殺生，除了規定不得食葷肉食之外，五葷菜包括蔥、蒜、韭、薤、興蕖等，也因爲吃了之後會有惡氣而被歸入禁食之列。其實，在佛教剛傳入中國時並未絕對禁止肉食，尤其是出家人大多托缽化緣，人家施捨什麼就吃什麼。在當時有「三淨肉」的說法，也就是不自己殺生、不唆使他人殺生、未親眼看到殺生的肉食還是可以吃的。

道教在中國也是廣受民衆信仰的宗教，道家的根本思想在於對生命的尊重，以及對生命長壽不老的追求。道教對飲食的要求主要表現在兩方面，一是少食辟穀，也就是不吃五穀，以其他食物代替，主要有大棗、茯苓、芝麻、蜂蜜等；二是不吃葷腥，其目的都在於保持身體的清潔。

回教自七世紀中傳入中國，在少數民族間有廣泛的流傳，回教飲食也自成一格，稱為清眞菜。回教對飲食也有諸多的規範，他們認為豬、狗、驢、騾是不潔的，尤其是豬肉更是禁止吃食。此外，自己死亡的動物、血液和未經過誦經宰殺的動物也都不能吃，還有無鱗的魚以及肉食性而暴躁的動物也都禁吃。

◆習俗上的禁忌

漢族在飲食上的禁忌五花八門，有些出自於迷信，有些出自於道德感。在迷信部分，中國人相信所謂的忌諱，有些行為會令人聯想到死亡或不吉利的，一般都會形成禁忌。舉例來說：

1.忌將筷子插在飯上：因為那是祭拜死者時拜腳尾飯的放法，為了避免聯想而且不吉利。
2.女孩吃飯忌換位子：一般相信吃飯換位子的女孩婚後會再嫁。
3.吃飯忌敲碗：這是乞丐的行為，怕以後會沒飯吃須要飯。
4.筷子不可橫放在碗上：因這是供奉死人的方式。
5.小孩不可吃雞腳：民間流傳這樣會撕破書，書會念不好。

除了以上所舉之外，中國人在年節期間也都有一些飲食上的忌諱，尤其是正月初一忌諱更嚴格，不想在新年年頭就被觸了霉頭。

出於道德感的禁忌，則是為了感念某些事物而形成的習俗，譬如臺灣人早期一般都不吃牛肉，這是為了感念牛為人類耕田的辛勞，不忍心把牠殺來吃。還有一個例子就是寒食節，這也是為了紀念介之推寧願與母親被燒死在山林間，也不願出仕而流傳下來的「不准生火，只准冷食」的習俗。

◆人的禁忌

在飲食禁忌上，針對特定的對象也會有不同的忌諱。這部分到目前都還被遵循的，大概只剩孕婦的禁忌了。

懷孕是人生大事，尤其在古代衛生醫學不發達的時候，不只嬰孩夭折率大，孕婦生產也是相當危險的事，婦女常因難產而死，所以臺語有句俗話說：「生得過雞酒香，生不過一塊板（棺材板）。」為了希望能順利孕育下一代，古人在婦女懷孕開始就訂了相當多的規矩。在吃的方面，孕婦忌吃薑，怕嬰孩生出六指；不可吃兔肉，怕小孩長兔脣等等。產婦則忌吹風，坐月子不可洗澡洗頭，不可吃冷涼食物等。這些禁忌以現代眼光來看雖不合時宜，但在古代環境因素不好的情況下，卻是古人保護產婦和嬰孩的一些做法。

參考文獻

一、中文

山東人民出版社編輯（1982）。《山東特產風味指南》。濟南：山東人民出版社。

中國八大菜系叢書編委會（1998）。《川菜》。北京：民主與建設出版社。

中國八大菜系叢書編委會（1998）。《浙菜風味家常菜》。北京：民主與建設出版社。

中國八大菜系叢書編委會（1998）。《閩菜》。北京：民主與建設出版社。

中國八大菜系叢書編委會（1998）。《徽菜》。北京：民主與建設出版社。

中國烹飪協會主編（1997）。《蘇菜》。北京：華夏出版社。

巴蜀編（1986）。《烹調小品集》。北京：新華出版社。

方青華（1989）。《中國典故名菜》。北京：中國食品出版社。

方菲主編（1994）。《中國味系列叢書》。臺北：書泉出版。

王子輝（1990）。〈飲食習俗〉。中國烹調大全編委會，《中國烹調大全》。哈爾濱：黑龍江科學技術出版社。

王子輝（1991）。《隋唐五代烹飪史綱》。西安：陝西科學技術出版社。

王仁湘（1997）。《中國史前飲食史》。青島：青島出版社。

王仁湘（2001）。《飲食之旅》。臺北：臺灣商務出版。

王仁興（1985）。《中國飲食談古》。北京：中國輕工業出版社。

王世禎（1985）。《談中國吃》。臺北：開朗出版。

王利華（2000）。《中古華北飲食文化的變遷》。北京：中國社會科學出版社。

王明德、王子輝（1988）。《中國古代飲食》。西安：陝西人民出版社。

王英若、董寅初、尹傳紅（1994）。〈中國肉食文化論〉。李士靖主編，《中華食苑》第二集，頁53-66。北京：中國社會科學出版社。

王煥華、倪惠珠編著（1998）。《中國傳統飲食宜忌全書》。南京：江蘇科學技術出版社。

王瑤芬（1997）。《食物烹調原理與應用》。臺北：偉華出版。

冉先德（1997）。《中國名菜：齊魯風味》。北京：中國大地出版社。

四川省民俗學會、四川省名人協會編（2001）。《川菜文化研究》。成都：四川大學出版社。
田可（1987）。《中國八大菜系菜譜選》。臺北：常新出版。
任百尊主編（1999）。《中國食經》。上海：上海文化出版社。
伊永文（1998）。《明清飲食研究》。臺北：洪葉文化。
安徽省飲食服務公司編（1983）。《徽菜》。安徽：新華出版。
朱小丹主編（1999）。《廣州美食》。廣東：廣東省地圖出版社。
余彥文、余明海、田玉堂（1996）。《中國美食摭聞》。臺北：漢欣出版。
吳汝祚（1994）。〈中國史前時期食物貯藏的研究〉。李士靖主編，《中華食苑》第四集，頁13-37。北京：中國社會科學出版社。
李士靖（1996）。《中華食苑》第二集。北京：中國社會科學出版社。
李作智（1990）。〈中國古今餐具和炊具〉。中國烹調大全編委會，《中國烹調大全》。哈爾濱：黑龍江科學技術出版社。
李璠（1994）。〈中國栽培植物起源和發展要略——從採集野生食物談起〉。李士靖主編，《中華食苑》第八集，頁3-21。北京：中國社會科學出版社。
杜福祥（1983）。《中國名食指南》。北京：中國旅遊出版社。
周三金（1999）。《中國名菜精華》。臺北：笛藤出版。
林永匡、王熹著（1990）。《清代飲食文化研究》。黑龍江：黑龍江教育出版社。
邱龐同（2001）。《中國菜餚史》。青島：青島出版社。
姚偉鈞（1989）。《中國飲食文化探源》。廣西：廣西人民出版社。
姚培均主編（1997）。《華夏菜點精萃：浙江風味》。北京：華夏出版社。
施繼章、邵萬寬編著（1989）。《中國烹飪縱橫》。北京：中國食品出版社。
洪光住（1985）。《中國食品科技史稿》。北京：中國商業出版社。
洪光住（1993）。〈中國豆腐文化起源發展史〉。林海音主編，《中國豆腐》。臺北：純文學。
胡長齡（1988）。《金陵美食經》。南京：江蘇人民出版社。
胡靜如（1995）。《吃在中國》。臺北：台視文化。
倪舜心（1997）。《徽菜》。北京：華夏出版社。
夏琪（2001）。《江蘇小吃》。北京：中國輕工業出版社。

徐海榮主編（1999）。《中國飲食史》。北京：華夏出版社。
浙江科學技術出版社編輯（1999）。《浙菜精華》。杭州：浙江科學技術出版社。
秦林編著（2007）。《品菜談史》。北京：東方出版社。
袁洪業（1995）。《安徽風味》。青島：青島出版社。
袁洪業、李榮惠主編（1995）。《浙江風味》。山東：青島出版社。
張林編著（1993）。《中國美食趣談》。南寧：廣西教育出版社。
張恩來編著（2005）。《中國典故菜餚集》。北京：外文出版社。
張廉明（1992）。《齊魯烹飪大典》。山東：山東科學技術出版社。
陳一宙主編（1986）。《廣東食譜》。臺北：漢光文化。
陳光新（1994）。〈中國飲食民俗初探〉。李士靖主編，《中華食苑》第一集，頁300-313。北京：中國社會科學出版社。
陳春松（1992）。《中國揚州菜》。北京：中國輕工業出版社。
陳詔（1996）。《美食源流》。上海：新華出版社。
陶文台（1981）。《江蘇名饌古今談》。江蘇：常州人民出版社。
陸文夫（1997）。《美食家》。上海：上海文藝出版社。
惠西成、石子編著（1993）。《中國民俗大觀》。臺北：漢光文化。
曾玉明主編（1995）。《江浙菜食譜》。臺北：漢光文化。
楊存根（1988）。《淮揚風味菜餚》。江蘇：江蘇科學技術出版社。
楊家棟（1997）。《中國大菜系：蘇菜》。山東：山東科學技術出版社。
福建省飲食服務公司編著（1998）。《福建風味》。北京：中國財政出版社。
齊言（2000）。《徽菜烹調250種》。北京：金盾出版社。
鄭云（1995）。《福建菜圖文全解一百例》。北京：中國旅遊出版社。
謝定源主編（1999）。《新概念中華名菜譜》。北京：中國輕工業出版社。
韓舞鳳（1985）。《安徽特產風味指南》。安徽：教育出版社。
羅伯健（2000）。《古代飲食：口腹交響曲》。臺北：萬卷樓。
蘇慧（1999）。《中國名菜傳奇》。臺北：林鬱文化。

二、網站

維基百科，http://zh.wikipedia.org/wiki/Wikipedia

飲料文化

學習目標

★認識世界三大飲料：酒、茶與咖啡

★認識臺灣與大陸的飲料文化

★認識其他地區的飲料文化

第一節　酒文化

一、酒的種類

世界各地有著不同的釀酒技術，而歷史的久遠更造成酒的豐富與多樣性。以下我們將介紹酒的種類與特性。

(一)黃酒

黃酒是以穀物爲原料，經過酒藥、酒麴糖化發酵而釀成的一種低酒精濃度的原汁酒。因其顏色呈黃色而得名，古稱「醪酒」，是中國最古老的一種發酵酒。在臺灣，一般最常喝的「紹興酒」即爲黃酒的一種。

(二)白酒

白酒即爲臺灣所稱的高粱酒，在中國有著悠久的歷史。白酒是以高粱爲原料，也有用大米、其他糧食或薯類等釀製的，因用火能夠燒著，故又稱「白乾」或「燒酒」。其特色是清澈透明，質地純淨，芳香濃郁，但酒精濃度較高，屬於烈性酒。據考證，白酒起源於元代，興盛於明代以後。但由於在地理與人文環境薰陶的影響下，白酒一直是中國大陸飲料酒類中消費量最多的一類，如以產地取名的茅臺酒、汾酒；以原料取名的五糧液、高粱酒；以歷史相沿的名稱取名，如劍南春、全興大麴酒等。

(三)葡萄酒

葡萄酒原產於西亞地區，後經希臘傳到歐洲及美洲。而中國開始

葡萄酒

接觸此酒約在漢武帝時，由著名的探險家張騫從西域帶來新的葡萄品種，進而傳入中國內地，但發展非常緩慢。直到東漢末年，中原地區才有人釀製葡萄酒，一般人還是以白酒和黃酒爲酒類飲料的大宗。直到十九世紀末，華僑張弼士在煙臺栽種葡萄，建立張裕釀酒公司，才開始大量生產。目前在中國大陸，葡萄酒已漸趨普遍，張裕的干紅葡萄酒占有重要的市場地位。

(四)果酒

果酒是中國最古老的酒類之一，因爲傳說中的釀酒起源，即源自猴子食剩的果子自然發酵而產生，所以只要盛產水果的地方都能釀製各種不同的風味酒。在大陸，如四川渠縣盛產柑橘，即產廣柑酒及紅橘酒；臺灣的苗栗大湖盛產草莓，因此在當地也可以買到香醇的草莓酒。

(五)啤酒

啤酒同樣是由外國人引進中國大陸才有的酒類飲料，年代約在民國前十年左右，其原料主要爲大麥芽，酒花是唯一的香料。大陸早期的啤酒廠多由德國、俄國所建，最早的是1900年俄國在黑龍江哈爾濱市建立的烏盧布列夫斯基啤酒廠。而現今大陸十分暢銷的青島啤酒、燕京啤酒等，已是由中國大陸自行成立之公司經營；臺灣的啤酒仍以臺灣菸酒公司的臺灣啤酒最爲聞名與暢銷。

(六)藥酒和補酒

由於中醫保健養生的觀念在中國人的生活當中扮演重要角色，因此爲保健養生的藥酒與補酒應運而生，如人蔘酒、枸杞酒、八珍酒、十全大補酒等。人們會因不同的生理需求選擇適當的藥酒來飲用。

二、臺灣酒文化

(一)臺灣酒的歷史分期

雖然臺灣的製酒歷史僅有九十年，但臺灣的殖民歷史卻反映了臺灣酒的文化豐富性。臺灣的原住民、明末清初渡海來臺的閩粵漢人，開啓了臺灣的製酒文化。其實原住民一直都有飲酒的習慣，尤其是慶典時，酒更是不可缺乏的重要祭品。**表5-1**是根據《臺灣酒的故事》（2002），將臺灣的製酒分爲四個時期，也可自此四個時期的劃分方式約略對臺灣的酒歷史有初步的認識。

(二)臺灣菸酒股份有限公司（臺灣省菸酒公賣局）

1922年日本人在臺成立「臺灣總督府專賣局」，可算是臺灣省菸酒公賣局（簡稱公賣局）的前身。當年專賣的物品包括菸酒、食鹽、樟腦、鴉片、火柴、汽油、酒精和度量衡，當時日本藉由這樣的專賣制度控制臺灣的經濟資源。直到臺灣光復之後，政府接續原來的專賣事業，單位改名爲「臺灣省專賣局」。到了1947年，專賣項目縮減爲菸酒和樟腦，於是再次改名，命名爲「臺灣省菸酒公賣局」。

表5-1 臺灣製酒時期劃分表

年代	時期劃分	內容
1907以前	民間傳統製酒時期	1907年日本在臺灣徵收「酒造稅」，目的是改善島內酒類製造情形，助長酒業發展
1907-1935	臺灣酒業的轉型	1922年實施酒專賣，成為第五種專賣事業，以增加殖民地政府的財政收入
1935-1945	臺灣總督府的搖錢樹	日本人利用臺灣酒業增加國庫收入
1945-2002	臺灣省菸酒公賣局	臺灣脫離日本殖民地身分，但臺灣省專賣局繼續延續，而酒專賣改由臺灣省菸酒公賣局經營，仍為國營企業，持續約五十年
2002以後	民營	為加入WTO，國營企業臺灣菸酒公賣局民營化，改制為臺灣菸酒股份有限公司

資料來源：作者整理，參考范雅鈞（2002）。

政府之所以成立公賣局，其目的是爲了防止市場壟斷，以低價提供民間消費。但隨著經濟的發展與國民生活水準的不斷提升，公賣局亦開始轉型，並於2002年改制民營，並稱爲「臺灣菸酒股份有限公司」。公賣局在五十年的專賣事業下，開發許多的酒類產品，臺灣民間生活的許多必需品，在酒類部分幾乎仰賴公賣局的供應，可說與臺灣人民的生活息息相關，無法分離。

臺灣省菸酒公賣局零售商號誌

資料來源：臺灣菸酒股份有限公司。

(三)臺灣著名之酒廠

公賣局在臺灣的酒類專賣扮演十分重要的角色，而其下所擁有的許多酒廠也因時間的累積，可以說已成爲臺灣酒文化的代表。以下我們將介紹幾所具代表性的酒廠：

◆建國啤酒廠

現也稱爲臺北啤酒工場。建國啤酒廠創立於1919年，前身是日本高砂麥酒株式會社，是日據時代臺灣僅有的啤酒廠，由日本芳釀會社社長安部幸之助等人發起；設廠的主要設備主要購自夏威夷。

目前建國啤酒廠已不再生產啤酒，但它所創造的臺灣啤酒奇蹟，其名號在世界上不輸其他品牌。廠內設備目前還存有世界僅有的「糖化釜」，而其開放式的傳統發酵槽及早期鋁製的三百公石儲酒桶均是重要酒文化資產，可爲臺灣的酒歷史做一見證。

◆樹林酒廠

清光緒年間，現今新北市的樹林區即有私人小規模的酒廠存在，所釀的酒以米酒和福建安溪老紅酒爲主；到了日據時代，日本因實施酒專賣，因此將此製酒廠接管下來，改名爲「臺灣省總督府專賣局樹林酒廠」，光復之後即更名爲「臺灣專賣局樹林酒廠」，具有近一百年的歷史，是臺灣最古老的酒廠。此酒廠專門生產紅露酒，是臺灣紅露酒的主要供應地。

◆埔里酒廠

埔里酒廠亦在日治時代成立，由於埔里擁有得天獨厚的水質與氣候，其水是自埔里郊外的愛蘭里之一口山泉井取得，因此水質甘美，自古就是「御用貢酒」的釀製場所。爲了拓展酒廠生機並延續其價值，埔里酒廠成立全臺第一座酒文物館，並利用紹興酒的絕好香味，研發各種紹興食品，如冰棒、茶葉蛋、米糕等，均有紹興酒的成分，

埔里酒廠的紹興酒甕
資料來源：臺灣菸酒股份有限公司。

將酒的利用價值發揮得更加多元化。

◆嘉義酒廠

嘉義酒廠於1922年成立，原屬於專賣局的臺南分局，至1924年才改隸於嘉義分局。臺灣光復初期，酒廠僅生產藥酒與白露酒兩種，後來陸續研發高粱酒及再製的酒類產品，後來為因應增產及嘉義的都市發展計畫，酒廠搬遷到民雄，並續建一、二期工程；另外也成立酒文物館，發展嘉義酒類產業觀光。

◆其他酒廠

苗栗的復興酒廠目前是遠東地區臺灣最大的啤酒生產酒廠；南投酒廠則專生產水果酒；臺南的成功啤酒廠則生產最新鮮的生啤酒；臺中尚有中興酒廠；宜蘭酒廠亦成立一座「甲子蘭酒文物館」。

(四)臺灣的名酒

臺灣人製酒歷史雖短暫，但憑藉著先天的自然環境優勢，開創出許多著名的品牌。近年來雖開放國外及大陸酒類進口來臺，但經過幾年的市場競爭，臺灣菸酒公司的本土酒類飲料在啤酒類仍舊拔得頭籌。接下來將介紹臺灣幾項聞名的酒類。

◆啤酒

「臺灣啤酒，尚青！」這是一句廣告詞，但若對臺灣的啤酒市場進行分析，雖然土洋大戰十分激烈，卻仍是國產的臺灣啤酒略居上風。在日據時代，日本人選擇建國啤酒廠進行啤酒的製造，但當時的生產技術不夠純熟，因此市場一直無法打開。直到1950年代，國民所得逐漸提高，需求量大增，於是公賣局開始大量生產，也為應付未來的需求，曾派員至國外取經，學習更佳的技術來改善臺灣啤酒的品質。

現在的臺灣啤酒為區隔市場，也提供生啤酒等不同口味的啤酒，以求擴大市場占有率，並面對大陸啤酒的接踵而來，做最佳的因應對策。

◆高粱酒

金門高粱是臺灣引以為傲的象徵，金門在過去的歷史角色扮演上，一直是一個戰役基地，所謂的「古寧頭之役」、「八二三砲戰」都為金門寫下輝煌的歷史。然而在局勢穩定後，當地居民開始學習生存的能力，竟發現金門僅適合種植高粱，當地的駐軍都以白米換高粱以供百姓食用，為瞭解決滿倉的高粱問題，於是1952年在金城附近創建九龍江酒廠，經過不斷地研發與嘗試，終於在1953年開發出固態發酵的高粱酒，並上市販賣，成為金門高粱的創始。

金門雖是一座小島，卻因大陸海洋性氣候影響，空氣十分清新，加上花崗岩地形間所蘊藏的地下水，其礦物質含量特別豐富，當地的高粱顆粒小、表皮厚，澱粉與蛋白質的含量又高，這些天然因素，造就金門高粱的高品質，若說臺灣高粱酒的代表，金門陳高當之無愧。

◆紹興酒

在日治時代初期，臺灣的酒廠以生產紅露酒和米酒爲主，後來雖成立專賣局，仍無從事紹興酒的生產，但爲因應許多社交場合的需要，於是專賣局派人前往浙江紹興採購。臺灣光復後，板橋酒廠自大陸紹興酒的成分進行分析，希望能夠自行開發屬於臺灣的紹興酒，但品質一直不盡理想。直到1953年，酒廠聘僱擁有製造紹興酒經驗的浙江人周景山兄弟，再加上一群幕後人員的共同協力開發，終於爲臺灣紹興酒立下良好的基礎。

紹興酒乃屬於黃酒的一種，臺灣的紹興酒則是以圓糯米爲主，並輔以蓬萊米、小麥進行釀造。過去在傳統的婚宴上，多是以紹興酒作爲主要酒品，但由於國際市場競爭激烈，傳統的紹興酒已少在這些場合出現，取而代之的是「愛蘭囍酒」等重新包裝的黃酒仍在市場上十分討喜，重續臺灣紹興的風光。

◆紅露酒

紅露酒是我國閩臺兩省特有的酒，與高粱、紹興並稱爲臺灣三大名酒，樹林酒廠爲主要生產地。此酒原本是源自福建安溪的「老紅酒」，從清代以來，紅露酒一直是臺灣中上家庭自家釀造的家用酒，是用糯米和特製的紅麴爲原料，由於它以紅麴釀製，因此在過去時代，也是婦女坐月子時優先選擇的必備酒品。

◆米酒

米酒是歷史悠久的臺灣酒，早期多屬家中自釀的酒，直到日治時代，日本人才將其大規模量產，而其量產的過程是有一段故事的。當時有位名叫神谷的技師到越南採購米原料，看到法國人在西貢開設的酒精廠，利用巨大的酒槽釀酒，產量很高，於是把做酒精的一套方法移植到臺灣，臺灣米酒才走向量化的生產。

「紅標米酒」是臺灣特有的民間用酒文化。紅標米酒的配方是早期公賣局收購省糧食局的到期戰備米，加上台糖蔗糖發酵成的食用酒精，依比例製造的。對臺灣人而言，紅標米酒是料理酒，舉凡炒高麗菜、燉紅燒肉，或是坐月子吃的麻油雞等，都需要米酒加以烹調。後來因應臺灣加入世界貿易組織（WTO），臺灣菸酒公司被迫提高米酒價格，才能與各國公平競爭，使得米酒風波不斷，甚至有人喝假米酒致死一事。

臺灣的紅標記憶與紅標文化，事實上已交織成庶民生活的共同坐標，形成社會盤根錯節的強烈需求。米酒不僅是庶民生活的消費商品，更形成了臺灣特有的飲食文化，其所創造的附加價值及其對社會的意義，無法以它的定價衡量，而是世上獨一無二的紅標文化。

三、中國酒文化

酒在中國的起源，可追溯到上古時期，傳說當時山林中的猿猴，常將吃剩的果子丟棄在山洞之中，而隨著時間的累積，果實的糖分經自然發酵，便釀成原始的酒，稱之為「猿酒」。

根據宋朝的《酒譜》記載三種人工釀酒的起源，第一種是創於夏禹；第二種則說是始於唐堯；第三則有三皇五帝之說。但最被認為可信的則是《戰國策》上所說的「帝女令儀狄作酒而美，進之於禹」，即在夏代帝女命令儀狄造酒，並送給禹，禹喝了之後覺得十分甘甜，但卻說了一句：「後世必有以酒亡其國者。」可見當時酒被造出後，已有人擔心如此好喝的飲料，容易因多喝而生事。由此看來，中國的造酒歷史約有四千多年。

中國以農立國，而酒類的製造生產亦以穀類為其主要原料，酒不僅只是人類用來解渴、交際使用的飲料，在中國人的生活當中，節日的飲食更成為自古流傳下來的一種風俗習慣，以下將介紹中國歲時節令當中，酒在其中所扮演的角色。

(一)春節

正月初一，又稱春節，是中國人的新年。據說古代先民在一年勞作之後，會在歲末年初之際，用他們的衣服、打獵戰利品、種植作物來祭祀神和祖先，以感謝大自然的恩賜，這就是所謂的「臘祭」。在這段臘祭期間，人們休息不工作，飲酒聯歡，慶祝此日的到來。《詩經》記載每到農曆新年，以喝「春酒」慶祝改歲。

另外，在東漢時代，民間每到過年有喝屠酥酒、椒柏酒的習慣。在宋朝喝屠酥酒更有規定自年歲小者喝起，原因是「俗以小者得歲，故先酒賀之；老者失歲，故後飲酒」。可見過年喝屠酥酒有祝賀年幼得歲之意。

椒柏酒又稱椒花酒，是用椒花、椒樹根浸製而成的酒。在戰國時期是敬神祭祖的珍品，主要是因爲椒花十分芬芳，故當時的人們採此花以貢酒。這樣的過年習俗一直延續到明代仍保留著。

元宵節有另一種習俗。在荊楚一帶，一到元宵節便會在門上插上柳條，並按照所指的方向祭奠酒肉，這樣的風俗是源自漢代而盛於唐代，但現代則不再復見。

元月的最後一天，古人稱爲晦日，又稱作「送窮日」。根據韓愈《送窮文》中提到皇宮中曾有一子剛出生，卻不著完衣，宮中則稱他爲窮子，後來窮子在正月死去，在宮中埋葬，於是宮中之人道「今日送卻窮子」。因此漢朝時在這一天人們都會在街頭巷尾「瀝酒」而拜，以送窮祈富。唐朝詩人姚合即寫〈晦日送窮〉一詩，來反映當時這種風俗：

年年到此日，瀝酒拜街中，
萬户千門看，無人不送窮。

(二)端午節

端午節又稱端陽節，為農曆5月5日。據學者研究指出，原來的端午節是祭祀龍的日子，後來為紀念愛國詩人屈原，包粽子、划龍舟的習俗應運而生，而這天的許多風俗習慣當中，還包括飲用黃酒與菖蒲酒以避邪。

在《白蛇傳》中提到許仙與白蛇（白素貞）的故事，法海和尚為了消滅白蛇，讓許仙在端午節這天勸白素貞喝雄黃酒，而原形畢露，將白蛇制伏，此即是飲雄黃酒解毒避邪的意義。另外，還有一個故事是與屈原有關，即屈原投汨羅江時，一位老醫生為了怕水裡蛟龍傷害屈原，於是在江裡倒入雄黃酒，希望能夠讓水裡怪獸蛟龍暈眩。這時水面浮起一條昏暈的蛟龍，龍身上還沾著一片衣襟，江邊的人們就將這條龍拉上岸邊，剝皮抽筋，然後把龍筋纏在小孩的手腕和脖子上，並用雄黃酒抹七竅，以防蛇蟲傷害。

端午節除飲雄黃酒外，有些地方則飲菖蒲酒。菖蒲是多年生草本植物，含有揮發性芳香油，有提神和殺菌的作用，用它來泡酒，據說可以延年益壽；而端午喝此酒同樣取其除瘟避邪之意。

(三)中秋節

中秋節為農曆8月15日，亦是全家團圓的日子。在中秋當天，中國一般有祭月、賞月、吃月餅等習俗，而也同樣少不了飲酒習俗。

根據史書記載，秦漢以前的古帝王就有春天祭日、秋天祭月的禮制。在明清時期，北京的月壇便是皇帝祭祀月亮的地方，依照「祭必飲」的古制，祭月要飲祭月酒，當月亮剛升起的時候，人們會在院裡門外較寬敞的地方設立供桌，並放上月餅、瓜果、雞冠花、酒等祭品；祭月儀式完成後，全家便一起吃團圓飯，飲團圓酒，並欣賞月色。

蘇軾的〈水調歌頭〉即是在中秋之夜所作：

明月幾時有，把酒問青天。
不知天上宮闕，今夕是何年。
我欲乘風歸去，唯恐瓊樓玉宇，高處不勝寒。
起舞弄清影，何似在人間。
轉朱閣，低綺户，照無眠。
不應有恨，何事長向別時圓。
人有悲歡離合，月有陰晴圓缺，此事古難全。
但願人長久，千里共嬋娟。

(四)重陽節

重陽節是農曆9月9日，重陽節的活動內容以登高飲菊花酒爲其特色。而爲何要喝菊花酒，其中有一傳說。東漢時期有一名叫費長房的人，他能夠預知未來福禍，他有一位同鄉名爲桓景，跟著他到處遊學。一天費長房告訴桓景，說他家中將有災難，要想避掉災難，家人需要縫囊盛茱萸，並將其繫在手臂上，並登高山飲菊花酒。桓景聽了此番話，在9月9日當天照著吩附去做，傍晚返家則一切平安，但見家中雞犬皆暴斃死亡，後來才知道桓景飲菊花酒避災，而雞犬則代爲承擔此災難，後人就將此風俗習慣流傳下來。

重陽節所喝的菊花酒相傳是在第一年的重陽節時即專爲第二年需要而釀的，在9月9日這一天，將初開的菊花和一點青翠的枝葉採下，與準備釀酒的糧食摻雜，然後一起用來釀酒，放至第二年的9月9日飲用。

重陽節有插茱萸的習俗，不過根據陝西《臨潼縣志》提到，重陽節同樣有飲茱萸酒的習俗。茱萸又稱「越椒」或「艾子」，是一種常綠喬木，性味酸，微溫，可入藥。用茱萸浸酒，有溫中、止痛、理氣等功效。

四、其他地區的酒文化

除中國大陸與臺灣之外，日本的居酒屋文化似乎也或多或少傳到了臺灣。日本居酒屋文化的歷史可以追溯到1950年代，當時僅是店鋪與住家結合的飲食店，賣的主要是下酒小菜。到了1970年代，日本經濟起飛，居酒屋則成了喝酒談生意的去處，公司同事們也習慣在下班回家前到居酒屋小酌一番、聯絡感情。在日本，居酒屋多半開在商業大樓內，以提供喝酒的環境爲優先考量，餐點反而僅是其次要考量。日本的居酒屋文化與英國的pub文化十分類似。在第七章的「歐美地區飲食文化」當中，亦將介紹法國的紅酒文化與澳洲的飲酒文化，在此將不多敘述。

第二節　茶文化

一、茶的種類

中國茶的種類衆多，分類方法也相當多元，最常見的分類方法是依據茶葉的烘焙與發酵程度，將茶葉分爲輕發酵、半發酵、全發酵及後發酵等四大類。

之前我們談到影響成茶的因素取決於發酵與烘焙的過程，發酵決定成茶的香氣，而烘焙則決定茶湯的茶色。所以，依據加工時發酵與烘焙的程度，即可生產出風味各異的茶葉品種，以下分別加以介紹：

(一)輕發酵茶

分別有綠茶、白茶和黃茶三種。

1.綠茶：未經發酵的茶，著名的茶種有西湖龍井茶、碧螺春、廬山雲霧茶等。臺灣北部出產的包種茶也是綠茶的一種，但經過輕微發酵手續。

2.白茶：不經過烘炒及揉捻，直接晾乾後只經過輕微發酵的茶。代表茶種有福建的白毫銀針，及臺灣出產的白毫烏龍，又稱東方美人茶。

3.黃茶：也是輕微發酵茶，代表茶爲湖南出產的君山銀針茶。

(二)半發酵茶

如臺灣出產的烏龍茶、安溪的鐵觀音、福建武夷山的大紅袍等，都屬於半發酵茶。

(三)全發酵茶

主要爲紅茶，代表茶種有安徽出產的祁門紅茶、雲南的滇紅、廣東的英紅等。目前臺灣的南投和臺東鹿野也出產品質優良的紅茶。

(四)後發酵茶

主要爲黑茶，以四川的邊茶和雲南的普洱茶爲代表。

(五)其他再加工茶

有花茶和緊壓茶等，此兩種茶都是以綠茶、紅茶和烏龍茶爲原料，再經二次加工而成。在烘製時加上各種花同烘，使茶沾染花的香氣即製成花茶，如茉莉花茶；緊壓茶則取毛茶經過蒸壓成型，製成茶磚的型式，蒙古人喝的奶茶就是以茶磚爲原料調製。

茶葉在挑選時以葉身完整、乾燥、茶粒緊縮且味道清香者品質最爲優良。茶葉講究人工採摘，機器採摘者葉身通常不完整，碎葉及茶枝多，相對地，烘製出的茶葉口感及香氣也隨之遜色。臺灣的烏龍茶以一心兩葉爲最高評量標準，僅採摘每一茶枝剛長出的兩片嫩葉製茶，每一顆茶粒沖泡開後均爲一脈兩葉，且葉身完整，此爲人工採摘的憑據。更甚者，西湖的龍井茶除了強調人工採摘外，殺菁及烘焙的程序也完全人工作業，將摘回之綠葉放置乾淨炒鍋中，以手掌翻炒，以掌握溫度並避免破壞葉身。

茶粒的緊縮程度則爲乾燥度的指標，愈乾燥的茶葉，茶粒縮得愈緊，也愈不易變質。香氣也是挑選茶葉的重要指標之一，以味道清香者爲最好，曾經有製茶廠在烘焙時添加香料，味道太過濃烈者可能要小心。

其實，每個人喝茶的偏好不同，挑選茶葉以適口最重要，且同一茶園烘製出的每批茶，其口感、味道都不盡相同，最好是請茶行老闆多試泡幾種不同茶葉，較能挑到自己喜歡的茶。

正統的功夫茶講究茶葉、茶具、水質與沖泡方法

二、臺灣茶文化

根據歷史記載，臺灣在三百多年前就已發現野生茶樹，人工栽植的茶樹則大約在兩百多年前由大陸引進。

臺灣茶以烏龍茶、包種茶和紅茶爲主，其中烏龍茶最有名，尤其以南投鹿谷出產的凍頂烏龍最爲馳名。傳說凍頂烏龍茶的茶種移植自福建武夷山，清咸豐時，鹿谷一位秀才因得鄉人捐助盤纏得以上京赴考，後來考取舉人，回鄉時由武夷山帶回三十六株當地茶苗贈送鄉人，由於凍頂山氣候、土壤都適合茶樹生長，加上鄉人精心栽植繁衍，造就今日享譽國際的臺灣凍頂烏龍茶。

臺灣喝茶風氣的興起是近二、三十年的事。早期，茶葉屬於昂貴的消費品，直到1950、1960年代，都還只是有錢人才喝得起的奢侈品，生產的茶葉多數外銷。直到臺灣經濟起飛，國民所得普遍提高後，喝茶才開始成爲大衆化的嗜好。流行的喝法是小壺沖泡，細品慢酌的「老人茶」，凍頂烏龍茶是最受歡迎卻也是最名貴的茶葉，當時鹿谷的茶葉比賽成爲臺灣最具指標性的茶業盛事，得獎的冠軍茶每斤動輒要價十萬以上，得獎的冠軍茶行身價也跟著水漲船高，連帶使其生產的別種茶葉品質也得到保證，許多買家捧著現金到場搶購，這是在臺灣錢淹腳目的時代所產生的一個奇特現象。隨著新興茶區的開發，杉林溪、梨山和阿里山地區也成功生產出品質優良的烏龍茶，茶葉市場的價格才漸趨合理化。

臺灣茶業的發展在泡沫紅茶出現後開啓了另一道契機。以往臺灣人喝茶以「品茗」爲主，喝的人也以中、老年人居多。泡沫紅茶的發明，成功吸引了年輕人口加入飲茶一族，也發展出臺灣獨有的連鎖茶飲和休閒茶館文化。隨後，珍珠奶茶則以臺灣特產之姿，打入中國大陸、日本和西方市場，寫下另一頁傳奇。

臺灣烏龍茶品質優良

拜食品工業發達之賜，茶包的發明使喝茶更便利，而罐裝茶飲料稱霸於飲料市場，加上綠茶可養生抗癌的說法被提出後，喝茶逐漸成爲全民運動。茶葉生產量提高後，爲了增廣茶葉的用途和經濟價值，開始有人研發各式茶餐和茶點心，茶湯、茶葉和茶粉被利用來做菜，並添加在糕餅點心中，利用範圍日益廣泛。

同時，茶園多半位於山區，美麗的茶山風光成爲吸引觀光客的誘因，因而出現以發展休閒觀光爲主軸的休閒茶園，配合具有濃厚地方特色的茶餐和茶點心，爲臺灣茶業的發展開發出新的榮景。

(一)臺灣茶的種類

以下將介紹臺灣各式傳統茶的種類，以及近年來客家莊所推廣的客家擂茶，而被視爲「國族飲料」（national drink）的珍珠奶茶，則是臺灣年輕人最夯的茶代表。

◆臺北文山茶

早期在六張犁的犁和里臥龍街山谷裡，有一座古廟稱爲石泉巖，在廟的右邊石階，是清代所遺留下來的，現今殘留的遺蹟已不多。這個石階與當地茶業的興起與發展有密切的關係。傳說中：清朝嘉慶年間，有一個安溪人，在現今新北市深坑區的鮑魚坑嘗試種植烏龍茶，深坑產的茶葉在日治時代被稱爲「文山茶」。最初，深坑的茶農只會種植卻不會烘茶，於是用扁擔挑著茶菁，過山到石泉巖後沿著這條石階下去，將茶菁運送到艋舺裝船，由此運往福州製茶，這條路因此被稱爲是「茶路」。

清末時，臺北地區的茶行大多集中在當時最繁華的「大稻埕」，當時有的茶行還兼英商買辦，也曾經有英商洋行採購未經處理的茶葉，自行嘗試焙製茶葉，但算下來覺得成本不划算，所以最後仍由當地人直接製作，洋行只負責買賣，所以大稻埕的茶行林立，交易熱絡。到了日據時代，建昌街和朝陽街的兩旁，成爲全臺茶行最多的地方，特別是朝陽街（即今日的民生西路）爲茶行最主要的聚集地，只是經過政治和社會的動亂和時代的變遷，致使北部茶業衰微，茶街也不復當年盛況。現今的朝陽街不僅街名已改，多數茶行也都轉行成了

文山包種茶

資料來源：新北市農會文山茶推廣中心。

家具行，僅剩下寥寥可數的幾家茶行。

◆臺北南港包種茶

南港主要出產的是包種茶，屬輕度發酵的一種，茶身緊結，自然彎曲，茶湯顏色清澈，具有高雅的花香。南港包種茶起源於清朝光緒11年（1885年），由來自福建省泉州府安溪縣的王水錦氏及魏靜時兩人引進臺灣，先在現今的南港一帶試種。由於當地氣候溫和、潮濕，土壤則爲石灰岩質地，天然條件適合茶樹生長，成功將此茶種移植至臺灣種植。在試種成功後，他們兩人即在此處從事茶樹栽培及包種茶製造研究，並將種茶技術傳授給當地人，使包種茶生產成爲當地的主要經濟作物。南港生產的包種茶，因清香、濃郁、甘潤且品質極佳而聞名。

日治時期，當時的裕仁太子（即後來的昭和天皇）遊臺灣時品嚐南港包種茶後讚不絕口，此時是南港茶業的全盛時期。但在日據後期及光復初期，因第一、二次世界大戰影響，茶葉生產漸漸不景氣；另外由於南港地區出產煤礦，茶農子弟大多轉行做礦工，南港包種茶因而沒落，也逐漸被淡忘。一直到1970年代，由於南港煤礦陸續停產，茶農子弟才又陸續重整茶園，重新重視南港包種茶的產製行業。

南港茶區與新北市汐止及石碇的茶區相鄰，由於茶區本身景色優美，加上周圍爲數不少的旅遊據點，臺北市政府於1982年開始輔導茶園轉型爲「南港觀光茶園」，再加上此處可透過南港路與深坑連結成線，可以順道品嚐深坑豆腐，並連接木柵動物園的旅遊線，結合成一個觀光旅遊的好去處。

◆新竹白毫烏龍茶

臺灣早年的茶葉三大產區以新竹、坪林及凍頂三地最爲出名。其中，新竹東南山區的北埔鄉，因地理位置位於400～800公尺的低海拔山地，適合種茶，而且受自然條件影響，成爲白毫烏龍茶唯一產地。

這種茶滋味醇郁，飲用時有熟果或蜂蜜的香味，在百年前就受到英國皇室的喜愛，有人形容這種茶香如同美女吐氣如蘭的芬芳，加上產於東方的福爾摩沙，因此被稱爲「東方美人茶」。

在當地客家人眼中，這種一斤曾高達二十萬元價格的茶業，因爲價格過高，曾被冠上誇張、說大話等的形容詞，因此又取名爲「膨風茶」。白毫烏龍茶的產期在端午節前後，其特別之處在於它在培植期間不灑農藥，並要讓「小綠葉蟬」叮咬茶葉，使茶元素產生重要變化，之後再由茶農摘採後精心烘焙製成茶葉。

◆鹿谷凍頂烏龍茶

南投縣鹿谷鄉所生產的「凍頂烏龍茶」，曾經是臺灣最知名也最受歡迎的烏龍茶種。凍頂烏龍茶的名稱由來是因其產地位於鹿谷鄉凍頂山區而得名，當地海拔約700～800公尺，清朝時原本稱爲福頂峰，日據時代才改名爲凍頂。

據說清道光年間，鹿谷鄉出了一位舉人林鳳池，他出身清寒，因得到當地善士資助旅費，才得以渡海到福建應試。中舉之後，任福建布政使，掌管米糧補給等業務，爲報答鄉人籌資幫助他前往應試的恩惠，回鄉時帶回了三十六株武夷山茶苗，分送親友。後來試種在凍頂山的十二株栽種成功，因品種優良，且經濟價値高，當地農人紛紛改種烏龍茶。後來林鳳池將成品進貢給朝廷，皇上飲用後讚譽有加，於是賜名爲「凍頂烏龍茶」。

後來，在日治時代，因爲日本人對非民生用品的茶、菸等消費性作物採取嚴格管制的措施，限制供給及消費，致使當時爲數衆多的茶園被迫關閉。直到臺灣光復，政府的重振政策加上溪頭觀光區的開發，才讓凍頂烏龍茶再現生機。

◆阿里山高山烏龍茶

阿里山茶是屬於烏龍茶的一種，大多生長在海拔1,000公尺以上的

臺灣的高山烏龍茶

玉山山脈，採收時主要以人工採摘，比較著名的有阿里山珠露茶、玉山烏龍茶，外型看起來跟平地烏龍茶相同，但因爲產地氣候較冷，所以茶的葉身較小，製作出來的茶葉也比平地小一點。主要產地爲南投縣信義鄉、仁愛鄉，嘉義縣梅山鄉、竹崎鄉、番路鄉，以及阿里山鄉一帶。

阿里山茶區主要分布於石棹到梅山之間的山坡地，茶樹四季都可採收，但以春冬二季採收的茶品質較爲優良。阿里山「珠露茶」產於石棹茶區，茶園位於海拔1,200～1,600公尺山坡地，因當地氣候溫差大，白天日照強烈、清晨與午後則是濃霧籠罩，茶樹的葉面常凝結露水，看起來像珍珠閃耀般，因而被稱爲「珠露茶」。另外，在瑞里風景區的綠色隧道、瑞太古道一帶，還生產「龍珠高山茶」，龍珠茶因製好的茶葉圓亮似珠而得名（轉錄自臺灣好茶網站）。

◆日月潭紅茶

阿薩姆紅茶聞名全球，但臺灣人顯少有人知道日月潭也產紅茶，且是臺灣最早成功栽植並生產阿薩姆紅茶的產地。在日治時代，日本

「日月潭紅茶」產地證明標章

人自印度阿薩姆省引進茶種，在魚池鄉試種成功，成爲日月潭最出名的特種茶。當時原本計畫將此地栽培成功的阿薩姆紅茶行銷至國際市場，但碰到中日戰爭，計畫乃宣告停止。

目前茶葉改良場仍在魚池鄉繼續阿薩姆紅茶的研究工作，南投縣政府不僅在近年來推出「日月潭紅茶文化季」，並爲確保消費者購買眞正當地的紅茶，也推出相關認證標章，如「日月潭紅茶」產地證明標章。其商品除應符合標示使用條件外，並應檢附茶葉生產履歷紀錄簿、茶葉官能品質評鑑證明暨產製日月潭紅茶認定評審標準合格，且符合衛福部所訂最新「茶類殘留農藥安全容許量標準表」，經由魚池鄉公所審查通過者，可以使用「日月潭紅茶」產地證明標章。

◆客家擂茶

擂茶又稱爲「三生湯」、鹹茶，吃法類似臺灣人吃的麵茶，是客家人傳統上用來招待客人的食品，也是日常主要食品之一，在宋朝已有相關的文獻記載。

傳說擂茶起源於三國時期，張飛帶兵攻打武陵時，兵士因水土不服紛紛病倒，當地一位老翁因感於蜀兵軍紀嚴明，就教他們使用生茶、生薑、生米、花生、芝麻、黃豆等物一起磨碎後以熱水沖調食用，喝了之後果然藥到病除，此方即隨之流傳開來。依據此傳說，擂茶在蜀漢時已存在，而客家民系形成於宋朝，可見擂茶在早期並不是客家人獨有的食物，只是此飲食習俗在後來僅客家民族保留了下來。

製作擂茶最重要的工具是「擂缽」和「擂棍」。擂缽是陶土製成，裡面有輻射狀極細的溝紋；擂棍是一支約兩尺長的細木棍，必須選用可食性木材製作。製作和食用方法如下（張玉欣主編，2005）：

把茶葉放在牙缽裡擂碎，加鹽沖開水，泡以炒菜、芝麻、花生、生菜。較爲講究的做法，甚至用豬肉、蝦仁、綠豆、紅豆、眉豆等做佐料。它是海豐陸豐籍客家人特別嗜好的食品，除了日常食用之外，遇有親友來訪，亦拿來款待客人。味道可口，並能開胃健脾，是一種有益健康的食品。

早期移居臺灣的客家人，由於生活艱難，並沒有心力去保留製作麻煩且使用配料又多的喝擂茶習慣，所以，擂茶並未跟隨早期移民的客家民族傳播來臺。目前流行於客家村落的擂茶，是在1949年跟隨國民政府遷臺的客家老兵帶過來的。

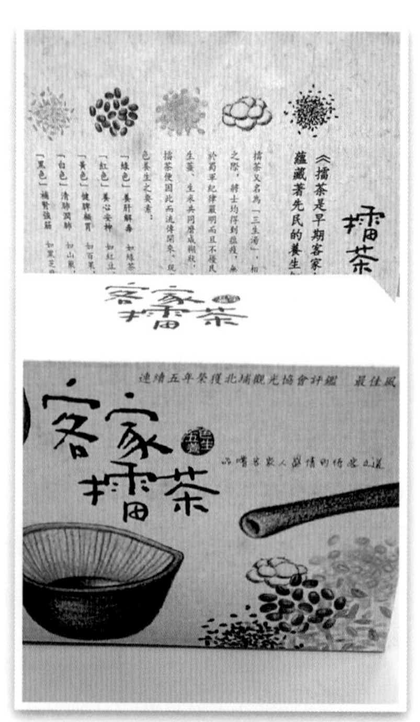

客家擂茶即溶包

在臺灣，擂茶現在已成爲客家村落的代表食品，其濃厚的香氣吸引觀光客人手一杯品嚐著流傳了千年之久的美味。現在除了表演外，已少有人眞正使用擂缽研磨沖調擂茶了，但即飲式擂茶粉卻大行其道，成爲客家村落的名產。

◆珍珠奶茶

臺灣的茶館文化與大陸保留傳統說書的茶館之發展有著截然不同的方向，而是以提供休閒、聊天空間爲目的，從而發展出臺灣特有的「泡沫紅茶店」和揚名國際的臺灣國族飲料「珍珠奶茶」。

泡沫紅茶以臺中爲發源地，每當華燈初上時，泡沫紅茶區即開始匯聚人氣，臺中的雙十路、精武路都是臺中知名的茶藝館區，路兩旁有一整排的紅茶店，這些各具風格的茶藝館，組成了臺中生活文化中豐富的一頁。

泡沫紅茶隨著連鎖體系的茶藝館傳播至臺灣各地，從最早期的「小歇」，到現今知名的「休閒小站」等，是屬於平價體系的代表，後來急起直追，提供客製化服務（如冰、糖均可調整）的「50嵐」、「清心福全」等；另外，「天仁喫茶趣」、臺中「春水堂」、臺南「翰林茶館」等大型的連鎖茶藝館則在提供休閒聊天的場所之餘，兼而推廣茶藝文化。尤其是天仁集團所成立的「陸羽茶藝推廣中心」，透過長期的教學和不定期舉辦無我茶會的影響，更將茶藝文化推廣至年輕一輩的生活中。

在國外也很紅的鹽酥雞與珍珠奶茶

臺中「春水堂」茶館

(二)臺灣茶文化館、博物館

除了業者推廣茶功不可沒外，許多地方政府也都積極透過茶文化館的設立來推廣臺灣茶，並吸引更多的觀光客。以下將介紹臺灣坪林與鹿谷的茶葉博物館。

◆坪林茶業博物館

坪林茶業博物館設置於新北市坪林區內。茶是坪林區重要的經濟作物，亦是當地農民之主要經濟收入。

茶業博物館內分別設置有靜態展示區和動態展示區兩大展場。靜態部分分別以茶事、茶史、茶藝三者為主題，以櫥窗、立體人偶模型和茶葉實品等建構出臺灣茶葉發展的源流；動態展示區則分為活動主題館和多媒體放映室，主題館每三個月定期舉辦當代名家陶藝茶具展示、詩書、琴畫等與茶有關之各類作品展覽及活動，如陶藝茶具展、製作評鑑、茶藝攝影、詩詞吟誦、各地茶種介紹及各式茶藝美展等活動。展出內容豐富，讓您體驗當代藝術名家藝術創作的精髓。

◆鹿谷茶葉文化館

鹿谷舊名「羌仔寮」，區內氣候涼爽、土壤肥沃、水質純淨，適合茶葉的生長，也由此造就出令臺灣享譽世界的「凍頂烏龍茶」。茶葉文化館屬於當地農會所有，除了推廣茶藝外，希望能藉以帶動鹿谷鄉的繁榮，同時提升鄉內文化氣息。

茶業文化館外觀仿中國紫禁城建築，一樓是茶葉展售區，販售鹿谷鄉所生產的茶葉；另一邊為農特產品展售中心，展售來自全省各鄉鎮的農特產品。另外有農村休閒旅遊部負責答詢所有的旅遊行程食宿疑問；以及農業推廣股，提供農業經營、產製、行銷的相關資訊和輔導。

二樓是展示區和活動區。視聽教室裡可欣賞凍頂烏龍茶的由來、產製、加工等過程；茶藝教室中有專業茶藝師指導泡茶、品茗的訣窺；茶業文化館主題區則展示凍頂茶起源、發展過程演進、老茶樹王、古式與現代之產製過程演進、茶具製作流程、茶具搭配及泡茶流程、凍頂茶師鐸獎排行榜、故宮博物館之中國歷代茶文物仿製區、茶葉分類區及臺灣十大特色茶、茶品種區、全國—亞洲—全球茶葉生產分布、不同朝代族群的飲茶方式、農會比賽茶的流程及評審流程與方式、茶葉相關副產品、茶葉包裝演進、茶業相關書藉、茶具演進、茶餐佳餚區、茶席及茶藝活動等等，展出的各式內容豐富翔實，令人目不暇給。

三樓主要是農業文化館的靜態展覽區；另外有田園藝廊，陳列鄉土藝術工作者的作品，將農村與藝術結合呈現。

三、中國茶文化

(一)中國茶的起源

中國是世界上最早發現茶樹的國家。古代文獻中稱呼茶樹爲「南方之嘉木」，意爲南方的珍貴樹木，這說明了中國南方是茶樹的原產地。中國的西南地區，包括雲南、貴州和四川，是最早發現野生茶樹的地區，也是目前野生茶樹最多、最集中的地區（姚國坤等，1991）。其中，四川也是中國飲茶文化發軔的地方。中國也是最早研究出製茶烘焙技術並人工栽植茶樹的地方。關於中國人喝茶的起源，流傳最廣的一種說法是由神農氏發現並開始飲用。神農氏是中國遠古傳說之一，傳說中神農氏制曆法，稼五穀，教民耕種，且日嚐百草，爲民眾找出可食用的植物。在《神農本草經》中記載著：「神農嚐百草，日遇七十二毒，得茶而解之。」另外，我國第一部專門談論茶的專著，唐朝陸羽所著的《茶經》內容也記載：「茶之爲飲，發乎神農氏，聞於魯周公。」都談到喝茶是由神農氏開始。

對茶最早期的文字記載，大致可以推溯至西周時期。《華陽國志》中記載，周武王成功伐紂後，巴蜀等偏遠地區小國，曾以茶葉作爲貢品晉獻。但茶被當成飲料飲用的時間，應該是在較晚的漢朝時。漢代文獻中提到：「姜后晉見皇帝，帝命賜茶，左右卻謂其向來侍帝不謹，不合啜此茶。」可見漢代時茶已經被當作飲料，但不是隨便可以喝的，以陸羽的說法，是要有德、有功、有修養的人才可以飲用的。

(二)茶的盛行與宗教

古代飲茶風氣的盛行，雖由文人雅士附庸風流而起推波助瀾之效，但喝茶風氣最早普及化，卻與各宗教的提倡有密切的關聯，其中尤以佛教僧侶影響最大。

茶作爲一種提神飲料，可以幫助修行的人清心專注，免於打瞌睡，因而與僧侶的修行生活產生密切的相關，促成各地寺廟僧侶喝茶的風氣，並由此形成中國著名的「茶佛一味」或「茶禪一味」。

魏晉南北朝時，佛教因梁武帝的提倡而成爲中國最普遍的信仰。到了唐代，禪宗的崛起使得佛教更加興盛，禪宗對飲茶的推廣，也同時對社會產生強大的影響力。唐代飲茶風氣的蓬勃，僧侶可說功不可沒，包括誕生於唐代的茶聖陸羽，也是自小成長於寺廟中，受到僧人飲茶風氣的薰陶，並從而汲取茶文化的精髓，才啓發他對茶道的研究，並引導其創作中國第一部探討茶的專書《茶經》。

多數僧侶除了飲茶外，也會在寺廟周邊種植茶樹，自行製茶，一方面可自給自足，一方面出售茶葉以增加寺廟的收入。由於寺廟多位在深山中，環境適合栽培茶樹，加上僧侶細心的照料，通常寺廟出產的茶葉品質都相當優良，因此造就許多系出高山寺廟的名茶。例如徽州松蘿茶、黃山雲谷寺的毛峰茶、武夷山岩茶等，都是出自佛門。中國著名的碧螺春，據說也是出自北宋時太湖洞庭山水月禪院生產的

「水月茶」改良而成。

除了佛教禪宗外，儒家和道教對茶的提倡也同樣具有深遠的影響。儒家從飲茶中領悟修齊治平的大道，並由此而制定了「茶禮」，小至怡情養性，大至應對進退，都有其規範。道教的隱士卻在烹茶、飲茶中發現生活藝術和空虛的美，在大自然中煮茶品茗，寄情於山水中，並與天地自然合一，達到靈修的境界。雖然各個宗教流派對飲茶的觀感不一，配合本身思維推演出來的思想教化也不同，但其宗旨卻是一致的，都在於以茶寓情，藉以修身養性，陶冶性情。

(三)陸羽——茶業的祖師爺

陸羽（西元733-804年），字鴻漸，唐朝人，相傳其爲棄嬰，自小由龍蓋寺的智積禪師撫養成人。由於唐代僧侶種茶、飲茶風氣盛行，陸羽在寺廟耳濡目染下，開啓對茶的認知。陸羽因偏好儒家學說，不喜歡佛學而離開生長的寺院，後來遇到當時非常知名的僧人釋皎然，追隨他研究高深的學問，這對其一生有重大影響。

唐朝陸羽作《茶經》，對茶提出精闢的見解和研究，並促成唐代飲茶風氣的盛行，後世一般公認其爲製茶業的祖師爺，尊爲「茶聖」。因陸羽對種茶和飲茶的提倡和貢獻，在他去世後不久，民間就有人將其供奉爲「茶神」，藉由對茶神的祭祀，祈求種茶豐收或茶館生意興隆。

陸羽年輕時曾擔任官職，歸隱後開始致力於中國第一部茶書——《茶經》的著作，從開始寫作到書付梓出版，前後歷經近二十年的時間。陸羽的學識淵博，詩詞文學著作也相當多，大多收錄在《陸文學自傳》中；撰述的茶書除了《茶經》外，還有《茶記》、《泉品》和《茶論》、《五高僧傳》等；另外也與顏眞卿等人合作編纂《韻海鏡源》等書法字帖。

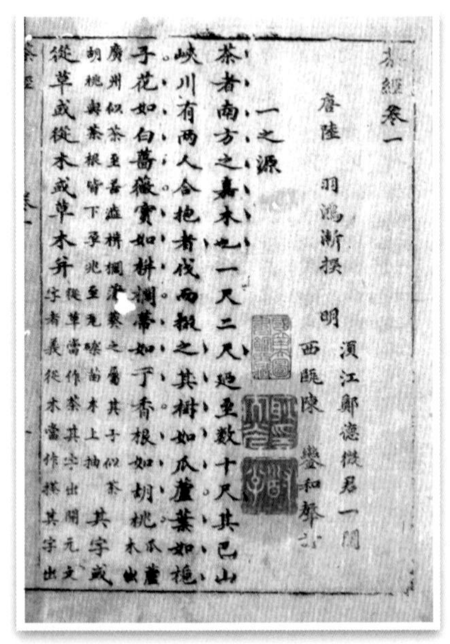

茶經卷一

唐陸羽鴻漸撰

明 須江鄭德徵君一閱
西甌陳鎏和聲訂

一之源

茶者南方之嘉木也一尺二尺迺至數十尺其巴山
峽川有兩人合抱者伐而掇之其樹如瓜蘆葉如梔
子花如白薔薇實如栟櫚蒂如丁香根如胡桃瓜蘆木出
廣州似茶至苦澀栟櫚蒲葵之屬其子似茶胡桃與茶根皆下孕兆至瓦礫苗木上抽其字或
從草或從木或草木并從草當作茶其字出開元文字音義從木當作搽其字出

陸羽所著《茶經》是中國飲茶文化的第一本專著

(四)中國茶的傳播

飲茶的習慣以中國爲中心向其他國家傳播，唐代是飲茶文化外傳的重要時期，向東透過取經的僧人東傳日本，並從而發展出聞名全球的日本「茶道」和「茶禪一味」的思想，除了成爲生活藝術的一環外，也是身心修養的一個重要管道；向西則透過絲路傳播至土耳其及中亞一代，約在西元五世紀時，土耳其已有茶葉輸入的記錄。中國茶葉在近代進一步傳至歐美等西方國家。明代時，有外交官以茶葉作爲晉獻沙皇的禮品而傳至蘇俄，並得到斯拉夫民族的喜愛；到了清初，中國茶葉開始經由西伯利亞及蘇俄轉運往歐洲，這是「茶葉之路」的陸路。

「茶葉之路」另有一條海路，大約始於明神宗時期，荷蘭海船自澳門運載茶葉至歐洲販賣，這是我國茶葉直接銷售到歐洲的最早記錄，並因此引起歐洲其他國家的人紛紛前往中國販運茶葉。約十七世紀中，喜愛飲茶的葡萄牙公主Catherine of Braganza嫁到英國，將喝茶的風氣帶入英國，從此開啓英國式下午茶風靡世界的發端。清初時，英國商人開始大量從中國運售茶葉，並輸出至美洲大陸。

北非地區的阿拉伯國家也是中國綠茶輸出的重要地區，最早期是透過荷蘭和法國人轉手銷售，由於當地大多信奉伊斯蘭教，受到宗教戒律的規範不得飲酒，茶葉的傳入馬上獲得當地人的喜愛。

四、西方的茶文化

西方的茶文化應該追溯英國的歷史背景，而英國也是唯一在西歐諸國中保有紅茶文化的國家。雖然在十七世紀開始，英國便自中國直接進口茶葉，但並沒有在自己的屬地與殖民地有所生產。而英國東印度公司於1600年即設立，印度便一直是英國的殖民地，但直到1823年才在殖民地印度阿薩姆、大吉嶺等地方發現野生的茶樹，到了十九世紀後半其生產量已高於中國茶葉之上，並能夠供給英國所有的需求，成了日後英國紅茶文化之所以發達的重要因素。

紅茶是支持大英帝國的重要文化之一。印度或是錫蘭（現在的斯里蘭卡）的紅茶是最爲重要的，因爲前者是世界第一大產區，後者則是第二大產區。因爲這兩個地方的紅茶泡起來味道濃厚，加上英國人發展出許多的調製茶，包括紅茶專門使用的牛奶、薄荷、肉桂、佛手柑油等香料，使得英國成爲紅茶文化的重要發展地，也是紅茶文化重要的傳播中心。世界主要紅茶產地如下所述：

(一)大吉嶺茶

大吉嶺（Darjeeling）位在印度孟加拉省西北方，由於位在海拔6,000英尺的高度，是相當珍貴的紅茶產區，其中的那姆嶺茶區是在

1885年由英國人發現，面積僅約一千英畝左右，年產量大約只有六十萬英鎊，可謂名副其實的「紅茶之王」。大吉嶺茶含有豐富的麝香葡萄香味，茶色清淡帶點透明的橙黃色，因此又被稱作「紅茶的香檳」，適合純紅茶飲用。

(二)阿薩姆茶

印度阿薩姆省（Assam）即在北印度的喜馬拉雅山山麓上，因此無論自然環境或是地理條件都相當適合種植紅茶茶樹，由於其味道較濃且具天然的香氣，頗適合搭配牛奶成爲奶茶來飲用。

(三)尼爾吉里茶

尼爾吉里（Nilgiri）茶葉在產地的發音意指blue mountain，位於南印度，是在平緩的丘陵地帶栽種。由於風味十足且清香，因此也適合沖泡成奶茶，或加入香料成爲調製茶；因地理位置接近斯里蘭卡，因此風味與錫蘭茶接近。

(四)烏巴茶

錫蘭供應了全世界四分之一的茶葉，整個錫蘭茶的種植面積大約有六十萬英畝，茶產量占世界第三位。烏巴（Uva）位於斯里蘭卡中央山脈東側，其所出產的紅茶味道濃厚香醇，且茶色是美麗的金黃色澤，6月至9月所採收的茶葉是最高級品，茶色在茶杯中所顯現出的金色環輪，被稱爲是「黃金杯」，因此可說是千中選一的錫蘭茶。

(五)頂普拉茶

頂普拉（Dimbula）茶區位在斯里蘭卡中央山脈西側，即烏巴正背面的位置，1月至2月則是重要採收期，由於是高地產紅茶，因此丹寧酸含量較少，紅茶較爲清澈明亮，因此十分適合加入肉桂或薄荷等香料成爲調製紅茶。

(六)祁門紅茶

祁門（Keemun）位於中國安徽省，爲世界最老的紅茶產地，在英國非常受到珍視，其獨特的香味適合純紅茶的飲用或調製成奶茶。

英國人最主要的喝茶時間是在用完一天的正餐之後才開始的。在十七世紀中葉，正餐的時間大概在早上十一點到中午十二點左右開始，內容非常的豐富，而且十分的奢侈，還會配上飲酒；通常吃完正餐要花上大約三至四個小時之久。當正餐用完的時候，人們就喜歡繼續待在餐桌邊，開始抽菸、聊天，再喝點酒。女士們就習慣退到起居室中，安靜的聊天、做針線活、喝茶，通常她們的舉止都比她們的男人還要優雅。到了傍晚，男士們將其活動告一段落後，便會參加女士們的茶會。有時他們會在一起玩牌，或音樂演奏，一直到最後，再吃完一份簡餐，才會和主人告別。

到了十九世紀末，「茶」和「英國」這兩個字已經連在一起，英國小說家George Gissing曾提到：「英國人對專心家務的天賦才華莫過於表現在下午茶的禮儀當中。當杯子與盤子所發出的叮噹聲愈多，就

英式下午茶

表示有更多人的心情進入愉悅的恬靜感之中。」

到了二十世紀，由於茶已成爲家家戶戶日常生活中不可或缺的一分子，也開始有人針對茶本身進行科學上的研究分析。英國茶葉聯盟（UK Tea Council）公開聲明說：「每一種茶葉都含有黃酮素及抗氧化的混合物，這些因素對身體的健康有正面的好處。這些黃酮素可以幫助我們預防許多威脅我們的疾病，例如癌症及心臟疾病。每天平均喝三至四杯茶，等於吃了八顆蘋果所產生的抗氧化劑。」

五、沖泡方法

(一)茶葉沖泡

1.將熱開水倒入茶具中先加以溫熱。

2.一杯的紅茶約需茶葉30克（一茶匙），加入與人數相同的茶葉量。

3.將100℃煮沸的熱水加入茶壺中。

日本古代飲茶圖

資料來源：狩野宗朴（1884）。

4.浸泡時間約爲二至三分鐘，之後再倒入茶杯中。

5.依個人口味加入適量的糖或牛奶。

(二)茶包沖泡

1.將熱開水倒入茶具中先加以溫熱。

2.使用與人數一樣的茶包數，放入茶壺（杯）中並加入熱水。

3.浸泡時間約在四十至九十秒之間爲宜。

4.浸泡結束後取出茶包。

5.依個人口味加入適量的糖或牛奶。

第三節　咖啡文化

一、咖啡的歷史

咖啡樹源自於非洲的衣索比亞（Ethiopia）；更具體來說，是指衣索比亞在紅海沿岸的卡發省（Kaffa），現今仍有咖啡樹的種植，但咖啡能推廣到各地則要回溯到西元575年在阿拉伯半島的葉門（Yemem），位於沙烏地阿拉伯和阿曼王國之間。咖啡被傳到葉門之後，在當地大量被種植，並透過摩卡港（Mocha）進行運輸，摩卡咖啡的名稱不脛而走。咖啡被阿拉伯人視之爲珍品，在十五世紀後咖啡種植逐漸蓬勃發展。咖啡豆是咖啡樹的種子，把豆的外殼剝掉後，它就不能發芽，咖啡豆經過這樣的處理後，便自阿拉伯半島出口到各國（Thorn, 1998）。以下是一則有關咖啡豆的傳播途徑介紹：

雖然最早喝咖啡的人應是衣索比亞人，但第一間出現專門喝咖啡的場所，也是我們俗稱的咖啡館則是在阿拉伯的Kaveh Kanes。此間咖

咖啡的傳播

有一說提到衣索比亞的咖啡豆是透過蘇丹的黑奴帶到葉門。資料提到他們隨身帶著去掉一些紅色果殼的咖啡在路上充饑，而將衣索比亞這個咖啡帶到了阿拉伯半島。另一說是到阿拉伯的麥加朝聖的回教徒將咖啡豆帶到了阿拉伯半島。隨後在1505年，阿拉伯人開始將咖啡豆帶到斯里蘭卡；十七世紀有一位巴巴布旦（Baba Budan）到麥加朝聖，將咖啡豆帶回印度的家鄉。1616年一株咖啡樹自阿拉伯帶到荷蘭，之後德國人、法國人、義大利人也接觸到咖啡，開啓歐洲人喝咖啡的習慣。

資料來源：John Thorn著，卜玉坤譯（1998），《咖啡鑑賞手冊》，頁8。

啡館最初是基於宗教目的而興建，但很快成爲娛樂休閒的場所。之後，從麥加的這間咖啡館，咖啡文化逐漸擴及到其他城市，像是埃及的開羅（Cairo）、阿拉伯的麥地那市（Medina）等。

二、咖啡的種類與製程

(一)咖啡的種類

咖啡（coffee）這個字源自拉丁文的coffea。據植物學家的調查，咖啡樹至少有二十五種以上的品種，且都在熱帶非洲與印度洋的島嶼上自然生長出來的。1753年林尼斯確認阿拉伯咖啡（Coffea Arabica）在分類學上的位置，在臺灣這品種則翻譯爲「阿拉比卡」（Arabica）豆咖啡，也是在臺灣被視爲品質最佳的咖啡豆品種。目前全球商用咖啡主要就是阿拉比卡與羅布斯塔（Robusta）兩種，兩者皆集中在南北迴歸線之間。其中，阿拉比卡咖啡樹主要種植在高原區，品質細膩，咖啡因僅百分之一香氣較溫和；而羅布斯塔咖啡樹則生長在低海拔地區，是屬於較茁壯的灌木，種子比阿拉比卡豆小，風味較爲豪邁，咖啡因含量較高，提振精神效果卓著。不過，由於產量與需求不成正比，阿拉比卡豆的成本相對較高（陳盈珊，2007）。若以風味特質來作爲咖啡的分類，大致可分成四類（胡文青，2005）：

◆酸味強但苦味弱

此類的風味以中南美洲出產的咖啡豆爲主，包括薩爾瓦多的CS豆、瓜地馬拉的安提瓜豆、宏都拉斯的HG豆、哥斯大黎加的波尼塔豆，與非洲的吉力馬札羅山的AA豆，葉門摩卡的哈拉豆。

◆酸味與苦味皆強

此類風味的咖啡豆主要生產區在中南美洲和非洲，包括墨西哥豆、巴西聖約斯豆及聖多斯豆、夏威夷的可那特級豆、肯亞的AA豆、哥倫比亞的美得林豆與頂級豆。

◆苦味強但酸味弱

此風味的產區有東南亞的越南羅布斯塔豆與印尼爪哇的羅布斯塔豆與蘇門答臘的曼特寧G1豆，以及中美洲的厄瓜多安地斯山豆。

◆酸味與苦味皆弱

此風味以牙買加的藍山No.1豆最爲有名；此外，多明尼加豆、中國的雲南豆，以及臺灣的咖啡豆都是屬於此一風味。

(二)咖啡的製程

咖啡的製程如同茶葉，其步驟一樣也不可少，以下爲製作咖啡豆的順序（Thorn, 1998）：

◆採收

咖啡豆是咖啡樹結的籽，籽的外面是一層果皮，一變紅便可採收。阿拉比卡咖啡豆的成熟期約在六至八個月，而羅布斯塔咖啡豆則在九至十一個月。

◆加工

1.烘烤：烘烤咖啡豆有兩種方式，一爲乾燥法，另一爲濕處理法。前者是最傳統的加工法，主要用於未經清洗的咖啡豆，靠陽光曝曬自然乾燥；後者則用於清洗過的咖啡豆，此法較能保證咖啡豆的品質。經由濕處理法的咖啡豆被保存在羊皮紙套內，羊皮紙套亦經過乾燥處理讓咖啡豆的水分低於11%，現今多採用科技以乾燥機完成此一步驟。

2.研磨與去殼：咖啡豆在出口前要去除羊皮紙和乾燥過程後咖啡豆所殘留的外殼，因此也稱爲去殼或脫皮。目前多用去殼機來進行。

3.磨光：去殼後將咖啡豆上殘留的外皮採用磨光法除掉，方法則使用磨光機。

4.分級：依照咖啡豆的大小與形狀來區分等級。一般而言，大的咖啡豆能煮出較好喝的咖啡。

◆銷售

分裝好之後再依據銷售管道將咖啡運送至各地區。

三、最受歡迎的咖啡

就全世界的咖啡消費市場來看，單是美國、法國以及德國人的咖啡消費即占全世界的65%。販售的咖啡有相當多的品項，在此僅介紹目前市面上最受歡迎的四種咖啡，包括義大利濃縮咖啡（espresso）、卡布其諾（cappuccino）、拿鐵（latte）和即溶沖泡式咖啡（instant coffee）。

一杯香濃咖啡已成為許多人每日生活所需

(一)義大利濃縮咖啡

在義大利平均每人每一年喝掉六百杯的義大利濃縮咖啡。而在義大利的十一萬間義大利濃縮咖啡店則每天賣掉超過七千萬杯的義大利濃縮咖啡，可見此種咖啡是義大利人的最愛。義大利濃縮咖啡是懂得品嚐咖啡者的最愛，簡單來說，是將從咖啡豆萃取出最好的精華放在小小的咖啡杯內。首先，需要一台義大利濃縮咖啡機，能提供9～12個大氣壓力（巴，bar）。這個氣壓是要將咖啡做最正確的萃取。同時，也需要一台適當的咖啡豆研磨機，已經研磨好的咖啡在煮之前最好先放至冰箱。研磨咖啡最好在研磨機刻度調整上選擇約在2～4公釐（mm），此主要決定於咖啡豆的種類以及空氣的濕度。取一份約7公克或兩份14公克已研磨好的咖啡置於咖啡匙中。然後將這些咖啡粉以約20公斤的壓力將其搗碎黏在一起。可以將容器倒過來，只要咖啡粉不會散落到地上即可。取一些煮沸80℃的熱水置於咖啡機內，放入搗實的咖啡粉。之後，將咖啡杯預熱，預熱的方式可以放入約60毫升的

投幣式的義大利濃縮咖啡機

熱水在杯中約二十五至三十秒即可。煮出來的咖啡約25～30毫升，感覺會有一點黏稠感。在歐洲義大利濃縮咖啡原本只有在早餐的時候飲用，後來人們飲用的頻率也愈來愈高。

(二)卡布其諾

在歐洲卡布其諾一般也是在早餐的時間飲用，現在喝的次數也隨個人喜愛而定。卡布其諾的品質決定在製作奶泡（milk foaming）的技術。義大利濃縮咖啡機的蒸氣設備或是奶泡機都可以製作奶泡。一般是用煮義大利濃縮咖啡一樣的方式將咖啡倒在已經預熱的咖啡杯中，也可以是過濾式的咖啡。咖啡杯約選在150毫升大小，但大概放約三分之一杯的咖啡即可。同時也要開始製作奶泡，其所使用的牛奶是自冰箱取出的新鮮牛奶，倒在奶泡壺約一半的量並開啓蒸汽設備，約打三次讓奶泡濃稠並逐漸平穩一些，溫度約60℃左右的奶泡最爲適當，再倒入咖啡杯中即完成。成功的奶泡是不含氣泡的。之後在上面可以灑上肉桂粉或是可可粉即完成。

阿拉伯式的咖啡杯組

(三)拿鐵

拿鐵的英文名字latte在義大利文的意義指的就是「牛奶」之意。一般不喜歡太濃的咖啡或是喜歡有奶味的人喜歡選擇這一款咖啡。飲用時間多選在早上或晚上。製作拿鐵咖啡，需要準備一台製作奶泡的設備，方式與卡布其諾相同。一般拿鐵是使用咖啡玻璃杯，而非咖啡馬克杯，主要目的是可以看到其間不同層次的顏色。玻璃杯尺寸可以大到約330毫升，其中有50毫升是奶泡、50毫升是咖啡，其餘則是牛奶；其順序是先倒入牛奶，然後奶泡，最後才是咖啡。

(四)即溶沖泡式咖啡

1901年由在美的日裔化學家Satori Kato發明了即溶咖啡。即溶沖泡式咖啡是最爲簡便的泡咖啡方法，但由於簡單方便，雖然品質不較其他製作咖啡爲佳，卻仍深受多人喜愛。

四、臺灣的咖啡

據文獻記載，咖啡最早傳入臺灣，有一說是在1884年的清法戰爭時，另一說則指出1891年於解除臺海封鎖時由舊金山傳入。但不論是哪種版本，咖啡在十九世紀末傳入臺灣則是不爭的事實。日治時代開始於1895年，日本人來臺便已經著手調查記錄臺灣的各式現況，包括咖啡的種植。根據《臺灣的咖啡》（2005）一書指出，不僅是現今著名雲林古坑的大尖山、荷苞山區有種植咖啡，在1930年代，彰化八卦山、南投竹山、嘉義中埔、阿里山區、臺南東山崁頭山、恆春等地都可見咖啡樹。

臺灣咖啡豆屬於低酸度，種植在較高海拔，口感柔滑而不濃；若是種在低海拔或平原的豆子則有些微的澀味。雖然臺灣也有咖啡的生產，但產量遠不及臺灣自己的需求，因此大部分咖啡豆仍自國外進口。據波仕特（Pollster）在2010年的線上調查，在未提示情況下，近五成受訪者最先想到星巴克，再來是85度C（35%）；若問「三個月中曾經消費的咖啡店」與「三個月中最常消費的咖啡店」，也是85度C及星巴克的比例最高，但一、二名位置互換。簡單說，星巴克贏了知名度，85度C賺到消費頻率。此訊息也告訴大家在臺灣的咖啡市場現況。由於星巴克的高單價與85度C的低價策略正好成爲對比，近年來臺灣的咖啡市場又有超商來分一杯羹。超商賣的咖啡幾乎百分之百以外帶爲主，若看在歐洲人的眼中恐怕十分諷刺，引爲象徵悠閒、浪漫的咖啡文化再次被速食外帶文化取代，卻也反映各國文化的差異性。以下是《好房網News》在2018年10月有關臺灣咖啡市場的一則報導。

國際咖啡日 台灣咖啡年產值750億

實在愛喝到專門定個節日給它！今（1）日為國際咖啡日，業者紛紛響應祭出優惠搶生意，因為臺灣人超愛喝咖啡！根據資料統計，臺灣咖啡豆進口量每年穩定成長，預估2018年咖啡豆進口數量將高達4萬噸，產值更是超過750億，咖啡市場成績漂亮，也讓業者積極鞏固「黑金商機」。

三十年前在臺灣，「蜜蜂咖啡」就屬高檔，當時最奢華的莫過「上島」，一杯藍山要價500元臺幣，普通曼特寧也要250 元。當時除了咖啡專賣店（coffee shop）外，還有民歌餐廳或一般西餐廳有賣咖啡，但當時大都為點綴商品，而西餐廳主打咖啡除了各家的招牌（綜合咖啡），大多為虹吸式。直到約二十年前，臺灣才因法式、義式咖啡引進咖啡機，口味走向更加大衆化，同時間，統一引進星巴克，第一家店開在臺北市的天母，欲滿足台英美人士口味。一開始連續虧損好幾年，統一集團創辦人高清愿還曾大罵擔任星巴克的總經理徐光宇引進美式服務那一套「太花錢」。不過今年，卻繳出百億營收。

近年臺灣咖啡市場越來越大，根據農委會統計，2001年咖啡整體進口量只有1.4 萬公噸，不過 iQuestion調查，從2013年起，我國進口咖啡豆數量每年穩定成長10%，預估今年的進口量高達4萬噸，產值超過750億！調查中也指出，消費者平均每月購買18杯現煮咖啡，其中有六成一週購買2杯咖啡以上。

黑金商機就在眼前，新興咖啡店不斷展店，根據iQuestion統計，路易莎2018年上旬門市突破340間，Cama近三年店數成長幅度高於10%，預估兩家業績成長將超過15%。超商也持續鞏固咖啡市場，根據公平交易委員會調查，全台主要5家超商在2017年現煮咖啡的銷售額，比2016年相比成長了17%，其中City Cafe與Let's Cafe更同時看好「茶飲」商機，增加許多茶類品項。

其他連鎖咖啡店也積極轉型，星巴克推出午晚餐的套餐組合吸引民眾，近年更積極拓展特色門市讓消費者朝聖打卡，如上月26日，全臺灣首座貨櫃屋門市「洄瀾門市」在花蓮縣吉安鄉開幕；而全聯、美聯社、頂好等超市業者，也在部分門市設置咖啡機搶生意。

根據公平會調查，現煮咖啡毛利率高達5成，但咖啡已經成為消費者生活中重要一環，仍然願意埋單，用咖啡香氣開啓美好的一天。

每天來一杯咖啡，已經成為民眾的生活習慣

（圖／好房網資料中心）

資料來源：好房網News記者王薀琁／整理報導，https://news.housefun.com.tw/news/article/124493208516.html

參考文獻

一、中文

John Thorn著，卜玉坤譯（1998）。《咖啡鑑賞手冊》。香港：聯合出版集團萬里機構。

丁永淮編著（1999）。《中國茶文化故事》。臺北：漢欣文化。

朱自振、沈漢（1995）。《中國茶酒文化史》。臺北：文津出版社。

李華端（1988）。《中華酒文化》。太原：山西人民出版社。

周孟如譯（1998）。《紅茶事典》。臺南：太谷文化。

長弓、國豔（2001）。《中國酒文化大觀》。濟南：山東人民出版社。

姚偉（1993）。《中國酒文化故事》。臺北：漢欣文化。

姚國坤、王存禮、程啓坤編著（1991）。《中國茶文化》。上海：上海文化出版社。

胡文青（2005）。《臺灣的咖啡》。新北：遠足文化。

范雅鈞（2002）。《臺灣酒的故事》。臺北：果實出版。

范增平（2001）。《生活茶葉學》。臺北：萬卷樓。

范增平（2001）。《生活茶藝館》。臺北：麥田出版。

殷偉（2001）。《中國酒史演義》。昆明：雲南人民出版社。

陸天羽編著（1991）。《飲茶漫談》。臺北：國家出版。

陳盈珊（2007）。〈阿拉比卡咖啡豆　臺灣一哥〉。《中國時報》，2007年6月4日。

張玉欣主編（2005）。《新竹縣客家飲食文化調查》（未出版）。新竹縣：新竹縣文化局。

黃淑媛（1999）。〈談古說今話臺灣酒廠〉。《中國飲食文化基金會會訊》，第5卷第1期。

黑龍江商學院、北京市糖業菸酒公司編（1980）。《中國酒》。北京：中國財政經濟出版社。

萬國光（1987）。《中國的酒》。臺北：協德文化。

趙惠群（1994）。〈臺灣酒情〉。《聯合報》第34版，1994年12月25日。

劉昭瑞（1989）。《中國古代飲茶藝術》。臺北：博遠出版。

鄭建瑋（2004）。《葡萄酒賞析》。臺北：揚智文化。

歐陽港生（1999）。〈金城醉賦高粱美〉。《中國飲食文化基金會會訊》，第5卷第1期。
蔣榮榮（1988）。《酒海大觀》。太原：山西人民出版。
薛添福（1999）。〈臺灣紹興酒的歷史沿革〉。《中國飲食文化基金會會訊》，第5卷第1期。
蘇昌吉（1990）。〈鶴岡茗茶、天鶴茶〉。《花蓮區農業推廣簡訊》，第7卷第4期，頁20-21。

二、日文

狩野宗朴（1884）。《抹茶獨稽古／茶乃湯概則》，明治17年。

三、網站

eHow，http://www.how-to-make-coffee.com/how_to_make_espresso_coffee.html
好房網，https://news.housefun.com.tw/news/article/124493208516.html
臺灣好茶網站，http://etfate.ettoday.com
臺灣茶業網站，http://www.tea-taiwan.com.tw
臺灣菸酒股份有限公司，http://www.ttl.com.tw
波仕特線上市調網，http://www.pollster.com.tw
新北市農會文山茶推廣中心，http://www.tea4u.org.tw/tcfa/login.php
興國管理學院，http://www.hku.edu.tw
鶴岡茶場介紹，http://www.e-kin.com.tw

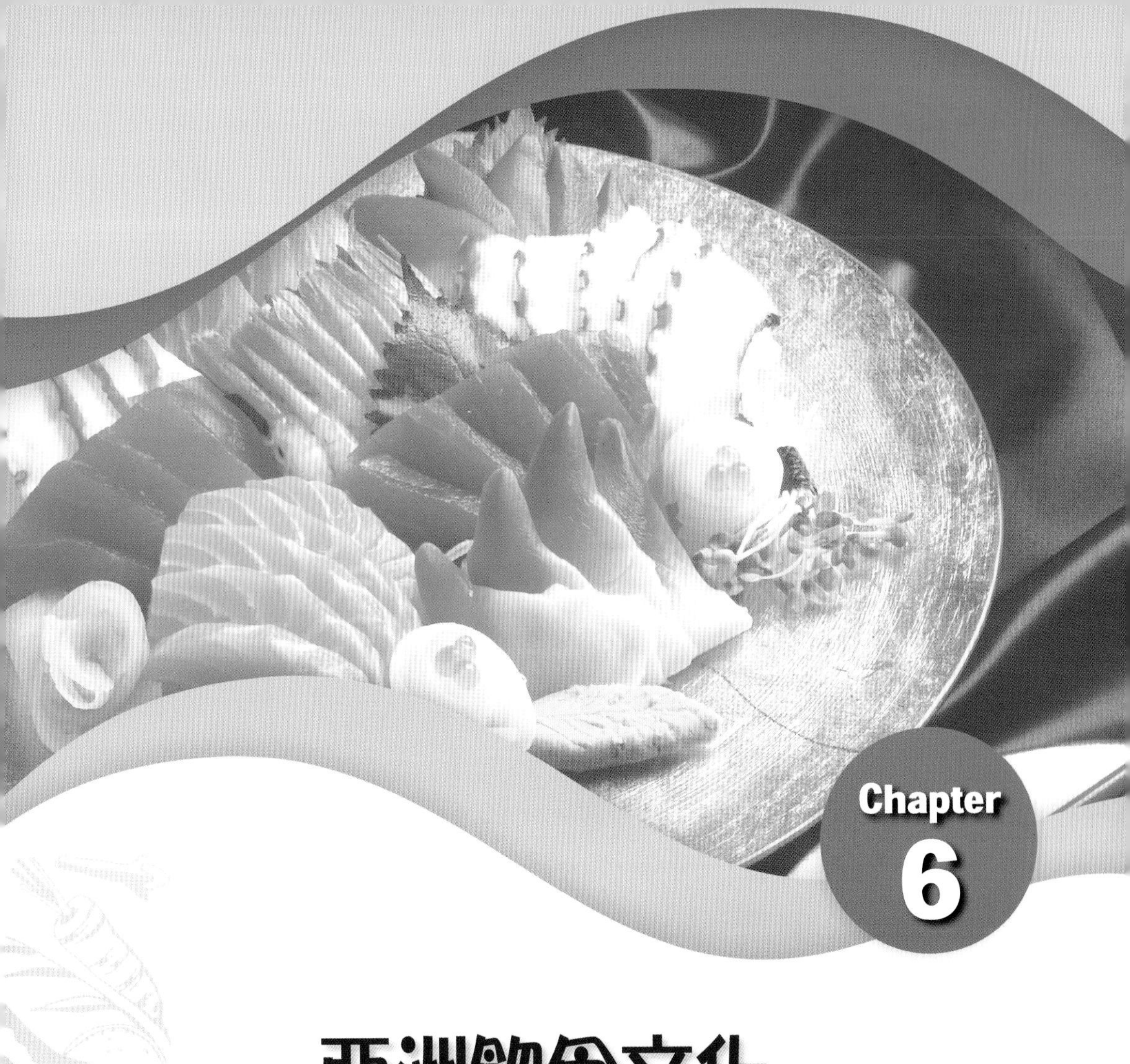

亞洲飲食文化

學習目標

★認識東亞與東南亞之地域性飲食文化

★瞭解亞洲地區飲食文化內涵

★學習比較文化

第一節　日本料理文化

日本料理在臺灣相當受到歡迎，除了日本的食物相當多樣化之外，日本人對食物的熱忱與尊敬，更是造就現今日本料理的重要地位。日本地形由北到南，即自寒帶一直延伸到亞熱帶，飲食的特色可說各地應有盡有，每一地區無不發揚日本飲食文化，其風之盛遍及全國。但因日本屬多山地形，以及有限的耕地，從過去便無法有較多的食物供應，甚至直到今天，許多的日本食物仍仰賴國外進口，但仍不減日本料理在全球風行的魅力。日本料理在烹調和飲食用具、器皿上，都與中國相當的類似，然而日本食物的準備與提供方式卻有其獨一無二的特色。因爲日本人尊重並崇尚人與社會群體、自然的關係，而其關係也表現在其飲食上，他們將有限的食材，利用各種不同方法呈現，飲食的每一個小細節，都能透過觀察、品嚐、調味而建構出來，對於料理的執著由此便可以看出。日本料理除了國人印象中的生魚片及壽司之外，還有許多其他特色，值得介紹。

廣受饕客喜愛的日本料理

一、傳統飲食

日本的主食是米，從古老時代開始，米飯這個主食在每一餐中出現的機率最高，且多使用相當精美的飯碗來盛裝，展現米飯的特色。日本米的香Q口感，更讓日本米在世界各地受到喜愛，如越光米等。雖然現在麵食類在日本已經廣泛的被食用，但是一家周到、傳統的日本料理店，仍舊較喜歡提供米食。在日本最常使用的食材之首應屬米及魚類，而不是肉，這也是日本最重要的蛋白質食物；而且日本傳統飲食中最具特色，亦是全國飲食中不可缺的，則是白色大菜，即白蘿蔔，日本人稱其爲「大根」，其在傳統飲食中占了極重要的位置。

日本人也相當重視餐飲外在的展現，從視覺的呈現可以反映出食物與自然環境間的平衡，例如日本人常在夏天時提供玻璃器皿，意圖帶給人們較涼快的感覺；而在11月左右，其餐飲常搭配紅色或金色等代表秋天的顏色，帶給人們溫暖的感受；甚至連同餐廳的布置設計亦是如此。

日本傳統早餐

日本飲食常帶給食客意外的驚喜，相當特別且具藝術性，因爲它強調自然風味與食物的自然香味，但其食物中仍會添加一些調味料來調製，在這樣自然與調味間如何取捨、應用，也都是烹調者的智慧展現。日本傳統和食於2013年12月列爲聯合國非物質文化遺產之一。

二、主要食材

日本的許多飲食食材多受中國影響而被採用，包括米飯、大豆以及茶等。米飯是日本人的主食，當然也有其他的食材，以下就日本飲食中的主要食材做介紹。

(一)奶製食品

日本的傳統烹調並不會利用許多奶製食品。大豆製品、海藻類、硬骨魚等食物爲日本人補充鈣質時所喜歡選擇的食物，而較不會希望藉由牛奶及其相關製品來取得鈣質。但現今的日本中小學生之營養午餐，均規定每個小朋友一定要喝一杯牛奶。

(二)魚、肉、蛋、豆類

大豆製品、廣泛且多樣性的魚產和貝類等水生動物（有新鮮的、冷凍的、乾燥、燻製等處理方式），這些在日本人的日常飲食中是主要的蛋白質來源。而日本人在食用海產類，如魚類、蝦類或貝類時，經常以生食方式，即常稱呼的生魚片。而雞肉、牛肉、豬肉的使用都非常多元化，如豬肉丼的炸豬排、松阪牛肉、雞肉丼飯等。

(三)穀類食物

米雖然是日本人的主食，但麵條食品則是現今日本相當受歡迎的主食之一，其原料以小麥爲主，如日本的拉麵（ramen）、蕎麥麵（soba）、烏龍麵（udon）等。在日本的任何地方都無所不見麵店。

蕎麥麵

(四)水果、蔬菜

日本的野菜與水果都相當受人喜愛，尤其是日本的水果，如蘋果、梨子、四方形西瓜等高單價水果，多出口至各國銷售，而當地人們較少以水果入菜，有些蔬果則被用以醃漬、乾燥等方式處理，進而保存。

(五)調味料

糖、醬油以及醋三大類是日本料理中調味料的最基本材料。目前有許多新式調味料亦被廣泛運用，如柴魚醬油、味醂（みりん）等。

(六)飲料

日本人在用餐時，多會提供綠茶或是麥茶，這兩種飲品可說最獲得當地人的喜愛，但一些連鎖日式速食店或小吃店，則僅提供冰開水；咖啡或紅茶則是在食用西餐時才被飲用；而在食用晚餐時，則搭配啤酒或清酒用餐。日本啤酒在世界上亦相當知名。

(七)油品

傳統的日本飲食均較少使用油品，或盡量少用油，以防止疾病的產生。

三、料理特色

(一)多利用海藻類食材

1.海苔（dried seaweed）：即紫菜，多經過特殊處理成乾燥且約八至十英寸的小薄片，海苔在料理中多被使用爲配菜。臺灣也同樣流行的御飯糰便源自日本，且皆以海苔包裹。

2.昆布（kelp）：昆布是一種形狀較大的海藻類，在日本料理中，昆布主要爲各式湯類的食材。在日本人重視熬煮的高湯當中，占有重要的地位。

3.許多的日本料理均會在米飯上撒上海苔、昆布等海藻類食材，再搭配一些醃漬菜，並於餐後提供熱茶。

(二)採用富含營養的大豆食材

大豆是日本料理中的另一項重要食材，應用相當廣泛。以下是以大豆爲原料製成的食材：

1.醬油（soy sauce）：是利用大豆於鹵水發酵所成的醬汁。

2.豆腐（tofu）：利用大豆製作，凝結成白色軟凍的食物。豆腐在日本料理中屬於健康食物，京都、琉球的手工豆腐都相當有名氣。

3.味噌（miso）：味噌是一種半發酵的大豆糊醬。味噌湯是日本料理中的特色，在每一餐飯的配湯方面，有90%都以味噌湯爲主。

(三)魚類

魚類食材在日本被廣泛的運用，也因處理方式不同，而展現出其色。

1.新鮮的魚在處理上常被浸泡於醬汁之中。

2.在燒烤餐廳多利用炭火進行燒烤。

3.刺身（raw fish），即生魚片，食用的時候，其沾醬多以芥末（wasabi）與醬油綜合調料爲主。

以魚類食材做成的各式黑輪

章魚燒

四、餐飲器具

世界上公認餐具使用最爲精緻的國家當數日本，日本人甚至認爲如果有一個切割的器皿或用具放在餐桌上，是屬於野蠻、未開化的行爲。因此日本料理的食物切割總是提供一小片、一小塊，或是一口可以吃下的大小爲主，也因此食物均可利用筷子夾取，在餐桌上亦只有筷子這個飲食用具被使用。若有茶碗蒸等特殊食物，才會提供小湯匙。

第二節　韓國飲食文化

位在亞洲東北的韓國，與日本同樣承襲中國的文化傳統並自成一格，其中的飲食文化同樣源自中國並加入自己的地理元素，加上韓劇在臺灣盛行，使得國人嘗試學習品味韓國菜與韓國飲食文化。自從2005年韓劇《大長今》在臺播出後，更是讓國人充分瞭解韓國的飲食文化，紛紛對韓國傳統料理喜愛有加，因此在這裡將介紹逐漸在臺灣餐飲市場占有一席之地的韓國料理。

一、傳統飲食

韓國人的主食爲米食，由於同樣受到日本殖民統治的影響，韓國與日本、臺灣一樣食用蓬萊米。韓國一位金教授曾提到韓國飲食文化的主要三大飲食特點爲：米食、泡菜與狗肉。此說明了米食占有極重要的地位。韓國人可以只吃白飯配泡菜便能解決一餐，泡菜在日常飲食上也是不可缺的一環。至於狗肉則是以進補觀念而從事的飲食行爲，其實在韓國並非到處可以看得到。眞正廣爲大衆所知的韓國進補觀念應該來自人蔘的應用。由於韓國盛產滋補專用的高檔藥材——人

人蔘雞

蔘，因此有相當多的人蔘被應用在養生食療的飲食實踐上，如韓國有名的「人蔘雞」。

二、韓國泡菜

(一)泡菜的歷史

泡菜可以說是韓國的代表性食物，在韓國，小孩在四歲左右便被開始訓練吃泡菜，並養成吃這類食物的習慣。泡菜是指將蔬菜用鹽水醃漬而成的菜，韓語的發音爲kimchi。由於韓國地處溫帶氣候區，因此冬天的時間較長，爲避免種植的蔬菜受到寒害，因此當大量蔬菜收割之後，便使用醃製的方式來進行儲存，以有效利用。《三國志・魏書・東夷傳》曾提到：「高麗人擅長製作酒、醬、醬汁等發酵食品」。由此可知，當時高麗人（現在的韓國人）對於發酵食品的製作已十分拿手，並成爲他們日常飲食生活中的一部分。韓國泡菜與日本傳統和食同時間於2013年並列爲聯合國非物質文化遺產。

韓國傳統市場賣的泡菜

(二)泡菜的種類

韓國的泡菜多以大白菜、白蘿蔔爲主要的醃製材料，另外黃瓜也是使用的材料之一。但最重要的配料脫離不了辣椒的部分，另外還會拌上蔥、薑、蒜等辛香菜作爲調味料，種類將近百種，韓國的飲食可謂道道地地的泡菜文化，在當地的餐廳都可隨時點到泡菜飯、泡菜麵這類日常主食。泡菜種類如此繁多，在此僅列出較常吃到的種類：

1.大白菜泡菜。
2.蘿蔔菜泡菜。
3.蘿蔔片泡菜。
4.蘿蔔水泡菜。
5.黃瓜泡菜。

(三)泡菜的功用

有韓國人開玩笑說：「韓國人之所以不會得SARS，便是因爲吃泡菜可以殺菌。」泡菜在製作過程當中確實會隨著發酵的過程產生抗菌作用。研究指出，有害菌在發酵過程中會因乳酸菌的作用而得到抑制，且隨著發酵的成熟產生酸味的乳酸菌，不僅使泡菜更具美味，還能抑制腸內的其他菌，防止不正常的發酵，抑制病菌。另外，泡菜能預防血液酸性化導致的酸中毒。此外，泡菜類中含有的蔬菜液汁和食鹽有淨化腸胃的作用。因此吃泡菜可以說是好處多多。

三、其他韓國代表性食物

(一)韓國烤肉

臺灣一般在烤肉的時候，常用的飲食方式是將肉片夾在土司中一同入口，這是一種可以飽腹、調和口味的方式。但是正確的韓國烤肉吃法則較爲健康，主要是因爲烤肉多欠缺蔬菜的部分，但他們會將沾上紅醬的烤肉置於一片生菜上，再加上蒜、洋蔥、特製小菜等，然後包起來，一口放入嘴裡，因此不但不會太鹹，加上生菜本身爲綠色蔬菜，反而成爲養生的料理。韓國人在吃完烤肉後還習慣吃上一碗冷麵，綜合一下剛才吃過較燥熱的烤肉，可以說是陰陽調和、致中和的最適切說明。

日式燒肉其實即源自韓式燒肉，主要是在二次大戰之後，當時滯留在日本的韓僑，常食用韓式烤肉並藉此懷念故鄉，由於其美味也吸引了當時的日本人，因此才開始有日本人開設燒肉店，以饗美食。但韓式與日式最大的不同是，韓式燒肉在烤之前會先醃過，食材以肉類爲主；日式則強調原味，多不醃漬，或僅以清淡的和式醃醬現醃現烤，食材較爲廣泛，包含蔬菜類、海鮮類等。

韓國傳統拌飯

(二)韓國拌飯

「韓國拌飯」是韓國的日常飲食之一，主要是在白米飯上蓋上黃豆芽等蔬菜、肉和雞蛋等，這些食材都可以應消費者需求而調整，可以是素食，可以是肉食。所有食材皆盛在大碗公內，再放上適量的辣椒醬後，攪拌而食，此即爲韓國拌飯。另外，餐廳也會提供多樣小菜與湯來搭配，大部分的韓國餐廳均可品嚐到。

(三)冷麵

在臺灣，麵的烹調方式除了涼麵之外，都以熱食的方式處理，尤其湯的熱度更是重要。但在韓國的麵食當中卻有湯頭之溫度以「冷」的方式呈現，喝起來十分冰涼。據韓國人表示，他們還特別喜歡在冬天食用冷麵，感覺特別舒服。事實上，有提供韓國烤肉的餐廳，通常也會提供冷麵作爲主食，可消除烤肉的炭烤味與火氣，是當地最受歡迎的食用方式。一般製作麵條的原料有蕎麥、馬鈴薯等，配料則以肉片、海帶、蔬菜、水煮蛋爲主。

韓國路邊小吃——黑輪

(四)路邊小吃

韓國首都首爾就跟臺北一樣，很容易看到路邊小吃的蹤跡。其中最為平民化的小吃就是「韓國年糕」。年糕拌著辣醬與數片黑輪和泡麵拌炒，成為韓國人隨處可得的食物。另外，由於韓國曾受到日本殖民，因此日本的黑輪和壽司也是在韓國相當流行，在一些熱鬧的街道都可以看到有人站著享受串串黑輪的美味。

第三節　東南亞美食

東南亞國家包括印尼、馬來西亞、菲律賓、泰國、新加坡、越南等國。基本上，東南亞國家的氣候多濕熱，屬於熱帶性氣候，因此熱帶食品的酸、甜、辣、香等特殊風味，很能夠在炎熱的季節使人胃口大開。在此，將針對東南亞地區的食材、特色飲食、華人飲食等做簡略性的介紹。

一、食材

東南亞各地食品，主要採用當地盛產的材料，在配料方面多用椰子、香料、乾蔥、蒜、辣椒，而調味料主要使用蝦醬和魚露等。特別值得一提的是具有東南亞特色風味的魚露，主要是用新鮮的小魚加上鹽巴後，經過發酵、蒸餾而成的魚汁，若作爲沾料，還須加上大蒜、辣椒和檸檬汁，以越南使用最爲廣泛，已爲越南人飲食生活的重要部分。

在主材料方面，由於各國的宗教與信仰皆不同，且每個國家自身便有多種信仰，因此每個地方略有不同。如新加坡、印尼、馬來西亞多信奉回教，因此主材料多以雞、牛、魚、蝦、蟹爲主；而泰國由於是佛教國家，所以較少使用牛肉，而以家禽類、豬肉和海鮮類食材爲主；越南則因與泰國鄰近，宗教亦較爲單純，因此食材多與泰國同。

具南洋風味的三寶飯

二、特色飲食

越南因地形狹長的關係，北、中、南越都有其特色飲食。如北越是牛肉河粉、中越則盛行水晶蝦餃、南越是世界知名的春捲。越南的春捲與臺灣不同，春捲皮是以米製成，有點透明度，很Q，內餡可以是魚、肉類，還要用生菜包著再一同沾魚露食用。一般來說，南越的春捲體積較小，北越的春捲則較大且長。

泰國因為氣候的關係，菜色沒有四季之分，口味都是因應泰國當地的氣候演變而來，所以泰國菜以酸、辣著名，如酸辣蝦湯，也是泰國人抗暑的配方。泰國的涼拌菜也是重要的開胃菜，大多只酸不辣，配料多，包括洋蔥、蔥、芹菜和檸檬汁等，而用來涼拌的主材料以海鮮、花枝、牛肉片為主。甜品如摩摩喳喳、椰汁西米露等。

新加坡與馬來西亞最有名的特色食物為肉骨茶（bah-kut-tê）和沙嗲（satay），從英文的翻譯而來的發音，便可知道當地的華人說的多是「福建話」。在東南亞如果想要吃肉骨茶，必須起個大早，因為

越南牛肉河粉

肉骨茶是當地華人最常食用的早餐，因此只在早上有專門店家販賣。肉骨茶除了以排骨、一大串的大蒜去熬湯外，還加上許多中藥材，如當歸、玉竹片、老熟地、川芎、黨參、甘草、枸杞、人蔘、胡椒粒、八角及多種珍貴藥材，經過長時間燉煮之後，讓藥材的味道能夠滲入排骨中。肉骨茶具有生血、旺血、補氣的功效，是男女皆可食用的補品。當地人在食用時還會配上一點甜醬油和辣椒。

在臺灣，沙嗲是眾所皆知的南洋名小吃，所以有人說沒吃過沙嗲就等於沒去過東南亞。沙嗲其實就是烤肉串，但深具南洋風味，屬於傳統的馬來美食，是將醃好的牛肉、羊肉、雞肉串以炭烤方式烹調即完成。但其中最重要的便是它的沾醬，沙嗲醬是由幼蝦、花生醬、椰醬等調製而成，非常香醇。當地的傳統吃法是，除了烤好的沙嗲，還會再配上以椰葉或班蘭葉（又稱香蘭葉、七葉蘭）包裹的傳統馬來米飯、小黃瓜及洋蔥等一起食用。另外，尚有自娘惹女孩子做出的娘惹糕，是著名的甜點。

沙嗲

三、華人飲食

約十五世紀時期，有為數不少的華人渡海移民至麻六甲等地，由於移民者多為男性華人，因此到了馬來西亞之後，多半娶了當地的女孩子為妻，而當時的飲食便以中國菜與馬來菜的融合為主，稱為娘惹菜（nyonya）。但約十八世紀之時，便有不少華人陸續移民至東南亞。以檳城而言，華人占總人口的60%，因此在檳城可以吃到為數不少的福建小吃。不過當時的移民以福建和廣東為多，因此在吉隆坡、新加坡等城仍可吃到許多廣東料理，如燒臘飯、飲茶等。檳城有一間小吃店——海明茶室，其店裡所賣的滷麵（loh mee），就是相當好吃的一道福建乾麵，它是用粗麵條與米粉相混合的乾麵，加上醬汁香而不膩、不鹹，不輸臺灣的乾麵。

另外，在東南亞也吃得到炒粿仔、炒飯，雖然是利用當地的食材，卻有意想不到的美味。米苔目（當地又稱老鼠粉），甚至臺灣的珍珠奶茶等，都可在這裡看得到、吃得到。

檳城「海明茶室」滷麵

參考文獻

一、中文

小辣子（1996）。〈火辣肉骨茶〉。《聯合報》，1996年2月29日。
月刊民博編輯部（2000）。《世界之民族》。臺中：晨星出版。
李重華（2000）。〈家常美味傳統吃法〉。《大成報》，2000年3月12日。
林信雄編著（2001）。《世界風俗大觀》（上）。臺北：國家出版。
徐韻梅（1988）。〈東南亞美食〉。《文匯報》，1988年8月26日。
張玉欣、柯文華（2007）。《飲食與生活》。臺北：揚智文化。
蔡月清（1994）。《越南美食》。新北市：漢光文化。

二、網站

Mook網站，檢索於2010年2月，http://w3.tkgsh.tn.edu.tw/92b337/new_page_25.htm
Mook網站，檢索於2010年2月，http://w3.tkgsh.tn.edu.tw/92b337/new_page_29.htm
新加坡旅遊局，http://www.visitsingapore.com

Chapter 7

歐美地區飲食文化

學習目標

★認識西方國家飲食文化

★瞭解歐洲與美洲地區飲食文化內涵

★學習比較文化

第一節　義大利飲食文化

一、歷史背景

義大利料理堪稱爲世界四大料理之一，其烹調法爲世界最古老的技術之一，時間並可追溯到古希臘時期。古希臘時期的羅馬人多爲農民，因此食用的食物以生產的農產品爲主，隨著羅馬帝國的興盛，與外地的交易日漸頻繁，鹽與香料的引進，使得烹調法更加多樣。惟人民仍舊重視展現食物的天然風味，所以羅馬人的飲食內涵可說是義大利與歐洲菜基礎的鼻祖。

義大利菜的歷史悠久，從它的文化背景即可看出端倪。義大利人自文藝復興時代即對於烹調的技巧和材料的運用便相當講究。甚至義大利人認爲義大利菜是法國菜的鼻祖。相傳十六世紀時，義大利公主Catherine de Medici下嫁法皇Henry II時，將義大利的傳統烹飪方式帶入了法國，而法國人進而將兩國烹飪上的優點加以融合，而逐步的將其發揚光大，創造出了現今最負盛名的法國菜餚。因此雖然世界號稱最爲講究的菜餚，法國菜當之無愧，但若是提到其鼻祖，其意義更爲深遠。

二、料理方式

義大利菜一般偏重口味，在烹調時最喜愛使用的油品與配料是橄欖油、番茄及香料。在烹調方式上著重原汁原味，油炸類較少，紅燴、燒烤較多。通常義大利人習慣將材料與配料一起烹煮，讓味道能夠盡可能釋放出來，此即爲義大利菜的料理基本特色。以下將介紹義大利不同地區著名的食材與菜餚：

1.威尼斯（Venice）：此地區盛產海鮮，較有名的菜餚有番茄海鮮湯和洋蔥小牛肝。
2.米蘭區域（Milan）：此地區盛產米和松露，較有名的菜餚有米蘭豬排及紅花飯。
3.羅馬（Rome）：較有名的菜餚有犢牛火腿片。
4.其他：另外尚有一些具國際知名度的名菜，如生醃牛肉、燜小牛蹄及檸檬雞。

三、食材利用

(一)肉類

義大利人對肉類的製作及加工也非常講究，如風乾牛肉（dry beef）、風乾火腿（parma ham）及各式冷肉香腸（sausage）等，這些肉類的冷製品非常適合做成開胃菜和或與酒一同進食。

(二)麵食

相傳義大利麵是由馬可波羅自中國傳入義大利，但由於缺乏文獻證據，因此可靠性還有待商榷。義大利人很喜歡麵、飯類製品，單就麵、飯類製品就約有四、五十種。義大利麵統稱為pasta，但還可以細分成更多不同形狀與口感的義大利麵，例如：千層麵（lasagne），是屬於寬而扁的麵、義大利麵中的細麵條（spaghetti）、通心麵（macaroni），另外麵食尚有寬雞蛋麵（tagliatelle）、餃子（ravioli）和流行於世界的披薩（pizza）等。尤其是披薩餅就有許多種口味，一般常用番茄、香腸及青椒、乳酪等材料烘烤而成的是義大利的代表菜式，也是最經濟的食品之一。

義大利salami香腸披薩

由於義大利披薩的起源地在拿坡里，2004年5月義大利農業部為了保障國寶「拿坡里披薩」，捍衛正統披薩，嚴格規定披薩的做法，包括材料、規格、製作過程，並頒布製作規範。除了形狀厚薄外，該使用哪種麵粉、酵母、油、番茄、調味料等也都清楚條列，照著規則做出來的才叫正統的拿坡里披薩，不然都不能算是義大利披薩而是冒牌貨。此舉亦震驚世界各地，但也喚起人們對傳統披薩的重視。

(三)奶製品

乳酪（cheese）最早是由希臘人引進義大利，他們將製作乳酪的方法教授伊特魯利亞人，當時生產的是沒有外皮的乳酪，後來才又發展成有外皮的熟乳酪。義大利的乳酪分成四類，硬的、半軟的、軟的和新鮮的，最受人喜愛的如帕馬森（parmesan）、馬芝拉（mozzarella，屬於義大利白乳酪）等，都令人回味無窮。

(四)香料

義大利菜的另一項烹調特色是運用各式各樣的香料，其主要的功能是要引出烹調的食物原味，大多數的草本佐料都是利用它們的香味和口感都飽滿時使用。在義大利最常使用的香料是葉片細小的野生薄荷（mentuccia），其他如羅勒（basil）、俄勒岡（oregano）、茴香（finocchio）、芫荽（coriander）、鼠尾草（salvia）等都是常被運用的香料種類。

第二節　法國飲食文化

一、歷史背景

法國菜是西餐中最具知名度的料理代表，但又因其地理區位之不同，故在其風味及烹調技巧上亦產生相當的差異。法國人憑藉其對材料方面的認知及靈活的運用，而創造出許多膾炙人口的佳餚美食，這就是法國菜引以自豪的地方。

法國菜由來的歷史背景在介紹義大利菜時約略提過，主要是在十六世紀時，義大利公主Catherine de Medici因政治的因素而下嫁於當時同年齡之法國王儲Henry II，她帶了五十位私人廚師陪嫁，這些廚師把義大利在文藝復興時期所盛行之烹調方式及技巧引進法國，而原本就對飲食文化頗爲重視的法人，便將兩國在烹飪上的優點融合，如此更提升了法國菜在世界的地位。

在法國餐飲界有一位名人——Georges Auguste Escoffier，被喻爲「西餐之父」，他將法國當時的新舊菜式整合，並且有系統的分類、劃分菜式的名稱及配方，其中一本著作《法國菜的烹調》（*Le Cuisine Fran*）對現今法國料理影響最大，被世界公認爲是古典菜餚的典範。

二、法國料理

(一)料理類別

◆典型法國料理

正統的法國料理講究精緻、優美、正式、拘泥形式。法國人要求在不同的風土環境下選用不同的食材，烹調出口味各異的美食，對色、香、味十分重視；另一方面，法國菜也相當重視盤飾，食物處理十分的精緻，擅長功夫菜，連帶如進餐氣氛亦非常講究。法國人重視節令來選購食材，如在夏天則食時蔬，秋天吃野味及生蠔。

典型正統的法式餐飲服務以桌邊服務爲代表，這是源自於早年爲讓客人可以吃到熱騰騰的食物因而發展出來；且桌邊服務並不限於熱菜，連甜點也同樣提供如此的服務，如火燄冰淇淋、火燄櫻桃都是桌邊服務常見的甜點。

◆地方性料理

在一般的法國城市，法國菜也可以平民化，富有家常味，尤其在法國人的家庭中，有人說法國料理是離鄉背井者最懷念的料理。而傳統的家鄉菜屬於簡單飲食、家常式的地方料理。家常菜通常採用就地取材的方式來進行烹調。

由於法國瀕臨地中海，其特殊的地理環境使得法國菜食材豐富，不同區域更是各有特色，如諾曼第的白酒鱈魚、阿爾薩斯的海鱸魚、勃根地的肋眼牛排、里昂豬排、波爾多的紅酒鮭魚，都讓地方性的料理凸顯出各地的特色。

法國傳統市場可見鵝肝販賣

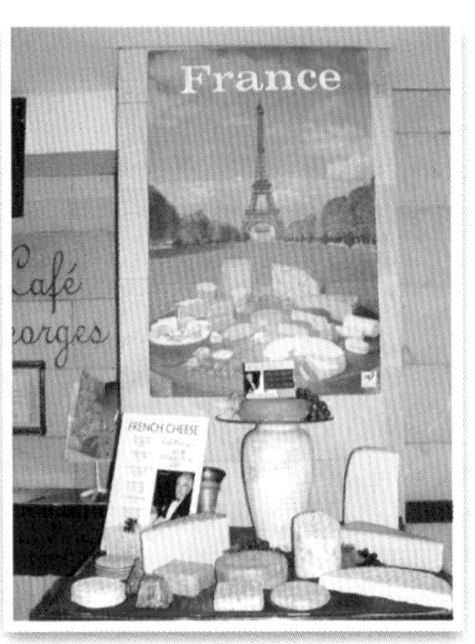

法國乳酪

(二)食材運用

法國菜在材料的選用較偏好牛肉（beef）、犢牛肉（veal）、羊肉（lamb）、家禽（poultry）、海鮮（seafood）、蔬菜（vegetable）；另外，著名的昂貴食材尚有田螺（escargot）、松露（truffle）、鵝肝（goose liver）及魚子醬（caviar）等。法國菜在配料方面也大量採用酒、牛油、鮮奶油及各式香料；在烹調時特別重視火候，這一環節可說相當重要，如牛、羊肉通常烹調至六、七分熟即可；烹調海鮮時須熟度適當，不可過熟。尤其在醬汁（sauce）的製作上，更特別費功夫，其使用的材料很廣，無論是高湯、鮮奶油、牛油、酒，抑或各式香料、水果等，都運用得非常靈活。

(三)近代料理

由於法國地域廣大，因此在各個地區也都發揮其當地的特色，製作出膾炙人口的法國料理，讓近代的法國料理更加豐富具有可看性。

◆**勃根地地區**（Burgundy）

此地區產有大量的紅、白酒、田螺、雞及芥茉醬（mustard）。知名的菜餚如：紅燴雞、紅酒燴牛肉、勃根地烤田螺等。

◆**諾曼第地區**（Normandy）

此地區的海鮮產量極大，另外尚有牛油、鮮奶油及蘋果。較知名的菜餚有：諾曼第燴海鮮。另外蘋果也入菜，成爲水果餐的一種，是此一地區的一大特色。

◆**阿爾薩斯地區**（Alsace）

法國最具盛名的法國菜即爲鵝肝醬，而最美味的鵝肝醬即產自此區。較知名的菜餚有起司培根蛋塔及酸菜什錦燻肉。

◆**普羅旺斯地區**（Provence）

此地區因鄰近地中海及義大利，故其菜餚較偏向義大利口味。在菜餚烹調製造過程中使用較多的橄欖油、番茄、魚。著名的菜餚有馬賽式海鮮及普羅旺斯田雞腿等。

三、法國美食寶典

法國美食有兩大餐飲權威爲法國料理做評鑑，亦被尊爲美食寶典，是法國料理界追求的理想與目標。以下我們將介紹此兩本美食經典：

(一)《米其林指南》

米其林（Michelin）爲聞名全球的輪胎公司，早期該公司在法國各地均設有休息站，爲客戶做更換及保養的服務。後來爲了提供駕駛更多的旅遊資訊，而在1900年出版《米其林指南》（*Le Guide Michelin*），用以介紹各休息站附近的景點及餐飲店。到了1926年則開

2014年《米其林指南》

資料來源：http://www.eater.com/tags/michelin-stars

始刊登優良餐廳，最後更設計出以湯匙及叉子的標誌來代表星級，藉以顯示餐廳的等級。

米其林評鑑是採匿名及不告知店家的情況下，派人多次祕密進行評鑑，評鑑內容不僅包括廚藝，也針對餐廳的陳設、服務、衛生等做出評分。而為避免評鑑人員與餐廳熟識而造成評鑑不公，因此每次均派不同的人前往。雖然《米其林指南》對於餐廳只列出地址、電話、主廚名稱、基本消費、當地著名葡萄酒、招牌菜等，但對於餐廳經營者及廚師本身，能獲得米其林的青睞及其所授予之等級光環，是無限的光榮。《米其林指南》已是法國飲食文化中不可或缺的一個重要角色。但在1986年，法國名廚克勞岱（Cloude）因被著名的美食《米其林指南》摘掉一顆星，獲知結果後跳樓自殺，造成遺憾。

米其林已於2018年3月登陸臺灣，出版了《米其林指南——台北》，也將臺灣餐飲界帶入另一個高峰。

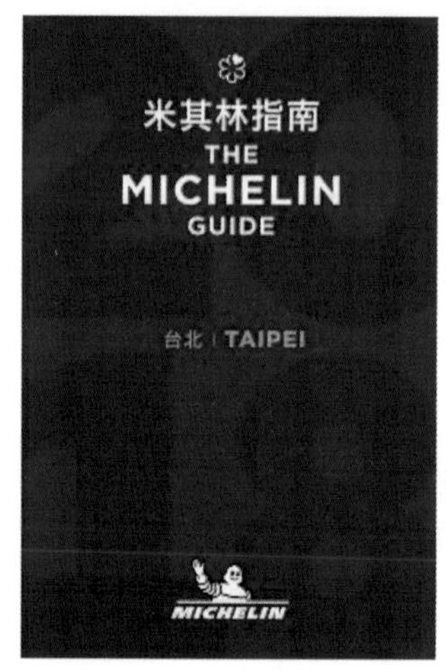

2018年出版的《米其林指南——台北》

(二)《高特米優》

另一本法國料理的權威美食評鑑指南是《高特米優》（*Gault Millau*），它與米其林一樣被視爲美食評鑑的經典之作。但在2003年，另一位名廚羅州（Bernard Loiseau）也因在此本美食評鑑結果發表後，因所經營的餐廳評分較先前降低，憤而舉槍自盡，因此同樣有許多人對這類美食評鑑所產生的正負面效果起了質疑。

四、葡萄酒

法國在葡萄酒的生產量上居世界第一，是世界上盛產葡萄酒、香檳和白蘭地的重要生產地區，如勃根地的葡萄酒即在世界享有盛名。法國人不僅生產紅、白酒，他們對於在餐飲上酒之搭配使用亦非常講究。如在飯前應飲用較淡的開胃酒，如香檳；食用沙拉、湯及海鮮時，可飲用白酒；食用肉類時則多飲用紅酒；而在飯後飲用少許白蘭地或甜酒類，可說規矩相當多且講究。另外，在許多的慶典，如結

紅酒適合搭配肉類菜餚飲用

婚、生子、慶功等，則飲用香檳酒，「開香檳慶祝」這一習慣也已普遍用於世界各地。

第三節　美國飲食文化

一、歷史背景

美國菜給國人的印象較不健康，如炸雞、薯條、牛排等，而分量都很多。但要深入瞭解美國菜，還是須自其歷史背景來看。美國菜的歷史僅有兩百多年，與其他國家相較，其菜餚顯得年輕而活潑，也缺少歷史包袱。美國菜是以英國菜爲基礎，再進而發展成爲自己國家的菜餚。

由於美國地大物博，農業的發展非常豐富，當然其所出產的農產品種類亦相當繁多，再加上美國是個「民族大熔爐」，包含世界各地的民族，以至於在美國本土有著多樣性的飲食文化，所以說美國菜是包羅萬象的。它是一種世界各國佳餚的融合，口味包括歐洲的英國、義大利、法國；亞洲的日本、中國、韓國與東南亞，及其他意想不到的異國菜色。

二、節慶飲食

美國人很浪漫，也重視各式慶典，如復活節（Easter），以各式彩蛋、巧克力爲主；感恩節（Thanksgiving）以烤火雞爲主食；尤其是聖誕節（Christmas）和新年（new year）兩大節日，美國人擁有漫長的假期可以好好安排，各家各戶均忙著布置聖誕樹及準備各種美味食品，如烤牛肉、烤火腿、烤火雞等，並互相贈送禮物，氣氛溫馨。現在的耶誕節中更有一個食物，就是「薑餅屋」，這在歐美國家也是不可或缺的一個象徵，因爲「薑餅屋」可代表一個家庭的溫暖與夢想，並且祈禱來年的家庭生活能夠和樂與安康，是一種無形的希望與祝福。美國人也非常喜歡喝酒，特別是雞尾酒或是蘇格蘭威士忌、波本酒。總

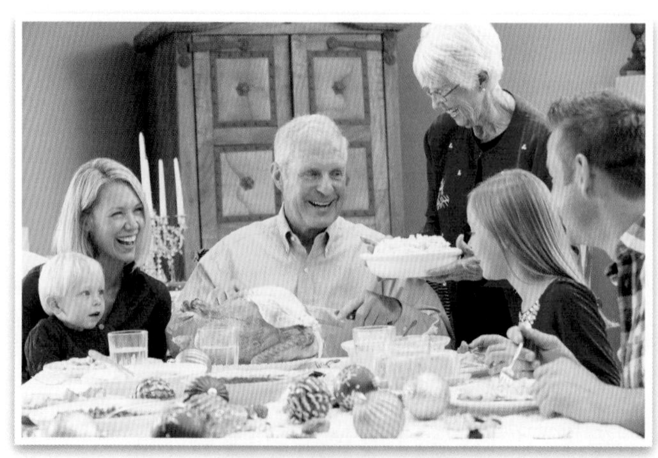

感恩節的烤火雞大餐

而言之，美國菜是非常活潑、新潮又富於變化的一種美食。

三、日常飲食

美國人的早餐相當簡單豐富，卻沒有臺灣中式早餐的複雜。他們多喜歡以牛奶加上玉米片作爲主要的早餐內容，如果較重視早餐，則還會包括水果、果汁、煎蛋、香腸、火腿、培根、吐司及麵包等。午餐也是屬於簡單的進餐方式，如漢堡、炸雞、沙拉，可以是午餐的全部。另外，美國人相當喜歡肉類食品，如各式牛排、豬排、雞、羊等，是他們的飲食生活中每日不可缺少的主食。

除了一般的日常飲食，美國人也很喜歡在戶外舉行野餐（picnic）及烤肉（barbecue, BBQ）活動，因爲他們認爲這是可以增進生活情趣並聯繫朋友間情感的重要方式。另外，美國人非常喜愛甜食，如各式糕點、冰淇淋、聖代或起司蛋糕等，因此有許多世界聞名的品牌，在冰品上如哈根達斯（Häagen-Dazs），都是屬於美國的品牌。

美國著名牛排連鎖店

第四節　澳洲飲食文化

一、歷史背景

澳洲人的祖先是十九世紀或二十世紀來自英國的移民，但是往後有更多人來自於不同的國家，其中很多人來自歐洲的德國、希臘、義大利或一些亞洲國家，例如日本、中國和越南。澳洲最早的原住民如今僅占總人口不到1%。2004年，華人大約占總人口2%～3%。澳洲的移民人口數量亦位居世界第一位。由於澳洲是個多元文化的國家，因此許多城市也都有各式各樣的族群共同生活，因此這個特徵也反映在飲食文化上面，除了道地傳統的西餐飲食、BBQ之外，各種亞洲飲食都可在這裡找到，而且可以是很道地的。

二、食材利用

(一)肉類：牛肉、羊肉、袋鼠肉

澳洲目前是世界牛肉最大輸出國，根據Meat & Livestock Australia單位的調查，2015-16年澳洲國內消費加上出口海外的牛肉年總產值爲178.7 億澳幣（約相當於臺幣4,288億元），其中昆士蘭省（Queensland）占總產量最大比例的47.3%。

澳洲牛肉聞名世界，尤其是牛排，當地人認爲安格斯（Black Angus）牛排是最頂級的牛排，這種牛原產於蘇格蘭的安格斯，因牛純黑色而得名，後來引入澳洲。由於此種牛的肉質呈現櫻桃紅色，大理

澳洲超市到處可見的牛肉及羊肉

石油花分布相當均勻，因此在燒烤過程中，油脂會慢慢溢出，肉感極細且佳。澳洲和牛之飼養則以亞洲市場爲主，較多的油花使得肉質軟嫩，受到亞洲人的青睞。

羊肉在澳洲被稱爲「澳洲之肉」，澳洲羊肉是澳洲出口肉類的重要一環，最著名的爲羔羊肉（lamb），在一般超市相當容易買得到。

另外，由於袋鼠數量在澳洲過於龐大，已造成生態環境的不平衡，因此澳洲人也將袋鼠肉運用在日常生活的烹調上，並強調其爲低膽固醇的健康肉類，在超市也可買得到。

(二)海鮮

澳洲居民平均每人每年吃掉25公斤的海鮮。根據澳洲農漁業部於2015年所出版的*Australia's Seafood Industry*，澳洲的海產品來自野生捕撈和水產養殖兩種來源。按數量計算，進口海產品約占總消費量的66%，包括二百多種海鮮，其中最重要的種類是蝦、鮭魚和鮪魚，主要來自中國大陸、越南、泰國之進口；本地生產的則僅占34%。

2017年澳洲生蠔美食節提供客人不同的生蠔品種選擇

由於澳洲的海域生產力較低因此限制了野生捕撈漁業的生產數量，加上部分高價值的海產都銷往外銷市場，如龍蝦、鮑魚、鮪魚，此也造成本地海產的消費量偏低。

澳洲人對於海鮮料理，多以水煮和生吃爲主，也就是講求原味，若是一般家庭或速食店，也習慣直接裹粉以油炸方式處理或是焗烤，都是相當單純的烹調方法。

澳洲人最喜歡吃蝦和蟹，主要以水煮的方式進行烹調，並放置於冰塊上冷卻後食用。但像生蠔這類的海鮮，則喜歡沾千島醬或檸檬汁生吃，不會有任何腥味，只有鮮味。

三、傳統飲食——烤肉

如果你問澳洲人，哪項傳統食物可以代表澳洲，你得到的答案一定是BBQ。根據一項針對消費產品的Roy Morgan研究指出，搭配啤酒、 沙灘和運動的BBQ（烤肉），已成爲澳洲認同的核心價值。在澳洲家庭，烤肉相當普遍。幾乎三分之二的澳洲家庭會在自家烤肉。

澳洲昆士蘭州的公園或海邊都有設置烤肉區

在某些地方，甚至有超過四分之三的家庭在家BBQ，全國最高密度的BBQ地區出現在南澳的阿德雷得。

烤肉對澳洲人來說是家庭聚會、放鬆心情、增進感情的一項重要聚會，所以不需要煞費苦心去準備，只要食物簡單、量夠就可以。季節多選在夏季舉行。

表7-1是澳洲人在烤肉時最常準備的材料，可以供喜愛烤肉的國人參考。

表7-1　澳洲人烤肉常備材料

烤香腸（barbecued sausages）	
材料	豬肉腸、奶油、芹菜莖、洋蔥、醋、番茄醬、水、紅糖、芥末、渥斯特郡醬汁（Worcestershire sauce）。
做法	將平底鍋放置在BBQ烤爐上烤到焦黃後，在香腸上面刺幾個洞確定熟透後，先起鍋。然後在平底鍋上塗上奶油，加入芹菜莖和洋蔥拌炒，差不多熟嫩之後，放入其他調味料繼續拌炒，再將香腸放入，燉煮約十至十五分鐘後起鍋，完成。
烤玉米（barbecued corn）	
做法	將玉米的外包葉及鬚清除乾淨後，塗上奶油並灑上鹽及胡椒後，用鋁箔紙包裹兩層後置在烤爐上約十五至二十分鐘即可食用。另外一種方法則是將玉米先用水煮過，將水瀝乾後，用上述一樣的方法，置於烤爐上約十分鐘即可食用。
烤雞（barbecued chicken）	
做法	將雞剖成對半後，剁雞腿、雞翅、雞屁股，塗上一層油後再灑上鹽巴及黑胡椒粉，置於烤爐上翻烤，一面待烤至brown後便可翻另一面續烤。
烤番茄（foil baked tomato）	
做法	番茄洗淨，待乾後，外表抹上一層油、灑些鹽巴，以鋁箔紙包裹，放在炭火上烤三十五至四十分鐘。
烤肉醬（barbecued sauce）	
材料	洋蔥、油、番茄濃湯（tomato puree）、水、醋、渥斯特郡醬汁、鹽、辣椒粉、黑胡椒粉、咖哩粉、紅糖。
做法	將切過的洋蔥拌炒，炒至有些brown的顏色，加入上述其他材料，用小火燉煮並拌炒至五分鐘後起鍋即可。適合沾肋排、牛排及香腸。
烤香蕉（barbecued bananas）	
做法	選用成熟的香蕉，連皮直接置於烤爐上炭烤，直到外皮變黑，將香蕉夾起後將外皮去除。如果要搭配鹹味食物，即可灑上鹽巴和胡椒；如果要做成甜點，可以灑上肉桂粉及糖，和奶油搭配成飯後點心。
炭烤培根蘑菇雞肝卷（barbecued mushrooms and bacon）	
材料	火腿或培根薄片、蘑菇、雞肝。
做法	將雞肝清洗乾淨後切半，火腿或培根薄片則切成二至三小片，將切成半的雞肝和蘑菇包在火腿片中串起來置於烤爐上翻烤，待火腿片一面捲起再翻烤即可。

（續）表7-1　澳洲人烤肉常備材料

烤魚（barbecued fish）	
材料	鯡魚（mullet，澳洲當地特色魚），也可選用其他魚類。
做法	將魚清洗乾淨後，在魚腹灑上鹽巴和胡椒，擠入些許檸檬，並在魚的頭部灑上鹽巴和胡椒，用塗上油脂的鋁箔紙包裹後，放在炭火上烤約二十分鐘即可。多搭配荷蘭芹和檸檬塊食用。
烤肉串（kebab）	
材料	羊絞肉或牛絞肉、洋蔥、切好的菠菜、辣椒粉、鹽、豆蔻粉、肉桂粉、丁香磨碎。
做法	將羊絞肉或牛絞肉置於盆中，並將切好的洋蔥、菠菜，及上述提到的辛香料等一同放入盆中充分攪拌，靜待約十分鐘後，用塗上油脂的烤肉串串起一球球的肉丸子。
烤鳳梨（grilled pineapple）	
做法	將一顆未去皮的鳳梨切成六至八塊，並將每一塊的心去掉，在鳳梨肉上刷一層奶油直接進行炭烤，待焦黃後，可拌著奶油一起食用。
其他	
沙拉	有拌肉片沙拉（salad kebabs）、紫高麗菜沙拉（red cabbage salad）或芹菜沙拉（parsley salad）。
水果	瓜類（melons）是澳洲夏天最多的當季水果，如西瓜或是哈蜜瓜，因此可以多準備些瓜類水果，不僅可以直接吃，也可以拌在沙拉當中一起食用，方法很多。
麵包	大蒜麵包（garlic bread）。

烤肉是許多人都喜愛的聚會活動

四、特殊飲食文化

(一)飲酒文化

澳洲人相當喜愛酒精類產品，以紅酒和啤酒爲主要消費產品。澳洲在葡萄酒上的生產水準，只能說是急起直追，不遜於法國、美國等地。澳洲因爲自然環境的優勢，因此生產相當大量的葡萄酒，據統計資料顯示，平均每個澳洲人一年會喝掉18.5公升的葡萄酒，內需量相當大。阿德雷得（Adelaide）的巴羅薩谷（Barosa Valley）是葡萄酒的主要產地，主要在於它的氣候優勢，尤其白葡萄酒以產於此地的阿德雷得丘（Adelaide Hill）和西澳的瑪格麗特河（Margaret River）最佳。產於坦莫寧山（Tamborine Mountain）和春之泉山谷（Springbrook Valley）的紅葡萄酒也相當知名。

澳洲除了在葡萄酒生產上具世界競爭力之外，啤酒更是生活上不可或缺的飲料。單是在澳洲國內，便可發現幾十種品牌。據統計資料顯示，平均每個澳洲人一年會喝掉140公升的啤酒，只能說十分驚人。在澳洲，最有名的啤酒爲墨爾本（Melbourne）的維多利亞啤酒（Victoria Bitter, VB），在昆士蘭省（Queensland）則四X（XXXX）更是流行，一般定價約爲澳幣3～4元。

(二)健康有機飲食

雖然澳洲人愛吃甜食也嗜飲酒，但澳洲的有機食品卻是聞名世界，主要是由於澳洲這塊無汙染的環境所帶來的此項利基。澳洲擁有全球最大的有機認證土地面積，根據*Australian Organic Market Report 2018*，該國的有機產業生產總值估計爲24億澳幣（約528億新臺幣），較2012年成長約88%。90%有機產品銷售管道爲零售商店，四分之三的購買行為發生在大型連鎖超市中，顯示出該國有機產品銷售的主流趨勢。而獨立零售商和其他零售管道也呈現持續成長的態勢。

澳洲不僅在肉類上都有各式的有機肉，像是有機牛肉、羊肉，甚至是有機雞肉也隨處可見。飲料櫃奶類區中則有有機牛奶可供選擇，蔬菜區也有一定份量的有機蔬菜，還有有機蛋等。只要是想得到的有機食品，澳洲均有一定程度的發展與供應。

澳洲也買得到有機鮮奶，價格與臺灣的一般鮮奶相當

澳洲超市隨處可見有機肉的食材（此為有機雞翅膀）

參考文獻

一、中文

Eugene Wang、Sammy Yau，徐梓寧譯（1995）。《義大利廚房》。臺北：橘子廚房。

月刊民博編輯部（2000）。《世界之民族》。臺中：晨星出版。

李重華（1999）。〈拜革命之賜，法國美食走入民間〉。《工商時報》，1999年7月3日。

李重華（2000）。〈家常美味傳統吃法〉。《大成報》，2000年3月12日。

林信雄編著（2001）。《世界風俗大觀》（上）。臺北：國家出版。

蔡筱穎（2003）。〈餐廳評鑑降級　法名廚自殺〉。《中國時報》，2003年2月27日。

黎嘉瑜（2001）。〈法國菜　美味氣氛的完美演出〉。《中央日報》，2001年7月20日。

張玉欣（2017）。〈當亞洲人瘋吃“和牛”時，澳洲人已在思考2nd Cut〉。《料理・台灣》，第34期。

張玉欣（2017）。〈澳洲BBQ與國家認同〉。《料理・台灣》，第35期。

張玉欣（2019）。〈還在吃「現流仔」嗎？——從永續海產角度重新思考〉。《料理・台灣》，第50期。

二、網站

Australian Organic Market Report 2018，https://austorganic.com/wp-content/uploads/2018/04/AustOrganicMarketReport2018_spreads_digital.pdf

Mook網站，檢索於2011年2月，http://w3.tkgsh.tn.edu.tw/92b337/new_page_25.htm

Mook網站，檢索於2011年2月，http://w3.tkgsh.tn.edu.tw/92b337/new_page_29.htm

網路廚房，http://www.kitchens.com.tw/world/france.htm

網路廚房，http://www.kitchens.com.tw/world/usa.htm

Chapter 8

宗教與飲食文化

學習目標

★瞭解世界四大宗教的簡史發展

★各宗教的飲食內涵及其所代表的深意

★宗教節慶的特殊飲食及代表涵義

★各宗教的飲食現況

宗教與飲食文化一直是有著密不可分的關係，之所以緊密結合的理由，在於宗教多透過飲食，藉由各種的祭祀或聖禮，讓人們能與心中的「神」進行溝通。但由於各個宗教的起源、發展及背景皆不盡相同，因此在飲食的規範上自然有其不同的內涵與標準。如佛教、道教徒的素食主義，印度教徒不食牛肉，回教徒不食豬肉，基督教徒不食祭拜過的食物等。這些宗教上的約束，從過去一直到現在仍影響著人們的日常生活，卻也因爲宗教的發展，進而豐富了飲食文化的內容，爲飲食文化注入了精神層面的不同體驗；更藉由宗教的發展與推廣，飲食文化也得以相互交流，形成現今豐富多元的局面。

然而，各個宗教的飲食內涵並非一語可以道破，本章將分別以佛教、道教、基督教及回教這世界四大宗教爲題，於以下各節中做詳細的解說，期望透過本章的介紹，瞭解各宗教的飲食內涵及所影響的飲食習慣。

第一節　佛教飲食

一、佛教簡史

(一)起源

佛教起源於西元前六世紀的古印度。

(二)創始者

爲當時的宗教改革家釋迦牟尼（Sakyamuni）。

(三)發展

佛教從西元前三世紀的孔雀王朝（Maurya Dynasty）阿育王（Asoka）統治時期開始，後經貴霜王朝（Kushan Dynasty）迦膩色迦王（Kanishka）的大力推廣，逐漸於周邊的亞洲國家蔓延傳播（馮佐哲，1994）。

(四)向外傳播

佛教向外傳播的途徑如**表8-1**。

表8-1　佛教的流傳分布途徑

類別	傳播途徑	
大乘佛教	漢傳佛教	西北印度→西域或海路→中國→韓國→日本
	藏傳佛教	印度→西藏→蒙古
小乘佛教	印度阿育王→王子摩哂陀比丘被派至錫蘭，獲得當地統治者的皈信，建立大業→緬甸→泰國、寮國、高棉	

二、佛教素食的起源

一般人對於佛教飲食的基本概念，便是「素食」。但是素食的最早起源與佛教並沒有太過直接的關係，中國素食的發展在佛教傳入中國之前便已出現。又為何佛教與素食會緊密關聯，我們可以從素菜在中國的形成與發展進行瞭解（**圖8-1**）。

(一)素菜的形成與發展（謝定源，2003）

◆遠古至陶烹時代

此時代指的是人類自生食到熟食的階段，這一階段的人們，飲食

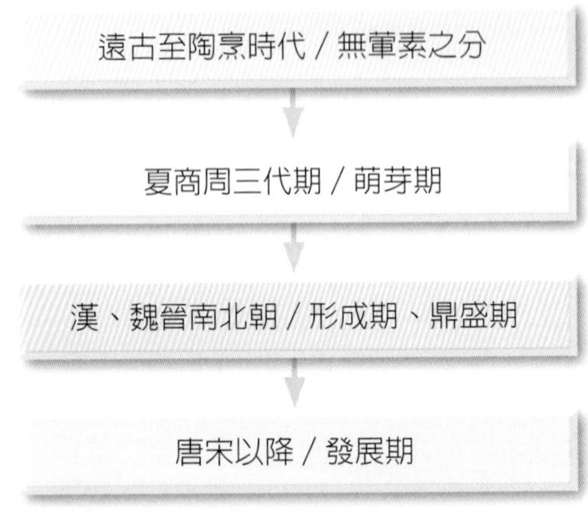

圖8-1　素食在時代上的演變過程

僅爲求溫飽，所食用的食材來源是取決於當時食物本身是何食材，因此此階段尚無素食的飲食觀念。

◆夏商周三代

在三代時期，由於有許多的祭祀活動，當時的人民在一些特定的時間和活動才會有吃素的飲食行爲，平日皆可隨意就食，沒有限制。

◆漢、魏晉南北朝

1.佛教傳入：佛教是在西漢哀帝時開始傳入中國，剛進入中國的時候，佛教戒律中並沒有不許食肉這一條，由於當時的佛教僧徒沿路托缽化緣，什麼都吃，不限素菜，只要是屬於「三淨肉」，即未見其殺、未聞其殺及不爲己殺的肉都可以吃。另外，從《三國志》史料中也可以看出，三國時代的佛教寺院中也沒有完全規定食素。

2.佛教盛行：到了魏晉南北朝時期，佛教十分盛行，當時中國漢族僧人主要信奉大乘佛教。大乘佛教的經典中則有「反對食肉」、「反對飲酒」、「反對五辛」的條文。他們認爲「酒爲放逸之門，肉是斷大慈之神」，喝酒、吃肉均會帶來種種的罪過。而佛教吃素風氣則盛行於梁武帝在位之時。梁武帝以帝王之尊信奉佛教，終生食素；並頒布《斷酒肉文》詔，認爲「禁肉腥」乃是佛家必須遵從的善良行爲，爲了遵守戒律不殺生，因此規定所有祭祀用的牲禮都改用麵粉類製品，頓時讓全國佛教吃素的風氣普遍起來（姚偉鈞，1998）。

◆唐宋以後

雖然在南北朝的佛教素食戒律已經形成，但還是有僧徒不願遵行此一戒律，尤其在唐朝的開放自由風氣之下，不守戒律之僧者增多，因此逼使朝廷不得不頒布詔書來加以整飭。此後，佛門子弟便開始嚴格遵守食素的戒律。到了宋朝，素食漸漸進入民間，當時的宋代如汴京、臨安等幾個都市也出現了素食餐廳、素宴，並出版素食方面的專書，這些素食在市井間流傳之後，即使非佛家子弟也開始有茹素的情形，並漸趨普及。

(二)佛寺素菜的特色

佛寺的素菜經梁武帝提倡以後，便有了快速的發展，並進而造就出一批素菜名廚。直至唐代不斷的改進，不僅廚藝完善，而且形成佛寺素菜清香的獨特風味，並成爲素食體系的主流。其素菜的主要特點爲：清淡、擅長蔬菜烹調。

三、佛教飲食內涵

佛教的創始者——釋迦牟尼佛，根據當時的環境以及修行的需要，制定了許多飲食規定，主要內涵如下（陳星橋，1997）：

(一)托缽乞食制度

在佛陀時代，僧尼都過著乞食生活。其目的在於讓僧尼能專心修行，磨練身心，要求不擇貧富、好壞，與施者結緣，使施者得種福田。但「乞食」也有許多的規定：

◆托缽方式

托缽時要「次第乞食」，並不可超過七家。也就是要挨家挨戶依序乞食，走了七家若還托不到食物，便不可再乞。因爲這表示自己沒福，沒人供養，就得挨餓一天，明天再來。

◆托缽對象

爲避免遭人議論，僧侶乞食規定有五種人家所施捨的飯菜不能食用，即歌舞唱伎家、淫家、賣酒人家、屠宰家、王宮官廷，因此當僧侶經過這些人家時，是不可進去乞食的。但以現今的臺灣而言，街道上有僧侶托缽，但給的卻是金錢，而非食物了。

(二)過午不食

佛教對於吃飯的時間也有所規定，並給予特殊的解釋。例如在早晨用餐屬於「天人食時」，中午則屬於「法食時」，下午的時間是爲「畜牲食時」，夜晚便是「鬼神食時」。所以按照此規定，一般的佛教弟子在日過正午即不許進食，僅可飲水，稱之爲「持午」或「吃齋」。只有生病的人才可以於晚上用餐，以食物來進行對病痛的治療，稱之爲「藥石」或「藥食」。但由於是病人所食，通常是在自己的屋裡用食，不可端到大衆面前。

佛教門外漢

在宋何薳《春渚紀聞》卷四中有記載，一位遭貶的大官，後來寓居於禪林，每天跟著和尚上齋堂吃飯，但由於不懂出家人過午不食的戒律，到了晚上仍舊想要吃飯。於是只好派一名沙彌給他做了一碗熱湯麵。這位官員看見別人都不吃，反而特別為他做了這餐飯，一問之下才知道其中的道理，後來就再也不敢要求吃晚餐了。

資料來源：白化文（1995）。〈漢化佛教七眾飲食〉。《中國典籍與文化》，第2期，頁113。

(三)素食規定

◆不吃葷食

佛教對於吃葷的解讀，其「葷」字，乃是指有刺激性氣味的植物性菜蔬，即所謂的「五辛」，其中「辛」是梵文parivyaya的意譯，專指有強烈氣味甚至藥味的菜蔬（白化文，1995）。各種經典所舉的種類不太相同，大致包括蔥類、蒜類、韭類和香菜、茴香之類的蔬菜。然而在漢化佛教中，由於奉行大乘佛教，再經由梁武帝的大力提倡，僧人均忌諱一切的肉類與五辛，人們漸漸把「吃葷」與吃素等同起來，現在甚至有佛教徒專吃素食與海鮮類，而避開五辛與肉類，十分有趣。

◆禁食三不淨肉

「三不淨肉」指的是「見殺，聞殺，疑殺」的三種肉類，也就是眼睛看見其屠宰、耳朵聽到屠宰的慘叫聲，及懷疑是專爲我而屠殺之肉，均爲三不淨肉。佛教的慈悲教義當中，即禁食各種動物之肉，但因托缽乞食制度，施主給什麼就吃什麼，所以當時肉類如果是屬於「三淨肉」，眼不見其殺，耳不聞其殺，不疑殺，都是可以食用的肉類。曾有佛教界的住持告誡一般凡夫弟子：「我們不能強制規定佛教徒一定要茹素，但如果你到任何市場或餐廳想要吃肉或吃魚，千萬不要指定你所想要宰殺的動物是哪一隻（條），牠便與你無世代的恩怨。」這應該就是屬於「疑殺」的不淨肉吧！

(四)禁酒

由於酒含有酒精成分，容易造成人的精神異常，所以會亂性、喪志、危害社會，是屬於修行的大忌。因此佛家弟子是絕對不能飲酒的，但若是因病須飲用藥酒，則是可以被接受的。

(五)飲茶

唐代時期，禪宗十分興盛，「坐禪」（即所謂的打坐）成爲佛教徒的重要修行內容。加上坐禪講究專注，姿勢端正，不偏不倚，但因長時間坐禪會使人產生疲倦，精神不易集中，因此飲茶之風伴隨興起。由於喝茶有助提神醒腦、消除疲勞，對於集中精神坐禪幫助很大，因此受到廣大佛教徒的歡迎，是佛教界最常飲用的飲品。

(六)佛教飲食的禮儀與文化

在中國使用的佛教術語當中，有些來自於印度，有些來自中亞，但也有一些是在中國本土發展而來。其中與飲食相關的用語，如乞食、過堂、食存五觀、出食、雲板等專用詞彙，是在原來的中國用語與其他宗教所沒有的，其背後都蘊含佛教的特殊宗教意涵。以下將簡述各個相關名詞：

1.過堂：即僧侶們一同至齋堂用餐之意。
2.雲板：是一個用木刻板龍頭魚身之鳴器，平時懸掛於齋堂長廊，是用來通知大衆用齋的工具。

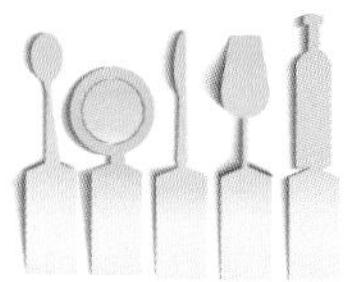

臘八粥的由來

當年釋迦牟尼佛捨棄高貴的王族生活，出家修道，經過六年的苦行，於某一年之「臘月初八」，在菩提樹下進入禪定的境界而「成道」。為了紀念此一重大的日子，佛教寺院每年一到釋迦牟尼成道之日，便會熬粥供佛，並把此粥命為「臘八粥」。隨著社會不斷演變，流傳至今，每年12月8日當天食用「臘八粥」，也自然而然成為人們生活風俗中的一項。

資料來源：施連方（1999）。《趣談中國飲食文化》，頁93-94。

3.典座：負責寺廟內所有的餐食之人，即稱爲典座師，也就是我們一般俗稱的廚師。

4.「三稱念」：吃飯前須合掌念的祈福語，內容即爲「供養佛，供養法，供養僧，供養一切衆生。」

四、佛教飲食現況

現今佛教多由出世觀念走向入世服務社會大衆的信念，人們對於佛教的接觸也增多，除了虔誠之佛教徒遵守其規律，非佛教徒也多少受到影響，在日常生活飲食中也可窺見一二。吃素，便是現今最常聽人們說起的一項，或許吃素者不見得是因爲宗教理念及其信仰而爲，但不可否認，佛教在素食的推廣上，有其一定的貢獻。

臺灣目前的四大佛教團體，北「法鼓」，中「中台」，南「佛光」，東「慈濟」，就如同在佛光山全球資訊網中「佛門的一天」內容中可看出：從打板、晨鐘、朝暮課誦、拂塵除垢、知客知心、典座、過堂、續佛慧命、弘法布教、出坡作務、自課、暮鼓、安板、傳燈，均遵守佛教的規範與儀軌行事用食，與我們前面所提之飲食內涵相近。

但是，佛教飲食在現今社會上仍有其特別情況：

(一)過午不食

在過午不食這個規定中，由於現在大多數的僧人日常都要從事或多或少的體力勞動，晚上若是不吃飯，身體可能無法承受。所以現在有些寺院中，許多的僧徒便以吃「藥石」的方式來解決。由於大家都吃「藥石」，因此也都在齋堂中食用。

(二)素食主義

現在的佛寺於重大節日時都有提供齋飯給信眾們食用，其提供的方式有：大鍋飯菜、自助餐式以及桌菜均有。佛寺中亦提供食具，過去多提供免洗餐具，但自2003年起強制禁用保麗龍餐具之後，寺廟也都配合政府政策，提供環保餐具給信眾。佛教對於素食主要出於慈悲不殺生及健康因素。因爲任何一個動物知道自己即將被殺時，心中含有瞋恨，於其身體中會產生毒素，對身體較不好。而在「中台禪寺」齋堂外有一勸導食素的文章：「不食肉乃因人有因果輪迴，你怎知現在所食之肉，是否爲您前世之父母。」多少也爲食肉者帶來一些宗教上的警惕。

而過去被設定爲出家人專用的素食，經過時代的變遷，再加上健康生機飲食意識抬頭，如今卻搖身一變成爲時下的流行飲食。在多數人的認知中，素菜多爲幾種豆類製品和青菜，但近幾年素菜在烹調、菜色及餐廳的經營上都相當出色，素食人口也有大幅增加的趨勢。

(三)佛門的體驗：事前調查，避免浪費

目前有些佛寺也有體驗佛門的活動，開放給想體驗佛門生活的大眾們，如法鼓山、佛光山等。以佛光山爲例，若是有意參加佛光山巡

禮者，其網站上將交通及住宿的相關資訊提供得相當清楚，並為了提供來山參訪巡禮者的服務，還設計了食宿登記表，其中就可明白的看出，你可選擇要食用的餐，每個人可依自己的身體狀況選擇是否食用藥石（**表8-2**）。透過這樣的調查，食材的準備也較能掌控，以避免浪費，更可看出佛教惜福惜物的心。

表8-2　餐次登記表

餐次登記	年　月　日（□早齋　□午齋　□藥石）至
	年　月　日（□早齋　□午齋　□藥石）至

資料來源：佛光山全球資訊網。

廈門南普陀寺也賣素食

第二節　道教飲食

道教是中國本土原創的宗教，源於中國遠古的鬼神崇拜及巫術。唐善純先生曾對道教做了這樣的描述：「道教是以中國古代萬物有靈的各種信仰爲基礎，以神仙思想爲核心，借鑑佛教的組織形式，又具濃厚巫術傾向的人爲宗教。幾乎所有宗教的哲學命題都是『人死後如何？』而道教的哲學命題始終是『人如何不死？』這是道教獨特之處。他們追求的是沒有統屬關係，無拘無束，遊戲人間的神仙境界。」（郭英、黎瑩，1994）正因爲其獨特的宗教哲學，也創造出其特有的飲食觀。本節便以道教的發展與其飲食內涵，及對後世的影響等內容呈現，期待讀者們對於道教飲食文化能有初步的體認。

一、道教簡史

(一)道家與道教

道教與道家的關係有其淵源，但道家與道教是兩個不同的概念。道家是一種以學術立論的學派，它產生於春秋戰國時代，當時諸子群起，百家爭鳴，道家便是當時著名六家中的一家，其代表性人物，也是其創始人，便是老子和莊子。而道教是一種以宗教爲本的宗派，這正是其與道家不同之處。然不可否認的是，道教的宗旨，乃源於道家的理論——老莊學說。

(二)道教的發展

1.創始：東漢張陵創立之五斗米道，以道家老子爲教祖，以《道德經》爲主要經典，道教遂形成。

2.廣大流傳之因素：見**表8-3**說明。

3.民間的許多節日、重要的生命禮儀，多由道士主持；道教儀式融入民間節日中，因此更廣於流傳至今。

表8-3 道教流傳的演變

原因	說明
魏晉南北朝崇尚	士人陶醉於道教中的神仙、長生不老、信仰、崇尚煉丹服食
唐代興盛	李唐自認為是李耳後裔，在上流社會廣為流行，有國教的架式，但在民間道不如佛
三武排佛	北魏太武帝、北周武帝、唐武宗三位皇帝排佛

二、道教的飲食觀（郭英、黎瑩，1994）

(一)正一教派

正一教派的飲食講究「食補」，一生爲追求生命的延續而努力。凡是可以延年益壽、長生不老的食物均可以食用。正一教派的教規並不限制婚姻與飲食，教徒不僅可以娶妻生子，還可以食用葷食、喝酒。

(二)全眞教派

全眞教派的飲食主要講究「葷酒迴避」，與正一教派不同；並主張「節食」及「擇食」，其目的在於「積德去罪」、「養神保壽」。全眞教認爲須在不食葷腥的原則下，進而對食物進行選擇及搭配，並且烹調出有益健康的菜餚。又因全眞教派主張儒、釋、道三教合一，因此納入不少佛教的規定，明確要求道士要出家、持齋，也就是不得結婚，不許吃葷，也不能飲酒。在《全眞清規》第四條即規定：「酒、色、財、氣、食葷，但犯一者，罰出（即開除）。」

三、道教的飲食內涵

《玄門大論》中對道教飲食文化曾說道：「一者爲粗食，二者

建福宮餐廳

為蔬食，三者為節食。」（史泓，1994）因此本書依《中華食苑》一書，將道教的飲食內涵分為以下各項：

(一)粗食

粗食即指不重視名貴的食材，一般多使用普通的材料，如主食以胡麻、粟米、大麥為主，副食則以苜蓿、白苣等食材為主。其烹煮方式不求精細，僅根據道教本身的特點，達到養生之目的。

(二)淡食

道教將「道」的觀念落實在飲食文化上，認為「淡」味乃是百味之首。因此飲食不贊成重口味，提倡淡食。

(三)節食

道教認為節食能夠保證道士們的心性清淨，因此不能享用過多的食物，造成貪念；加上美味的佳餚容易激發飲食的慾望，使得人體五臟生機混亂，無法使眞氣上升。因此減少食量即是減少慾念，可使心性安寧和諧，達到心如止水的境地。

(四)禁食

道教信徒「食氣辟穀」，辟穀指的是不食肉類、五辛之植物及穀物。而其禁食的最終目的乃是爲了「得道成仙」，並認爲穀物及葷腥之食會破壞「氣」的潔淨，讓人無法得道成仙，所以此處的禁食非指斷食，而是禁食肉類、五辛等葷食。

(五)蔬食

由於蔬菜較爲清淡，與道教所求之粗食、淡食剛好符合，再加上其認爲肉食有害眞氣，因此蔬菜一直以來是道教飲食文化中的主要食物。而道教的蔬食與佛教相同，只要是屬於「五辛」則視爲葷食，不可食用。

四、道教飲食對後人之影響

道教的目的是追求得道成仙、長生不死，爲達到這一目的，道教的理論及信眾不斷的探索可以長壽養生之方法，所以研擬不少新的煉丹方法，期望由服丹來達到長生不死。但事實上，由於服丹之人不但沒有長壽，反而有許多人因此而中毒暴病而死，服丹之風乃漸漸衰微。而道教養生的理念仍被傳承下來，使得養生與食療結合，其貢獻乃在於：

1.許多草本藥方因食療養生的推動，而有相關著作，進而被保存下來，成爲研究飲食文化與中醫食療重要的參考。

2.道教深受道家的「陰陽五行」思想影響，因此造就「養生食療」與「陰陽五行」理論密不可分的關係。按照道家的說法，健康就是平衡，是爲瞭解身體器官的功能及其相互的影響，這樣的思想發展在後世的養生食療飲食著作及料理中影響頗巨。

3.按季節進行飲食調味的理論也一直影響後代。

五、道教飲食的現況

(一)道教祭祀普及

中國人對於神明的態度，主要是敬畏並求神保佑。而其尊崇道教的表現在道教儀式中，便是燒香與拜神，一般民間燒香往往奉上素果，乃至於豬頭、全雞等供品，稱爲上供；但是用豬頭做供品，在道教中是不允許的，只是民間沿用久了，便也就聽其自然了。

送灶神是中國家庭重要的祭祀之一，其與道教的關係更是密不可分。灶神爺很早就進入道教的神譜，是道教中的重要神祇之一，專管人世間神飲食，在現代過年期間之祭祀中仍居重要地位。通常在農曆12月23日或24日要準備貢品祭拜灶神，讓來年能夠「豐盛圓滿」。

(二)現今兩岸道教飲食

目前有關道教的飲食仍以本章第二節的內容爲主，正一教派講究養生，不忌葷食；全眞教派則迴避葷食。這可從各地的飲食中看出：

◆臺灣

道教總廟三清宮有提供膳宿，爲服務朝聖的同道，還可委託代辦三餐，且葷、素不拘。除此之外，在臺灣也有許多道教徒吃全素，相當注重飲食禁忌。

◆大陸

1.武當山：武當山是全眞教派的發祥地，因此在飲食上戒殺生、重清素、不吃葷腥、禁食五辛。

2.青城山：青城山上現今仍有許多道士穿著道袍、手拿拂塵，出沒於山林之中。而青城山盛傳著名的四絕，即「青城泡菜，苦丁，洞天乳酒，白果燉雞」，都是當地的特色風味菜，其中的「白果燉雞」便是養生的補品，可知其葷素不分。

3.龍虎山：龍虎山爲歷代天師修道煉丹之所，因此形成特殊的天師道菜，如上清豆腐、天師八卦宴等，都相當有名。

4.青羊宮：位於四川成都之青羊宮內便開設一間素菜餐廳，提供民衆們食用；另外尚備有茶室，供民衆飲茶，都算是道教養生飲食中的現代情況。

青羊宮内素菜餐廳

第三節　基督教飲食

一、基督教飲食文化

基督教可以說是天主教、東正教、基督新教的總稱，爲一般宗教學者和人文科學者所慣用（陳主顯等，2002）。

(一)簡述

基督教發源於今天的巴勒斯坦與以色列境內，並於西方羅馬帝國興起之後，其版圖便成爲基督教發展的舞台。

(二)飲食內涵

基督徒們遵從《聖經》的思想，飲食內涵主要來自《聖經》。除了聖儀中的飲食外，也包括日常生活飲食的部分，可分爲以下各項：

◆聖餐

1. 由來：耶穌基督在「最後的晚餐」時，知道自己要爲世人贖罪而犧牲的時候已到，便與門徒於逾越節的筵席上設立。
2. 意義：其意義有三，即一同紀念主耶酥，增進信徒團契；一道感謝耶穌，共享耶穌的慈愛；一起重申忠於耶穌，靈性得以增進。此三意義將信徒緊密的結合在一起。
3. 內容：聖餐中的「杯」和「餅」，即是葡萄汁與無酵餅。兩者代表耶穌的血和肉，是主基督的流血與捨身，藉由領受聖餐來紀念耶穌。

逾越節的由來及其筵席

「逾越節」是猶太人的重要宗教節日，他們以「逾越節」來紀念上帝帶領他們離開埃及的歷史經驗。當時由於埃及法老王一再拒絕讓為奴的以色列人（亦即猶太人）離開埃及，而當時上帝會在埃及這塊土地上降下十災，最後一個災難是「長子被殺的警告」，也就是在半夜會殺害每一家庭的長子。由於長子為家庭事業的主要繼承者，懲罰長子如同儆戒整個社會。但上帝卻也協助猶太人躲掉此場災難的方法，即告知用羊血塗在門上作為記號，上帝的使者看到這個血跡便會越過這戶人家。此災難降臨到埃及一切頭生的人與畜，但猶太人因此得以避開災難。而埃及人在此次的災難降臨之後，法老王因受驚恐，終於答應以色列人離去。

〈出埃及記〉中曾提到：「你們要紀念這日，守為耶和華的節，作為你們世世代代永遠的定例。」因為要紀念從埃及為奴之家出來的這一天，猶太人要守無酵節，喫無酵餅，在無酵節七日中，凡是有酵或是發過酵的食物均不可以吃。這乃是因為當時離開埃及，未等麵糰發酵便匆忙離開，只能利用帶出來的生麵，也就是沒有發成的麵糰，烤成無酵餅來食用。每到逾越節，宴席上除了不吃發酵過的食物外，其食物都充滿了生動的象徵，鹽水代表淚水、青菜代表苦菜，讓人追溯祖先當年在埃及為奴的苦日子；而餐桌上放上四杯酒，則提醒現在的猶太人所擁有的自由；新鮮的蔬菜象徵春天、重生與豐饒的希望。

資料來源：《聖經．出埃及記》第十二章；世界宗教博物館（2002），頁20。

4.領受時間：《聖經》沒有規定領受聖餐的時間。

5.領受規定：

(1)按理：以合宜的態度來領受聖餐，要知道聖餐的意義，並且是已接受洗禮的人才可以領受。

(2)分辨：即能夠分辨聖餐的內容就是耶穌的肉和血。

(3)省察：領受聖餐時，應當自我省察，確知自己是以虔敬的心來領受主的杯和餅。

◆愛筵

1.起源：初期基督教會有舉行愛筵的習慣，信徒帶了食物一起來聚餐享用。他們藉由聚餐來紀念與耶穌在一起的時光，這樣的聚餐被稱爲「愛筵」。現今的教會愛筵，多於主日後舉辦聚會，而平時信徒們的私下餐聚也算是愛筵的一種。

2.意義：愛筵的精神是——藉由分享，不管窮人、富人，人人都該得飽足（王貞文，2002）。

3.飲用規矩：參加愛筵的人要自己檢點，等大家到齊了才用。貧窮的人帶來的食物雖然不足，讓他們也可以一同分享，這樣的愛筵才眞是共享主恩之筵。因此，即使基督徒們現今在餐廳聚餐，也必須等全部人的餐飲到齊了，一起禱告祝謝後才食用。

◆禁止吃「血」的食物

血裡有生命，生命是在血中，流人之血就是傷害生命。各種活物的生命也在血中。另外，亦不可以吃野獸撕裂牲畜的肉，乃是因爲未依規定屠宰的肉，染有代表生命的血，因此禁止食用。

◆禁食貢品

基督教所信仰的乃爲三位一體的神，強調神是獨一無二的。因此他們認爲其他人所信仰的宗教偶像並非眞神，而是假神，沒有能力，因此其所祭拜的食物本身也不算什麼。但是如果故意去吃，就等於參與了鬼的敬拜。雖然無知而吃了祭肉是可以被允許的，但是信仰十分虔誠的信徒通常會注意此類食物，避免違反規定。

◆謝飯禱告

基督教承襲了猶太教的傳統，認爲食物皆爲上帝所賜，因而有謝飯禱告的習俗。謝飯禱告須爲經過洗禮的基督徒才能進行。基督徒們藉由謝飯禱告來安靜心靈面對神，並進而以感謝的心來回報神的愛。其實禱告沒有一定的內容，主要是藉由禱告與上帝溝通，感謝上帝賜予的恩典。

二、基督教飲食現況

(一)平日飲食

現今基督教徒平日的飲食禁忌，以不吃血與祭拜過的食物爲主，因此平日的飲食與其他非基督徒並無太大不同。但最常見到的仍是「謝飯禱告」這一部分，由於此習俗乃是基督徒所有，因此在與其他民眾用餐時，顯得格外引人注目。

(二)聖餐及愛筵

由於《聖經》中沒有明確指定領受聖餐的時間，因此每個教會的聖餐領受時間也不大相同。現今有許多教會是利用每個月的主日聚會，並領用聖餐，然後於聖餐完畢後舉行愛筵，共同慶祝與耶穌在一起的日子。

(三)特別節日

聖誕節本爲慶祝耶穌的誕生而設，但在今日已演變成爲人們歡樂的節日。不過不同國家的聖誕節也有不同的風味。在英國，聖誕大餐以烤牛肉、火腿爲主要食物，火雞大餐是美國聖誕節中不可缺少的主角。另外，如法國人吃生蠔、鵝肝、飲香檳等來慶祝過節（李南燕，1996）。而德國人在聖誕夜，家族會一起在家共享簡便餐點，如香腸加沙拉和麵包、燻鮭魚或其他魚；而在聖誕節當天，家人們共享餐宴，如鵝、鴨、火雞或鯉魚，搭配丸子或馬鈴薯泥、紅高麗菜以及湯、沙拉和飯後甜點；結束之後在家遊戲或拜訪親友。在臺灣，聖誕節一到，各大飯店及餐廳紛紛推出一套套特別的應景餐點，或是三五個好友安排簡單的餐聚；這個慶祝活動已接近全國總動員，而非僅基督徒所獨有的節日，只是在慶祝的精神層面及代表意涵有所不同，基督徒們仍舊上教堂報佳音，而非如同一般民衆狂歡熱鬧之日。

現在的聖誕節中有一種食物，就是「薑餅屋」，這在歐美國家也是不可或缺的一個象徵，它代表了一個家庭的溫暖與夢想，期盼未來家庭的和樂與安康，更是一種無形的祝福與祈願（張啓華，1996）。

另外，火雞大餐並非聖誕節的專利，在感恩節的慶祝活動也是重點食物。彩蛋及巧克力兔，已成爲現在復活節餐桌上不可或缺的主角，各大飯店或餐廳也會以復活節彩蛋或是感恩節火雞爲主題，藉由節日的到來進行餐飲的促銷（**表8-4**）。

第四節　回教飲食

一、回教簡述

回教即稱伊斯蘭教。伊斯蘭爲阿拉伯文的譯音，英文譯成Islam，其意義指的是「和平」、「服從」之意（謝松濤，1982）。

回教爲世界四大宗教之一，由穆罕默德在西元七世紀時所創立，穆罕默德誕生於阿拉伯，是回教的發源地。穆罕默德以阿拉伯語言對阿拉伯人傳布眞主的啓示，虔誠的阿拉伯教徒們再將其訓誨傳播至世

表8-4 基督教節日飲食

節日	時間	宗教意義	飲食內容
復活節	每年4月	為紀念耶穌基督復活，據說耶穌死於星期五，四肢被釘於十字架上，並於三天後復活。復活節多訂於每年4月的第一個星期五，又稱為Easter Friday。	印有十字圖案的圓麵包（cross bun）、彩蛋、兔子形狀的各類點心食品（蛋及兔子均有象徵誕生與新生命之意）。
感恩節	每年11月11日	在西歐的天主教是每年11月11日於聖馬丁節舉行。這時正是秋收完畢，始飲新釀的葡萄酒，這天特別感謝天主一年庇佑祝福的洪恩。此日早晨去教堂望彌撒，中午食烤鵝，特稱「馬丁鵝」，飲新酒，稱為「馬丁之愛酒」。如無鵝，可以鴨或火雞替代。 美國的感恩節源於英國清教徒不願受到英國國教的迫害，先遷移至荷蘭列丹，部分人士後來移民至新大陸，稱為「朝聖者」，意為尋覓信仰自由樂土之意。這批移民者於1602年乘坐名為「五月花號」的木船，在海上經歷千辛萬苦，終於在11月11日抵達美國。但迎接他們的並非流著奶與蜜的希望之地，因為這年正好遇上嚴冬，移民有半數凍死。所幸次年豐收，困苦的一年終於度過，人們抓到許多的火雞，正好代替「馬丁鵝」，因此舉行火雞大餐來慶祝第一次的感恩節。1941年美國國會便明文規定每年11月的第四個星期四為美國的國定假日。	火雞大餐、南瓜派。
聖誕節	每年12月25日	基督教將耶穌誕生的日子當作節日紀念，但由於《聖經》中對於耶穌的誕生日並無確切說明，因此不同教會對於聖誕之日有不同的見解。而定12月25日為聖誕節則是在西元四世紀時，決定這個節日的是羅馬教皇猶流一世（Julius I, 339-352 AD）。	一般全家人都要相聚在一起舉行聖誕晚餐。餐宴上的食品種類繁多，豐富多彩。在英國主要的聖誕餐主角是烤牛肉與火腿，烤火雞則在美國盛行。有時，聖誕晚餐還特為「主的使者」設一席之位。聖誕晚餐之後，人們還要上教堂報佳音，並為唱詩班預備糖果及點心。

資料來源：作者自行整理。

界各地，如此回教便發揚開來。其創立的過程，由於開放性之原因，吸取了非常大量的外來文化，因此受到不少當時猶太教的影響，間接也影響了其飲食內涵。

二、飲食內涵

伊斯蘭教的飲食內涵主要來自於《古蘭經》，其中明確的指出鼓勵信徒飲食之物及禁止食用之物。《古蘭經》並指出：「准許人們吃一切美好的食物，禁戒人們吃汙穢的食物。」目前許多研究中均引用清代劉智著述《天方典禮》中有關可食與不可食之物的論述（楊忠東，1998），因此本書亦將以此來表現伊斯蘭教之飲食內涵（謝松濤，1982）：

(一)可食

1.凡是食穀類之家禽均可食用，如雞、鴨、鵝等。

2.反芻者，如牛、羊、山羊、鹿等。

3.在洞穴之動物者，只有兔肉可食。

4.在水中之類者，只有魚可食。因其認爲魚秉水性之正，是好的動物。

(二)不可食

◆禁止吃自己死亡之生物、血液，以及非誦真主之名而宰殺者

這在《古蘭經》第五章中有規定。而在《古蘭經》第六章也說：「在我所受的啓示裡，我不能發現任何人不得吃的食物，除非自死物、或流出的血液、或豬肉，因爲它們確是不潔的。」政治大學阿拉伯語文學陳柏煉教授在其〈伊斯蘭教的飲食文化〉一文中，將伊斯蘭教徒不食自死之肉的原因分析如下：

1.自死的動物有毒。

2.自死的動物，其血仍留於體內。《古蘭經》中規定不可食血。

3.自死的動物未經禮法宰殺，有違伊斯蘭教的規定。接受禮法所宰殺的動物所製成的食品都稱爲哈拉（halal），因此虔誠的回教徒非哈拉食物是不吃的。

回教的halal肉

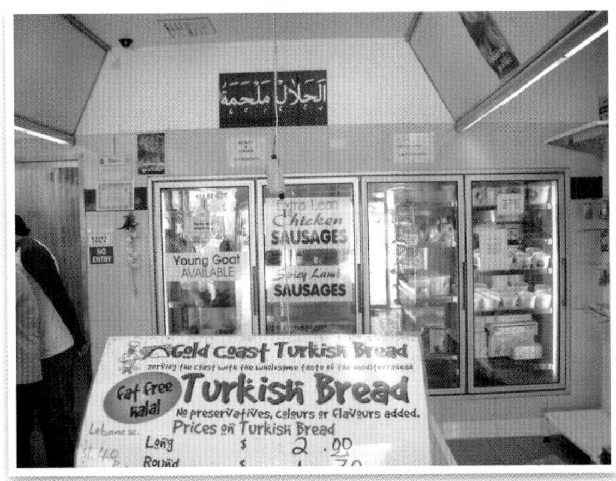

halal肉店

◆**禁止食用豬肉、畜禽凶猛者、不反芻者、形態醜惡者**

其中以禁食豬肉爲世人皆知曉的飲食習慣，此主要是受到猶太教的影響，猶太教亦認爲豬是不潔的。伊斯蘭教的教義有大部分取自猶太教的傳說，而且因回教爲後起之教，因此它雖承襲猶太、基督的部分教義，也做了適當的變通，禁食範圍較猶太教放寬許多。另外，《古蘭經》中所稱之不潔，乃爲宗教上的聖潔意義，而不在於食物的衛生。

「豬」的不潔

西元前五世紀，即距離穆罕默德時代約一千餘年前，古希臘史學家希羅多德曾記載，他在遊歷埃及時，發現埃及人視豬為不潔。埃及人不願意見到豬，在路上偶然遇見了豬，也顧不得衣服沒脫，便馬上跳到河裡洗澡，希望能將「看見豬」這件不潔之事洗淨，把豬當成了瘟神。並且在埃及，沒有人願意把女兒嫁給收豬人、牧豬人。

埃及人除了對狄奧尼索斯（酒神）和月亮進行祭典時，會將豬視為牲禮使用外，其他任何祭典均不使用豬，也就是不把豬當作牲禮獻給其他任何神。因此當時埃及人只在把豬當作牲禮奉獻給月亮的當天才吃此條豬的肉，而在其他的任何一天，他們是絕對不會去食用豬肉。這也說明了古埃及人視豬為不潔，且不吃豬肉；再加上猶太教也認為豬為不潔，因此在這樣的自然環境與社會背景下，更可以瞭解伊斯蘭教禁食豬肉的部分原因。

資料來源：王瑞聚（1998）。〈伊斯蘭教飲食禁忌探源〉。《東方論壇》，第2期，頁16。

◆酒戒

戒飲酒是回教重要戒律之一，其認爲飲酒能易人之志、濁人之神，使智者困惑，此點與佛教相同。

由於回教禁酒，而飲茶能清心益思，因此深受回教徒——穆斯林（Muslim）的喜愛，不論在日常生活、婚喪嫁娶或民族節日中，均是「以茶爲上」，因而發展出其獨具特色的茶文化——奶茶、香茶、蓋碗茶等（馬興仁，1994）。

三、特殊節慶飲食

(一)開齋節

「齋戒月」（Ramadan）是伊斯蘭回曆中每年的第九個月。在這個月裡，每天自日出到日落，全世界的穆斯林都要進行齋戒，除了病患、旅人、孕婦、經期中女性，和哺乳的嬰孩外，一律禁食。在守齋期間，太陽升起後至太陽下山前都是不可進食的，甚至包含喝水，教規相當嚴苛。一直至齋戒月結束，有一盛大慶典，一連三日，稱之爲「圓齋節」或「開齋節」（Eid Al-Fitr）；屆時家家戶戶宰牛羊，招待親友慶賀，並做油香、饊子、油粿等多達三十種的節日食品。

(二)古爾邦節

古爾邦節，又稱爲「獻牲節」或「宰牲節」，定於回曆12月10日，該日穆斯林會舉行會禮，宰牲獻主，是伊斯蘭教儀式之一。這一天禁食早點，到清眞寺作完禮拜之後，宰殺體態端正並無缺陷的牲禮，再將犧牲祭肉分爲三份，一份分送給貧者，一份送親友，一份留給自己食用，不能出售（王子輝，1999）。

四、清真菜

回教傳入中國後，歷經歷史的變遷，再加上回教信徒分布各地，因此清真菜除了沿襲伊斯蘭教的飲食規定和飲食習俗外，同時也受到分布各地的漢族及其他民族的影響，吸收了許多菜餚烹調技法，逐漸成了具有中國特色的清真菜。如扒羊肉條、蔥爆羊肉等，即利用中國京菜、魯菜、陝菜的扒、爆等烹調技法而成。

阿拉伯人的全羊席

阿拉伯人的主食以羊肉、米飯及阿拉伯薄餅為主。阿拉伯人跟中國人一樣熱情、好客，「全羊席」的上桌便可看出他們熱情款待宴客的內容。

全羊席的整個內容與做法是，將整隻羊的腹內裝上米飯，另外還有全雞，雞內則塞滿生菜和香菜。全羊烤熟後便將整隻羊擺在大銅盤上，用從羊腹內掏出來的米飯墊底，四周鋪上番茄、洋蔥、胡蘿蔔，還搭配葡萄乾和杏仁。主人會將烤好還熱呼呼的大塊羊肉撕下數片，往客人的盤裡堆；有些客人則是自己撕肉和抓飯，揉成飯糰後往嘴裡送。

全羊席最重要的高潮，乃是主人會請最重要的客人吃羊眼，而這一習慣常令外國客人進退兩難。但來自外地的客人多半基於禮貌，還是會入境隨俗，並且配合當時的飲食氣氛共同享受這餐全羊席。

資料來源：陳柏煉（1995）。〈伊斯蘭教的飲食文化〉。《思與言》，第33卷第1期，頁76。

五、回教飲食現況

(一)信徒飲食

回教信徒一般在家均會遵守飲食規定，但在現今人們來往密集的時代，穆斯林在外的飲食感受到許多的不便。例如最近兩三年來，有許多邦交國家的元首均前來臺灣進行相關訪問，總統就職大典更創下來訪國家總數最多的一次。其中信仰回教的元首之餐點最爲臺灣國宴主廚所頭疼，因爲他們在飲食上的限制較多，因此一場國宴下來，廚師須準備各種不同的食材來配合其飲食需求。所以一般社交場所，信徒在飲食的限制下確實相當不便。

(二)回教餐廳

回教教義不吃豬、不喝酒、食用以回教習俗屠宰的「食草反芻類」牲畜。回教徒只能吃「處理」過的牲畜，所謂的「處理」，嚴格說就是由教內負責宰殺牲畜的教長執刀，宰殺過程還要口念特定阿拉伯經文，並將牲畜澈底放血，才能料理，即所稱的哈拉肉。目前臺灣的回教餐廳多是由回教徒親自掌業，這也是回教餐廳在臺灣較少的原因。但在中國大陸，清眞菜卻有顯著的發展，菜品也愈來愈豐富，如在北京大學校園中，就設有一間回教餐廳，提供學校師生回教飲食。

清真風味小吃——愛窩窩

北京有一種十分有名的清真風味小吃，名叫「愛窩窩」，自明代一直流傳至今。最初之時，「愛窩窩」本來只是一種很普通的清真風味小吃；直至明代，傳說因為宮中的皇后、愛妃們，因為吃膩山珍海味，對於珍膳已不感興趣，想要品嚐特別的食物。有一天，有一位侍候妃子的回族廚師，他從家裡帶來回族人經常食用的清真小吃「愛窩窩」，當他正在廚房吃的時候，被一位宮女遇上，宮女也利用此機會一嚐沒見過的食物，沒想到竟如此特別美味，於是就帶一些去給后妃們嚐，竟大受妃子們的喜愛，「愛窩窩」從此在往後妃子的飲食生活中就占有重要地位。而此現象從皇宮中傳了出來，「愛窩窩」就變得身價百倍，名震京城，成為京城著名的清真風味小吃。

資料來源：施連方（1999）。《趣談中國飲食文化》，頁15-16。

愛窩窩

圖片來源：騰訊旅遊網。

參考文獻

一、中文

王子輝（1999）。〈伊斯蘭教飲食禁忌與中國的清真飲食〉。《歷史月刊》，第133期，頁40-45。

王貞文（2002）。《信仰的長河——歐洲宗教溯源》。臺北：三民出版。

王瑞聚（1998）。〈伊斯蘭教飲食禁忌探源〉。《東方論壇》，第2期，頁13-18。

世界宗教博物館（2002）。〈紀念出埃及的歷史——逾越節的由來〉。《新觀念》，第168期，頁20。

史泓（1994）。〈淡泊涵元氣，自然盡歸真——道教飲食文化〉。李士靖主編，《中華食苑》第八集，頁113-120。北京：中國社會科學出版社。

白化文（1995）。〈漢化佛教七眾飲食〉。《中國典籍與文化》，第2期，頁108-115。

宋之鈞（1988）。《漫談禮儀》。臺北：天主教教務協進會。

李南燕（1996）。〈洋人過節，有家鄉味道〉。《中時晚報》，1996年12月23日，第13版。

林明輝（2002）。《跳出傳統看聖經》。臺南：人光出版。

邱龐同（1999）。〈道教的飲食文化及節慶食俗〉。《歷史月刊》，第133期，頁52-59。

姚偉鈞（1998）。〈漢唐佛道飲食習俗初探〉。《浙江學刊》，第3期，頁100-103。

施連方（1999）。《趣談中國飲食文化》。北京：中國社會科學出版社。

宮澤正順（1992）。〈中國飲食的禁忌——以道教為中心〉。《中國飲食文化》。北京：中國社會科學出版社。

馬興仁（1994）。〈中國清真食文化中的講究及其哲理〉。李士靖主編，《中華食苑》第十集，頁143-147。北京：中國社會科學出版社。

張啓華（1996）。〈薑餅屋〉。《自由時報》，1996年12月19日，第39版。

張萍（2000）。〈唐代飲食文化中的道教色彩〉。《蘭州大學學報（社會科學版）》，第2期，頁110-115。

郭英、黎瑩（1994）。〈中國道教食文化初探〉。李士靖主編，《中華食苑》第七集，頁174-185。北京：中國社會科學出版社。

陳主顯、Bettina Opitz-Chen（2002）。《歐洲宗教剪影——背景．教堂．儀禮．信仰》。臺北：三民出版。

陳星橋（1997）。〈佛教與中國的飲食文化〉。《法音》，第1期，頁6-10。

陳柏煉（1995）。〈伊斯蘭教的飲食文化〉。《思與言》，第33卷第1期，頁61-84。

馮佐哲（1994）。〈佛僧與中日古代飲食文化交流〉。李士靖主編，《中華食苑》第二集，頁372-381。北京：中國社會科學出版社。

楊忠東（1998）。〈伊斯蘭教的飲食觀與生態保護〉。《中國穆斯林》，第6期，頁34-36。

熊四智（1999）。〈佛教的飲食文化及其影響〉。《歷史月刊》，第133期，頁46-51。

篠原壽雄（1992）。〈佛教與中國的飲食文化〉。《中國飲食文化》。北京：中國社會科學出版社。

總編輯整理（1999）。〈佛門飲食面面觀〉。《青松萌芽：香光尼眾佛學院院刊》，第5期，頁4-11。

謝定源（2003）。〈中國素食文化的發生發展根源及傳播區域〉。《中國飲食文化基金會會訊》，第1期，頁4-10。

謝松濤（1982）。《回教概論》。臺北：中國文化大學出版。

羅漁（1999）。〈源自天主教的節日與習俗〉。《歷史月刊》，第133期，頁30-35。

二、網站

Barbara Ludwig-Chen演講，「德國的聖誕節」，2002年12月18日，http://www.scu.edu.tw

佛光山全球資訊網，http://www.fgs.org.tw

法鼓山全球資訊網，http://www.ddm.org.tw

道教文化資料庫，http://www.taoism.org.hk

道教總廟三清宮，http://www.sanching.org.tw

騰訊旅遊網，http://itravelqq.com

Chapter 9

現代飲食與生活

學習目標

★瞭解現代人的飲食內涵

★掌握未來的飲食趨勢

 第一節　飲食方式與烹調的改變

根據財政部資料中心，臺灣餐飲業銷售額近五年呈現逐年成長趨勢，自102年的3,749億元，成長至106年的5,163億元，每年成長率在6%至10%之間。消費者的飲食習慣也因外在環境因素的變遷，與內在本身對餐飲品質需求的提升而改變；現代人也逐漸因時、因地進而修正並培養出不同的現代飲食文化。本節將針對現代飲食趨勢，包括追求健康的飲食模式、餐廳引進的新式烹調法，進行整理、介紹。

一、追求健康的飲食模式崛起

近年來出現以健康爲取向的飲食型態，包括超級食物、原始人飲食法，另外尙有以環境生態保育爲概念的素食主義逐漸興起。以下將介紹其詳細內容：

(一)超級食物

超級食物（super food）一詞約出現在二十世紀末與二十一世紀初期，其指的是營養密集、對人類健康有好處的食物。超級食物是以植物爲基礎的食物，但也含部分魚類和乳製品。藍莓、鮭魚、甘藍和巴西紫莓（acai）是超級食物的幾個標竿食物。

遺傳學家Mark Thomas研究指出，牛奶是人類發展史上第一項超級食物。約在七千五百年前，北歐大陸氣候寒冷，土壤貧脊不易耕種，牛奶開始被大量飲用，提供營養來源與維他命D幫助鈣質吸收，不至於讓人們因飢荒餓死，若人類不懂得飲用牛奶這項超級食物，歐洲文

明可能因此倒退一千年。

紐約大學朗格內醫學中心（Langone Medical Center）營養師海德（Despina Hyde）則認爲：「超級食物沒有自己的食物組合。我認爲超級食物可以說是指一個對健康有好處的食品的行銷術語。」海德進一步指出：「超級食物含有超大劑量的維生素和礦物質，可以讓人類抵禦疾病，擁有更健康的生活。」

由於某些超級食物中含的營養物質包括抗氧化劑，被認爲可以抵禦癌症；健康脂肪則被認爲可以預防心臟病；所含的纖維亦被認爲可預防糖尿病和消化問題。以下介紹美國Live Science推薦的幾項指標性的超級食物：

◆藍莓（blueberries）

藍莓富含維生素、可溶性纖維和植物化學物質。但在草莓和紅莓（cranberries）中也發現了同樣的營養成分。2013年發表在*Circulation*期刊的一項研究發現，大量攝入被稱爲黃酮類化合物（phytochemicals）的植物化學物質——這些物質存在於藍莓和其他種類的莓果中，可能可以降低年輕女性罹患心臟病。

◆奇異果（kiwifruit）

奇異果富含維生素C、抗氧化劑，並含有比其他一些水果更廣泛的營養成分。2011年發表在*Asia Pacific Journal of Clinical Nutrition*上的一項研究表示，食用奇異果（含有血清素，一種有助於誘導和維持睡眠的激素）可能改善有睡眠障礙的人，提供較優質的睡眠品質。

◆豆類與全麥食物（beans and whole grains）

豆類是補充低脂蛋白質的來源。豆類中含有不溶性纖維，可降低膽固醇。全麥之所以得名，是因爲它們在加工過程中並沒有被剝奪含有營養的麩皮和胚芽——與豆類具有類似的好處。另外值得一提的是，藜麥不是穀物，但它就像一個穀物，也是蛋白質、維生素、礦物質、纖維和抗氧化劑的顯著來源。

◆堅果與籽類（nuts and seeds）

堅果與籽類含有高礦物質和健康脂肪，但因爲它們熱量很高，因爲食用量的控制是關鍵。海德則提到，一個手掌大小的量之堅果約含有超過100卡路里的熱量。

◆甘藍（kale）

甘藍與大多數深色綠葉蔬菜是一樣屬於超級食物，並被視爲深色蔬菜的指標性食物。其他幾項如瑞士甜菜（Swiss chard）、羽衣甘藍（collards）、芥末（mustards）、菠菜（spinach）、高麗菜（cabbages）、花椰菜（broccoli）等蔬菜也有類似的功能。這些深色蔬菜富含維生素A、C和K，以及纖維、鈣和其他礦物質。

地瓜和瓜類蔬菜（squash）通常也被視爲超級食物，原因與綠葉蔬菜的原因相似。這兩種食物都是纖維、維生素A等的重要來源。.

◆鮭魚、沙丁魚（salmon, sardine）

鮭魚、沙丁魚和其他脂肪魚含有豐富的Omega-3脂肪酸，可以降低患心臟病和中風的風險。根據哈佛大學公共衛生學院（Harvard T.H. Chan School of Public Health）的資料，食用魚的好處可能遠超過這些魚所含汞對健康有害的風險。如果擔心所食用的魚可能有含汞之污染物，可選擇食物鏈的下游之魚類。像是鯊魚、劍魚（swordfish）, 大西洋大耳馬鮫（king mackerel）和馬頭魚（tilefish）之含汞量會高於以下較小的魚，如沙丁魚、胡瓜魚（smelt）和鯷魚（anchovy）。

基於營養成分之上述說明，綠茶、咖啡、黑巧克力、優酪乳和橄欖等也同樣可以列入超級食物之清單中。Jamie Oliver的餐廳Jamie's Italian也曾將super food列入餐廳菜單內，直接讓消費者將超級食物列爲用餐時的選項。

同樣被視為「超級食物」的藜麥

Jamie Oliver的義大利餐廳也提供「超級食物」作為午餐菜單選項

(二)原始人飲食法

原始人飲食（Paleo diet）主要是以過去石器時代之原始人會採用的飲食方法爲主要訴求，強調並鼓勵現代人食用自然的食材，相信原始人比現代人健康無慢性病之原因即在此的差別。因此穴居飲食（caveman diet）和石器時代飲食（stone-age diet）這兩個詞也常被相提並論。

原始人飲食的概念由腸胃病學家Walter Voegtlin在1975年所提出，但直到2002年才由Loren Cordain發揚光大，並正式出版成書——*The Paleo Diet*。由於此飲食法強調石器時代的原始飲食生活，Loren相信此法可以幫助緩解糖尿病、高血壓、膽固醇過高、痘痘與大腸激躁症等疾病。在2012年，原始人飲食被認爲是最新趨勢的飲食法，2013年「Paleo diet」一詞在Google是被搜索最多的減肥方法。

原始人飲食法主要強調自然，因此建議食用的食材以天然生成的爲主，像是新鮮的肉類、魚類、雞或鴨蛋、蔬菜水果等；核果類則包括各式核果，或核果粉（如杏仁粉等）；種籽類則有如芝麻、南瓜籽、葵花籽等；油脂則強調不加工的椰子油、橄欖油、芝麻油、甚至豬油等；飲料也是自然獲得的山泉水、花茶、果汁等。因此加工的食物是不推薦的，像是乳製品，穀物、糖、豆類、加工的油、鹽、酒精類飲料或咖啡等。**表9-1**則爲此法建議食用與避免食用的食材類別。

表9-1　原始人飲食法建議食用與避免食用的食材類別

建議食用	避免食用
水果	乳製品
蔬菜	穀類
瘦肉	加工的食物及糖
海鮮	豆科植物
堅果和種子	澱粉
健康脂肪	酒精

然而原始人飲食法限制了一般人常用的食物，造成一些爭議。例如：原始人飲食法不包含乳製品，但乳製品是人類鈣質的重要來源，更是強化骨骼與牙齒的重要礦物質。原始人飲食法也不包含大部分人類的主食——穀物，穀物被認爲是膳食纖維的來源，能幫助消化，不應該屏除。因此如何在採用原始人飲食法又兼顧營養素的平衡，或許是採用此飲食法需要注意的課題。市面上已有許多有關原始人飲食法的食譜書，在一些有機市場中也有與原始人飲食法相關的食材販售，此飲食模式在西方國家蔚爲風潮。

澳洲有機假日市場販賣Paleo的肉品（招牌）

(三)素食主義（Vegan）

Vegan的中文翻譯爲「素食主義」，與一般素食者（vegetarian）相異的地方是強調不食用所有跟動物有關的食物，包括動物的肉、奶，或是相關產品製成的食品，如起司等。選擇Vegan的人絕大部分的

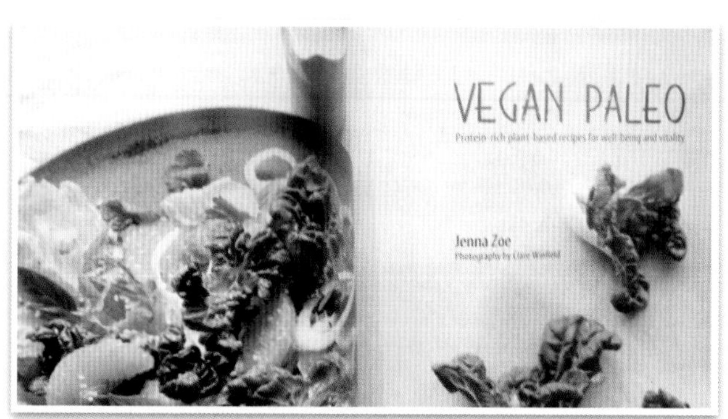

素食主義常與原始人飲食法相提並論，一同實踐

主因在於環境生態的保護，而非宗教因素進而選擇吃素。

根據聯合國的報告，「肉食」是全球暖化（global warming）的主要原因之一。全球十億五千萬頭牛所排放的二氧化碳，占全球總排放量的18%，比全球交通運輸業的總排放量還更多。此便是造成地球環境改變的元凶。因此世界各地相關組織開始呼籲大衆能夠減少食肉量，因爲飼養大量牛隻的主要原因，也是爲供給人類在飲食上的需求。基於肉類對環境的衝擊，人類必須減少消費這種排碳量高度密集的商品，作爲解決氣候變遷危機的高效率對策。Vegan人口的成長主要即是因爲上述之原因。

根據英國知名零售商M&S（Mark & Spencer）於2018年發布的資料分析，目前在英國約有三百五十萬人爲素食主義者，35歲以下的人已有20%嘗試過素食，並有25%的人口在晚餐是採用無肉料理。預測英國餐飲市場趨勢的編輯溫雷恩（Weinbren）也認爲，素食主義已非小衆，「現在已經不是素食主義者會說不想吃肉，一般民衆也都開始減少肉的攝取量了。」這樣的結果也讓M&S在2019年首度設計符合素食主義的外食餐點，搶攻這個與生態環境概念結合的新興市場。

二、餐廳引進新式烹調法

餐廳主廚爲追求食材應用的極高境界，傳統的煎、煮、炒、炸等傳統烹調方式已不敷使用。臺灣餐廳的經營者或是主廚亦開始赴西方取經，尋找更佳烹調方式，或是食材處理方式，讓客人享受食材的最佳境界。以下將介紹近年來臺灣餐廳採用的幾種新式烹調法。

(一)舒肥法（sous vide）

在法國已經有四十年歷史的舒肥法，在臺灣卻僅有數年的歷史。爲了追求食材的最佳口感，臺灣的廚師近年來也開始認識、學習此一烹調法。以下爲晶華麗晶酒店集團行政總主廚Bernard Noel分享這項烹調技法的內容。

◆何謂「舒肥」？

Noel主廚提到舒肥的字面意義，他說：「sous vide在法文的意義是指眞空儲存（under vacuum）的過程，在1970年代由法國人提出，它指的是食材的儲存方式，透過眞空儲存，將空氣抽掉，可以避免因氧化而破壞食材的品質，所以它在當時不算是一種烹調法，而是食材保存法。」而第一位將舒肥法應用在烹調上，是當時法國的廚師Georges Pralus，他用舒肥法烹煮鵝肝，不僅能完整保持鵝肝的外型，油脂不會流失，組織的質感也很好，因此帶動此法的應用。

舒肥低溫烹調法即指將食材密封在眞空袋中，放進舒肥低溫烹調機（sous vide machine，簡稱舒肥機）內加熱烹煮，全程必須穩定地維持在大約40～60℃的水溫。使用這種烹調法的目的是讓食材能均勻受熱，且以眞空袋密封，食材的水分也不會流失，能保留多汁的口感。

◆舒肥低溫烹調的溫度與時間拿捏

舒肥低溫烹調的溫度多設定在40～60℃之間。然而，不同的食材需要不同的溫度和時間來進行處理。因此，最快速的學習方式是藉由廚藝前輩的傳承，自前輩們的經驗分享，提供食材與溫度、烹調時間搭配的know-how。但因爲食材種類繁多，如果是一般鮮少使用舒肥法的食材，師傅就必須要有研發的精神，不斷地嘗試，從經驗中累積成know-how。例如法國料理常用的鴨（鵝）肝（foie gras）多採用56℃的溫度，放置時間可從四天至兩個星期不等皆可，就視廚師的需要決定。

◆哪些食材適合進行舒肥低溫烹調？

目前常看到餐廳推出「舒肥牛肉」這道菜餚，但Noel主廚指出，是否使用舒肥低溫烹調法，要回歸到廚師對於食材的瞭解。他以牛肉爲例，若使用肉質鮮嫩的菲力牛排，則不需要使用舒肥法，原因是舒肥主要是要使食材的口感提升，變得細嫩（tender），但菲力本身肉質細嫩，不需要錦上添花，和牛也是一樣的道理。但若像是帶骨牛小排就非常適合使用舒肥低溫烹調，可藉其處理過程提升肉質的嫩度。蔬菜、水果、海鮮等也都可以進行舒肥的烹調處理，但必須要拿捏其食材是否適合？而功力就要看廚師本身對於食材的熟悉度。

(二)油封法（confit）

Confit一字源自法文的confire，是指一項食材保存的方式，在法國西南部應用相當普遍，主要是利用油脂將肉類完全包覆、隔絕空氣，以達到保存食物的效果，中文翻爲「油封」。在臺灣，油封兩個字最常聽到的是「油封鴨」（conofit de canard）這道料理，但油封烹調法是可以應用在許多的食材。

◆何謂「油封」？

Confit是一項食物保存技術，由於法國使用油脂的習慣因地域而有所不同，像是法國西南部多用動物脂肪（fat），主要是因爲鴨、鵝的產量高，所以常利用鴨油或是鵝油烹調；東南部則是使用烹調油（oil），如橄欖油；但北邊又喜歡用奶油（butter）。以地域來區分，油封便是在法國西南部流行的傳統的食材保存方式。在當地，它是利用鴨油或鵝油包覆本身肉類進而保存食材，加上溫度的控制，不僅能讓食材延長食用的保存期限，也透過這個轉換食材的手法，帶出食材本身油脂的香氣。

◆哪些食材適合油封？

油封因爲是食材的保存方式，在法國，傳統的油封烹調僅用在鴨肉、香腸（sausage）、豬肉這三類食材，但有些嘗試創新的廚師也會將其應用在魚類等其他食材，油封強調的是要帶出食材原有的油脂香氣，因此如果要選擇魚類，鮭魚、鮪魚或是鱈魚等富含油脂的魚（fat fish）較為適合。法國人也會油封洋蔥或是油封大蒜，前者可以當作是主菜旁的配菜，後者則可以是提味、增添香氣用的香辛料。

◆油封在烹調上的溫度與時間之掌控

法國主廚Fabien針對傳統上處理的食材提出相關數字：「一般油封所採的平均溫度在70℃，平均油封食材的時間多控制在三小時左右。」如果要應用在魚類食材的話，則溫度要再降低，時間也須減少。在法國，油封後的食材也多用罐頭保存，配合罐頭保存的需要性，溫度則需調高至120℃。

◆油封烹調的優缺點

油封傳統上是利用油脂來封住肉類的鮮味，能軟化纖維，肉變得更為多汁，味道也更濃郁。例如油封鴨腿，在油封前會抹上鹽，雖然盛盤後的料理其口感軟嫩、不會太鹹，但味道較重，因此吃油封鴨最好是要選擇適當的紅酒來搭配。但因為油封也需要使用較大量的油，較為浪費，加上處理時間長，所以對一般餐廳廚師而言，是屬於較繁瑣的烹調法。

◆法國最經典的油封料理

法國經典的油封料理為卡酥來砂鍋（cassoulet）。卡酥來砂鍋在法國西南部的三個城市是一道相當普遍知名的料理，但會在食材的挑選上有些許的不同。Castelnaudary城市的人喜歡使用油封豬肉和鴨肉作為鍋內的主食材；Toulouse城市則喜歡油封香腸與豬肉；第三個城市是Carcassonne，則偏愛油封羊肉與豬肉。由此可以看出油封烹調在法國飲食生活的重要性。

(三)乾式熟成法

近年來臺灣牛排餐廳盛行乾式熟成牛排，雖然價格昂貴，但消費者仍趨之若鶩。

乾式熟成（dry aging）是一種儲存牛肉的方式，源自美加地區，並已有一百多年的歷史。牛肉在不加任何包裝的情況下，置於恆溫、恆濕控制的冷藏熟成室中，利用牛肉本身的天然酵素，以及外在微生物作用，來增加牛肉的嫩度、風味和多汁性，讓牛肉呈現最完美的味道。第一位將「乾式熟成」技術引進臺灣的是現任美福餐飲行政總主廚的陳重光先生。

◆乾式熟成的源起

熟成一般分爲乾式熟成與濕式熟成。由於美國氣候乾燥，牛肉產量大，因此早期乾式熟成的方式多選擇在冬天、自然環境下進行，是屬於天然的熟成。但後來因爲商業的需要考量，必須控制肉的品質，因此需提供肉品穩定的熟成環境，因此出現人工打造的乾式熟成室，或是乾式熟成專用的冷藏庫。

乾式熟成與濕式熟成都能使肉品有以下三項優點：產生甜味、多汁、軟嫩。但因爲乾式熟成的處理會使肉品水分減少，油脂集中，因此更多出兩項優點，不僅肉品的香味更爲濃郁，肉的表層烤起來更能增加脆度。

◆影響乾式熟成的條件

1.環境：肉品所處環境的溫度與溼度決定熟成肉的品質。臺灣太過潮濕，因此無法在天然的環境進行乾式熟成，因此僅能以人工打造乾式熟成室或是乾式熟成冷藏庫，而適合熟成的人工環境仍會遇到空氣對流、溫濕度改變等問題。雖然人工乾式熟成室的理想溫度約爲0℃左右，濕度約爲50%，如何在熟成的過程進行溫差的控制，仍是成功與否的關鍵因素。

2.食材的數量與品質：由於臺灣牛肉來源主要依靠進口，若進口量太少或進口部位不對，都會影響取得食材的品質。以美福餐飲為例，其針對乾式熟成的需求量是每月一噸半的牛肉，因此可以要求供應商提供較佳的部位，以丁骨和肋眼最為適合。而規格的考量以油脂為一重點，由於放置在熟成室的空氣對流會對牛肉造成風乾作用，因此油脂層較厚的牛肉，可以扮演保護組織的作用，經過分切後，這層脂肪一來可以防止血水過度蒸發，二來可以保護肌肉組織不會過度硬化，若事前修掉油脂，便不適合做乾式熟成。

◆熟成前後的差異

牛肉在乾式熟成過程中，水分會從牛肉的肌肉組織逐漸蒸發出來。這使得牛肉的風味更加集中。牛肉自體的天然酵素會分解蛋白質，因而破壞肉內的結締組織，肉質會變得更加軟嫩。然而，熟成約14天，肉塊便會損失近18%左右的重量，這也是乾式熟成牛排價格較高的原因之一。

◆乾式熟成的天數選擇

牛肉在乾式熟成過程中，約在21天的時候開始散發風味，時間越長風味越加濃厚，但天數累積的結果，也會造成肉品腐敗的機會增加，因此熟成的環境相當重要，一旦溫濕度有所變化，都會讓肉品變成腐肉，有酸味產生。熟成天數也可以增加至30天、55天、75天，甚至100天的乾式熟成牛肉（dry aged beef），均能呈現紅酒般、有層次的香味。

熟成後的肉品拿出來經過切割處理後，以真空包裝的方式儲存約有10天的壽命。

◆烹調乾式熟成牛肉的技術訣竅

爲迎合乾式熟成牛肉的五大特點：甜味、多汁、軟嫩、濃郁、皮脆，陳重光師傅建議以烤的烹調方式進行，以表面800度烤三分鐘，再醒肉、回溫。通常四分熟內的熟度是最適合的，七分熟的牛肉會過柴。

陳重光師傅提到羊肉、豬肉、全鴨等都適合使用乾式熟成法。雞肉則因爲油脂的考量，因此不建議使用。羊肉建議採用春羊（spring lamb），以整個骨架直接進行21天乾式熟成，經過熟成後的羊肉通常不再具腥味，老羊（mutton）則不建議。蔬菜可嘗試花椰菜，吃起來有脆度並保有蔬菜的甜味。

◆教育消費者認識乾式熟成

消費者欲認識與學習乾式熟成，需練習吃原味牛排，不再使用黑胡椒醬或是蘑菇醬，但前提是提供的牛排必須具有香味，而乾式熟成牛排便能提供這項優點。因此在提供乾式熟成的餐廳需要有具備專業知識的服務人員對顧客進行解說。

巴黎餐廳十分容易點到「油封鴨腿」這道菜餚

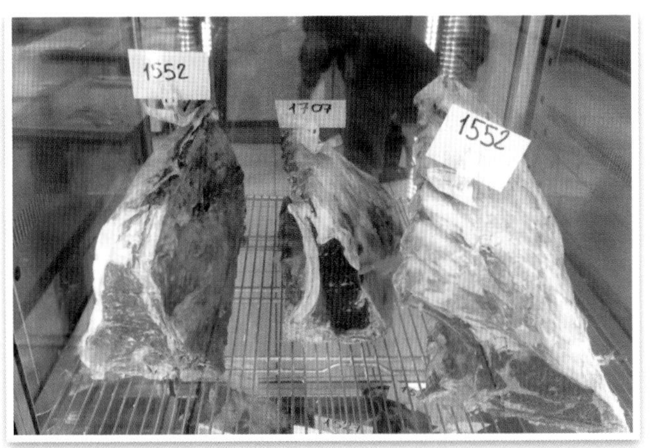

義大利的Eataly超市餐廳也見乾式熟成的展示櫃

第二節 臺灣餐飲市場現況與趨勢

一、臺灣餐飲市場現況

2018年的「臺灣趨勢研究」提到《天下雜誌》於2017年的兩千大調查資料，臺灣餐飲業上榜的業者包括開曼美食達人（85度C）、王品餐飲及統一星巴克，是餐飲業排名前三大之企業。從營業收入來看，開曼美食達人及王品餐飲的營業收入均超過百億，與榜上其他餐飲業者有一段極大的差距。

年營收方面，王品及新天地國際實業的營收較2015年下降，其餘餐飲業者營業收入皆較2015年成長，其中八方雲集國際營收成長率達42.77%，奪得成長率之冠，且連續兩年之年營收成長率皆超過兩成以上。

表9-2　臺灣2015-16年之餐飲業排名（按營業收入）比較

餐飲業排名		公司名稱	營業收入（億元）		營收成長率（%）	
2016	2015		2016	2015	2016	2015
1	1	開曼美食達人	220.47	204.57	7.77	14.15
2	2	王品	160.99	168.35	-4.37	0.48
3	3	統一星巴克	94.62	87.25	8.45	13.50
4	4	安心食品	46.64	44.25	5.40	4.04
5	5	瓦城泰統	38.53	34.53	11.58	18.86
6	8	八方雲集國際	37.82	26.49	42.77	24.60
7	6	漢來美食	31.66	28.96	9.32	32.91
8	7	長榮空廚	29.97	27.63	8.47	9.64
9	9	華膳空廚	26.14	24.90	4.98	5.96
10	10	饗賓餐旅事業	25.30	23.24	8.86	19.18
11	13	六角國際事業	20.94	16.51	26.83	16.93
12	11	欣業國際餐飲	19.22	18.13	6.01	1.34
13	NA	乾杯	18.89	NA	NA	NA
14	14	高雄空廚	18.82	16.47	14.2	12.73
15	15	雅茗天地	17.57	16.04	9.54	5.04
16	12	新天地國際實業	15.00	16.52	-9.20	4.96
17	NA	森邦	11.64	NA	-0.85	NA

註：NA表示無法取得資料

資料來源：產業分析：餐飲業發展趨勢（2018年）

但臺灣餐飲業也同樣面臨一些難題，臺灣連鎖暨加盟協會（TCFA）於2018年4月發布《臺灣連鎖店年鑑》。年鑑調查顯示，臺灣地區連鎖總部數2,781家，年增1.5%，總店數爲104,959店，年增2.5%；其中連鎖餐飲業總店數成長最多。但也發現連鎖總部規模呈M型化發展，其中中小型連鎖企業總店數呈現縮小趨勢，尤其開店門檻較低的便當、小吃、咖啡與手搖飲店等受一例一休衝擊，影響甚鉅。

經濟部106年所做的餐飲業經營實況調查中指出，餐飲業者目前經營所遇到的主要難題包括：

1.人員流動高：餐飲業服務人員有高勞動、進入門檻低等特性，使得人員流動高，業者難以取得優秀人才。
2.同業間競爭激烈：隨著基本工資調漲及一例一休等規範，使人事成本隨之提升；此外，在新進業者持續投入下，業者間易削價競爭，致使獲利縮減。
3.食材成本波動大：豬肉及油、鹽等調味料價格上漲，均使食材成本上升，造成業者經營壓力增加。

二、臺灣餐飲市場趨勢

但臺灣餐飲市場也從相關數據看到未來正面走向：

(一)美食觀光

除了國內消費者外，觀光客也是提升餐飲業收入的重要來源之一，美食觀光成為臺灣擴展觀光時的重點項目，若能吸引觀光客興趣進而消費，也是增加營收的機會點。近年來，日、韓及東南亞觀光客人數持續成長，業者逐漸重視具多國語言的菜單，並聘用能說日、韓語的服務人員，甚至獲得回教餐之相關認證，搶攻東南亞與中東觀光客市場，對餐飲產業國際化亦有正面幫助。

(二)國外餐飲業競相來臺展店

臺灣餐飲業除了國內業者的彼此競爭，國外知名餐飲業者近年來也關注到我國的餐飲市場，自2016年起競相來臺展店，包括一蘭拉麵、大阪王將餃子、海底撈火鍋、了凡香港油雞、八色烤肉等來自日本、韓國、新加坡及中國大陸的餐飲業者，以海外具有的高知名度擴展臺灣市場，使餐飲產業競爭強度持續提升。

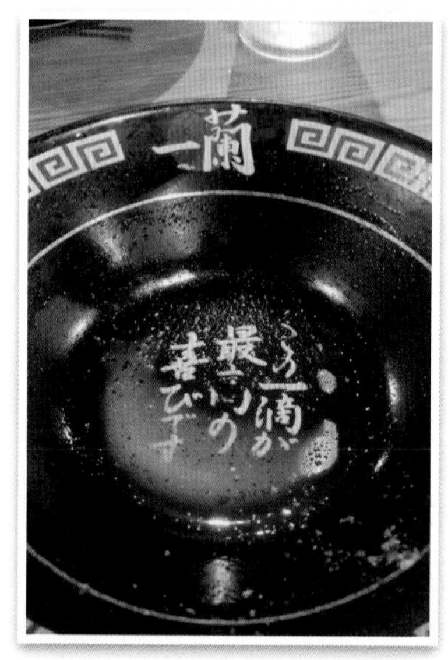

源自九州的一蘭拉麵也於2017年強勢攻臺
（喝完拉麵的最後一滴湯顯現飲食的極致表現）

(三)飲料業市場不斷成長、擴張

根據臺灣區製茶工業同業公會統計，2016臺灣茶產值創新高達1,500億元，其中餐飲和手搖飲料店相關茶產值逾千億元最高，其次爲罐裝飲料及內銷禮品，還有小三通，各貢獻約250億元。

其中的飲料店業，其營收成長幅度相當高，從102年的364億元成長至106年的706億元。動能主要集中在咖啡館及手搖飲料店，如統一星巴克、85度C、伯朗咖啡等知名連鎖品牌。後續的新創品牌，如路易莎與cama，加上創業的個人獨立品牌咖啡店也不斷增加，帶動國內咖啡店家數持續成長；此外，各種手搖飲料店也持續推陳出新，多層次飲品、抹茶及創意冰品持續熱銷，預期未來營業額及業者數將持續成長。

最難加盟的咖啡店 捧著鈔票也不給開

在廣告圈有二十年資歷的cama café創辦人何炳霖，有感廣告業無法深耕單一公司，十多年前與妻子許建珠共同創業，他們賣過果醋、做過複合式餐飲，也碰上老員工做假帳虧損300萬元，歷經三次轉折，終於摸索出外帶、外送新鮮烘焙咖啡。目前cama café在全臺已有百家門市，去年（2016）營收達5.6億元。

4月中，在cama café臺北總管理處，來自各加盟店的吧檯手，一字排開站在室內的大木桌旁準備考試，等待他們的，包括烘焙咖啡豆知識、一分四十秒填壓五個咖啡粉、六分鐘拉好三杯熱拿鐵拉花、每杯熱拿鐵重量在337克到357克等測驗，這是每個月在cama café要上演兩次的咖啡烘焙評比。

「奶泡是熱牛奶打空氣進去，重量太輕喝起來口感會拋拋的，不夠綿密，過重則是你只把牛奶加熱，但沒有打出奶泡。」除了重量與細緻度，cama café創辦人何炳霖還要求，每杯熱拿鐵都要拉花出完美的心型才算成功，「喝第一口的口感就決定你會不會再來。」

cama café成立於2006年，主打生豆新鮮烘焙咖啡，每杯定價約在60元至百元，營運模式為15坪的小店面，以外帶、外送為主的咖啡專賣店，目前全臺已有101家門市。

在人人懷抱頭家夢的臺灣，加盟產業興盛，卻鮮有加盟主評比制度，甚至要求所有加盟主都要通過考試、站上吧檯沖煮咖啡。何炳霖自豪地說：「我的每個加盟主都是吧檯手，若開店後自己不站吧檯，他認證的吧檯手也要送回來公司考試，每年還要回來重新鑑定。」……

資料來源：邱莞仁，鏡周刊，2017.05.18，https://www.mirrormedia.mg/story/20170515bus002/

(四)國際餐飲評鑑帶動臺灣餐飲業

國際知名美食旅遊評鑑《米其林指南》在2018年3月發表《米其林指南——台北》，讓臺灣餐飲界正式走向國際。臺灣第一次受評的米其林評鑑餐廳中，共計20家餐廳獲得星級評價，也帶動餐飲產業的營收提升。經濟部統計處指出，餐飲產業原應進入淡季的3月，但隨著《米其林指南——台北》的發表效應，當月營業額高達372億元，創歷年同月新高，年增7.4%，顯示國際餐飲評鑑具有帶動城市觀光旅遊及餐飲業發展的效益。2019年4月也發表第二次的評鑑結果，包括新進榜的12家必比登美食（Bib Gourmand，是米其林評審員評估餐館供應的料理具備「品質佳、價位親民」的象徵），名單如下：

1.臺灣料理：女娘的店、欣葉小聚今品（南港）、阿城鵝肉（中山）、義興樓。
2.道地麵食小吃：阿國切仔麵、賣麵炎仔、天下三絕 。
3.其他：四川吳抄手（大安）、都一處（信義）、人和園、榮榮園、番紅花。

以下為美食作家麥立心在臺灣米其林評鑑滿一年後採訪其影響之整理：

1.國際能見度提升。
2.內部凝聚力增加，團隊更重視自律。
3.帶動整體進步，包括食材、設備等的升級。
4.造成人才磁吸效應。

米其林指南網站主編謝明玲也在2018年年底邀請九位主廚談臺灣餐飲業的趨勢，包括：

1.國內外廚師開始投入「臺灣味」的探索。

2.更多米其林人才投入臺北餐飲市場，其對食材的要求增加亦帶動食品供應商針對特殊食材需求的服務改變。

3.因數家日本料理店的星級入選，帶動臺北日本料理廚師和專業服務人員需求增加。

4.消費者開始留意食物的來源，包括食材產地、季節食材，或是食材背後蘊含的意義與故事，開始學習瞭解與認識食物。

5.臺灣增加多元且融入各派系的菜餚，如搬遷至臺的新住民元素，使得廚師在口味傳遞或食材選用傾向更多元。

6.素食料理使用更多健康、天然、少量加工的素食原料，改變傳統素食概念。

(五)餐廳產品之外送服務（delivery）

隨著行動科技的發展，新興的外送服務餐飲業也逐漸成長。根據《科技報橘》於2018年10月的報導分析，「過去六年，有來自德國foodpanda、美國Uber Eats、新加坡的honestbee及臺灣本土「有無快送」等各路外送電商，都不約而同齊聚臺灣，炒熱餐飲外送市場。2017、2018兩年，臺灣「美食外送電商」市場規模從3億元擴增至36億元新臺幣。隨國際各大電商平臺搶攻臺灣市場，逐漸炒熱市場熱度，將有助於提高市場滲透率。未來三年，市場規模有機會再成長五倍。」

其中最早進入臺灣外送餐食的線上美食外送訂餐平臺爲foodpanda，在大臺北地區、新竹、臺中、高雄與超過1,300間餐廳合作。來自新加坡的honestbee，則於2015年12月登陸來臺，強調熟食外送與生鮮食物的線上代購與收送服務。全球最大的外送餐食服務的Uber Eats，則在2016年來臺，已與3,000家餐廳合作，並在兩年後成爲臺灣餐食外送市占率最高的公司。這些外送電子商務業者進入市場，近年來接單量持續成長，讓消費者可不須考慮時間、距離等問題，即可享用餐飲服務，是餐廳與外送電子商務之異業合作。

(六)網路評價之影響

目前已有許多消費者在選擇餐廳時，習慣先搜尋餐廳的相關評價，越來越多消費者會根據網路上的評價與部落客分享來決定是否前往該餐廳，業者須思考如何提高餐飲及服務品質以獲得良好的網路口碑評價，如加強經營網路社群，增加網路曝光度，並注意網路評價的影響，對於負面評價須予以回應及改進。

第三節　全球餐飲發展趨勢

臺灣餐飲業的發展雖然與全球趨勢息息相關，但也因文化與飲食習慣的背景，獨創出臺灣特色的趨勢。然而，身為地球村的一分子，全球餐飲業發展趨勢同樣值得關注，一方面可以協助預測臺灣同步的可能性，也同時關注與地球生態環境議題相關的飲食趨勢是否值得學習並跟進。

根據美國領導地位的餐飲媒體Restaurantdive與英國國家頻道BBC預測2019年之餐飲趨勢，我們可以從以下的說明看到未來數年的全球餐飲潮流，包括新興食品的流行與餐飲產業的走向。

一、新興食品

(一)發酵飲料的流行

克菲爾（Kefir）與紅茶菌飲料（Kombucha）目前是歐美國家相當盛行的發酵飲料。克菲爾又稱為牛奶酒，是一種發源於高加索的發酵牛奶飲料，是以牛乳、羊乳或山羊乳為原料，添加含有乳酸菌和酵母菌的克菲爾粒發酵劑，經發酵釀製而成的一種酒精發酵乳飲料。克菲爾飲品可在人體胃腸道中隨時保持有益菌群。

而紅茶菌飲料是近年一種新的益生菌飲品，2018年的米其林指南官網也視此飲料爲「健康飲品新星」。米其林官網則詳細說明此飲料：「紅茶菌，又名菇茶，是一種發酵茶，它由茶、糖、再混合細菌和酵母一起發酵而成。有些發酵時間較長的紅茶菌飲品，除了酸味會較強之外，更會有輕微的氣泡產生。」營養師鍾靜兒表示，發酵過程中會產生很多對身體有益的營養成分，如能有助腸道健康和幫助排便的益生菌。另含少量的維生素C、B_1、B_6、B_{12}等，幫助增強整體免疫力且有提神的作用。

(二)低成分或無酒精飲料（low or no alcohol）的流行

餐廳飲料單的雞尾酒（cocktail）旁多已增加另一類無酒精飲料，稱爲mocktails，中文爲「無酒精雞尾酒」。英國的飲食趨勢分析從英國的酒精飲料消費逐漸走跌、而無酒精飲料的興起造成流行，也逐漸確認此一趨勢。成立於2016年的英國Big Drop啤酒公司，口號即爲「要喝酒，但不是要喝醉」（“To drink. Not to be drunk.”），專門銷售僅含酒精0.5%的手工精釀啤酒來迎合此一崛起的消費流行。

Kefir是未來數年最受矚目的營養食品之一

澳洲的超市現在十分容易買到紅茶菌飲料

(三)醜蔬果（ugly fruit & veg）的充分利用

英國最大的網路超市Ocado提到，在2018年，有關食物之友善環境（eco-friendly）方面的相關搜尋躍升了93%。消費者重視「食物浪費」的議題，也讓外型較爲醜陋的蔬果不再被丟棄浪費，取而代之的是，利用其製成零食類——洋芋片或是乾燥蔬果片；或是自製蔬果醃製品販售等。因此未來可見此一趨勢的延續，稱爲「拯救食物」（rescued food）的趨勢正在波濤洶湧地形成。

二、餐飲業的新走向

(一)外送服務的強勢崛起

根據NPD集團的研究，美國在2018年的餐飲外送市場分析，雖然6,100萬的餐廳訂單中，僅有280萬筆（約5%）是在網路上完成，但這類的市場潛力刺激了許多不同類型的餐廳投資在網路訂餐服務。如麥當勞和溫蒂推出自助服務亭（self-service kiosks），從預訂流程到送餐交付，經歷極大的轉型。NPD副總裁波塔廷（Portalatin）提到，「在美國的飲食方式逐漸走向在家裡共餐，因此其中從餐館購買的餐食中有50%實際上是在家裡消費的。」

許多移動式外送餐食服務已提供手機APP供消費者使用，如2013年進入外送市場的DoorDash、2011年的Postmates和2014年的Uber Eats等提供了滿足消費者快速、無縫的飲食解決方案。這些不斷變化的消費者需求和科技配套技術爲餐廳經營者帶來了顯著的增長機會，根據分析，外送餐食的銷售額估計將從2017年占總銷售額的6%飆升至2025年的30%，此數字也將影響未來餐廳的經營模式。

分析師預測未來將會出現虛擬的廚房，也稱爲「鬼餐廳」（ghost restaurant），其指這些餐廳或是廚房的存在純粹只是負責外送餐食的訂單。因此餐廳可以避開熱鬧地段的昂貴租金，以這類的模式操作來降低成本。這樣的趨勢預測將提供市場新進入者的未來經營規劃。

雖然網路市場極具吸引力，但在未來三十年的網路市場，仍然需要餐廳實體的存在和經驗的互動。惟增加數位行銷的工具才是未來餐飲市場領導者。

(二)快速休閒用餐中的湧動

分析師預測2019年的高檔餐廳將隨著20～30幾歲的消費者減少而成長趨緩，但取而代之的是快速休閒餐飲的增長。根據《技術集團報告》（*Technomic Report*）資料顯示，美國在2017年的前250名連鎖餐廳之銷售總額雖然成長9%，但大部分的餐廳是下滑的數字，惟CoreLife Eatery餐廳和Wahlburgers等快速休閒連鎖企業是出現三位數的成長。分析師也預測，美國逐漸擺脫「速食王國」的稱謂，也不追隨高級餐廳需要花費較長的時間用餐，以及服裝之束縛，休閒用餐的形式減輕了餐廳經營者在人工成本和人員配置規模的負擔。

近年來在美國竄起的休閒餐廳——**CoreLife Eatery**

資料來源：https://resawntimberco.com/orenji-shou-sugi-ban-core-life-eatery/

Walburgers速食休閒餐廳受到美國民眾歡迎

資料來源: https://www.mallofamerica.com/directory/wahlburgers

(三)美食廣場（food hall）的整合風潮

英國分析師則預測整合多樣性餐飲服務的美食市集（communal dining halls）將會受到消費者的青睞。在英國，市場與餐飲的結合相當流行，消費者不僅可以到市場採購需要的食材，或是假日市集的手工飾品，此類的市場也提供多樣化的餐飲消費，數十多家餐廳在市場內有系統的整合，提供消費者寬廣的用餐的環境，這類的市場或是稱爲餐飲廣場逐漸成爲主流。Mackie Mayer與Market Halls都是近年即將開幕的美食廣場（市集），前者將是Altrincham Market House公司在曼徹斯特經營的第三家美食市集，而後者將是全英國最大規模的美食市集。

倫敦的Covent Garden Market裡面主要是以餐廳、食品店為主的大型美食市集

(四)以植物性食材（plant-based）開發的菜單

英國國家頻道BBC已預測2019年的英國餐飲市場，將會有一定的比例人口選擇無肉菜單。而在美國，考量身體健康與減少動物碳足跡的排放也帶動無肉菜單的興起，美國餐廳經營者已出現三位數的成長率將肉類替代品放在菜單上。

在本章第一節已提及英國的M&S已設計更多符合素食主義的外食餐點搶攻這個新興市場。在美國擁有377店的漢堡餐廳——白堡（White Castle），也成功引進植物性蛋白質替代品，在2018年4月在選定地點進行測試後，於2018年9月在全國所有377個餐廳地區推出了「無肉小漢堡」（meat-free impossible burger slider），造成風潮。之後促使六萬多名粉絲在網上簽名要求麥當勞採用類似的菜單項目。

另外一個美國連鎖速食餐廳Carl's Jr，也推出了一個以植物爲基礎的「著名明星漢堡」（Famous Star Burger），同樣用植物性食材取代漢堡牛肉，在1,100家餐廳販售。連鎖速食休閒餐廳VeganBurg，也在2018年10月陸續開了300家店，並在位於新加坡的分店，販售百分之百的植物性產品，並預計在印尼與東南亞持續展店。澳洲的連鎖漢堡餐廳Hungry Jack也看到這個市場，在2018年陸續推出Vegan Burger和Vegan Muffin，以植物性食材取代相關肉類食材。

澳洲的Hungry Jack自2018年也開始賣植物性食材的漢堡（Vegan Burger）

(五)增加餐飲體驗上的投資

隨著消費者利用社群媒體分享或是評論前往用餐的餐廳之比例逐漸升溫，餐廳經營者也投資改善餐飲體驗的軟硬體，除了基本的餐食品質與擺盤外，還包括餐具的品質提升、餐廳氣氛的營造、服務的改善、餐廳硬體的裝潢改良等。希望透過在社群媒體的資訊分享，吸引更多的消費者前來餐廳消費。

(六)可回收或對環境低衝擊的食品包裝概念崛起

在英國擁有362家連鎖超市的Waitrose & Partners正在嘗試將兩種新的有機馬里斯酒莊（Chateau Maris）紅酒存放在可回收的瓶罐中；而啤酒大廠嘉士伯（Carlsberg）也嘗試將其罐裝酒黏合在一起（snap pack），以上這些規劃預計每年可以清除1,200噸塑膠垃圾。步行者洋芋片（Walkers crisps）也與大型環保回收公司Terracycle合作，不僅重新設計具環保概念的新款包裝，也著手進行所有洋芋片包裝袋的回收計畫。未來數年將有更多的餐飲、食品業者參與此類的綠色革命。

Carlsberg黏合新包裝，省去塑膠環套

資料來源：https://thehill.com/blogs/blog-briefing-room/news/405427-carlsberg-to-glue-beer-packaging-to-reduce-plastic-waste

參考文獻

一、中文

陳怡伶（2016）。〈超級食物 Super Food〉。《料理・臺灣》，第30期。

張玉欣（2016）。〈原始人飲食法Paleo Diet〉。《料理・臺灣》，第29期。

張玉欣（2016）。〈油封烹調法（Confit）〉。《料理・臺灣》，第29期。

張玉欣（2016）。〈舒肥+低溫烹調〉。《料理・臺灣》，第27期。

張玉欣（2016）。〈解密「乾式熟成」——專訪陳重光主廚〉。《料理・臺灣》，第26期。

二、網站

Christopher Wanjek. “What Are Superfoods? ”, https://www.livescience.com/34693-superfoods.html

Emma Liem (2019). “6 restaurant trends that could turn tables in 2019”, https://www.restaurantdive.com/news/6-restaurant-trends-that-could-turn-tables-in-2019-1/545323/

Tony Naylor (2019). “15 food trends for 2019”, https://www.bbcgoodfood.com/howto/guide/food-trends-2019

百度百科，https://baike.baidu.com/item/%E5%BC%80%E8%8F%B2%E5%B0%94?fr=aladdin

《米其林指南臺北2019》必比登推介新入選名單出爐，https://guide.michelin.com/tw/taipei/news-and-views/taipei-michelin-guide-bib-2019-new-entrants/news

〈英美德星紛紛來臺插旗，臺灣為何成為全球外送電商的兵家必爭之地？〉，https://buzzorange.com/techorange/2018/10/05/uber-eats-foodpanda-honestbee-deliveroo-platform-taiwan/

〈健康飲品新星：紅茶菌〉（2018），https://guide.michelin.com/hk/hong-kong-macau/wellness/trendy-healthy-drink-kombucha/news

李麗滿（2018）。〈TCFA發布年鑑 臺灣連鎖店呈M型化發展〉，https://

www.chinatimes.com/newspapers/20180420000329-260204?chdtv
產業分析：餐飲業發展趨勢（2018年），http://www.twtrend.com/share_cont.php?id=63
麥立心（2018）。2018年終回顧：首屆《米其林指南臺北》對餐飲界的影響，https://guide.michelin.com/tw/taipei/features/look-back-2018-influence-of-michelin-guide-taipei/news
蔡尚勳（2018），〈看大數據！台灣人一年喝出1500億商機〉《經濟日報》（2018.8.29）， https://money.udn.com/money/story/10860/3338019
衛生署，http://www.fda.gov.tw

國家圖書館出版品預行編目（CIP）資料

飲食文化概論 = Introduction to dietary culture
/ 張玉欣著. -- 四版. -- 新北市 : 揚智文化,
2020.08
面； 公分. --（餐飲旅館系列）

ISBN 978-986-298-350-8（平裝）

1. 飲食風俗

538.7 109011833

餐飲旅館系列

飲食文化概論

作　　者／張玉欣
出 版 者／揚智文化事業股份有限公司
發 行 人／葉忠賢
總 編 輯／閻富萍
特約執編／鄭美珠
地　　址／新北市深坑區北深路三段 258 號 8 樓
電　　話／(02)8662-6826
傳　　真／(02)2664-7633
網　　址／http://www.ycrc.com.tw
E-mail／service@ycrc.com.tw
ISBN／978-986-298-350-8
三版一刷／2015 年 5 月
四版一刷／2020 年 8 月
四版四刷／2023 年 8 月
定　　價／新台幣 420 元